W0053027

Andreas Heiber

Pflege-Stärkungsgesetz 2

Pflegeversicherung 2.0 – die Änderungen meistern

VINCENTZ NETWORK

Bibliografische Information der Deutschen Nationalbibliothek

Die Deutsche Bibliothek verzeichnet diese Publikation in der Deutschen Nationalbibliografie; detaillierte bibliografische Daten sind im Internet über http://dnb.d-nb.de abrufbar.

Sämtliche Angaben und Darstellungen in diesem Buch entsprechen dem aktuellen Stand des Wissens und sind bestmöglich aufbereitet.
Der Verlag und der Autor können jedoch trotzdem keine Haftung für Schäden übernehmen, die im Zusammenhang mit Inhalten dieses Buches entstehen.

© VINCENTZ NETWORK, Hannover 2016

Besuchen Sie uns im Internet: www.haeusliche-pflege.vincentz.net

Das Werk ist urheberrechtlich geschützt. Jede Verwendung außerhalb der engen Grenzen des Urheberrechtsgesetzes ist ohne Zustimmung des Verlages unzulässig und strafbar. Dies gilt insbesondere für die Vervielfältigungen, Übersetzungen, Mikroverfilmungen und Einspeicherung und Verarbeitung in elektronischen Systemen.

Die Wiedergabe von Gebrauchsnamen, Warenbezeichnungen und Handelsnamen in diesem Buch berechtigt nicht zu der Annahme, dass solche Namen ohne Weiteres von jedermann benutzt werden dürfen. Vielmehr handelt es sich häufig um geschützte, eingetragene Warenzeichen.

Druck: BWH GmbH, Hannover

Foto Titelseite: Fotolia

ISBN 978-3-86630-462-8

Andreas Heiber

Pflege-Stärkungsgesetz 2

Pflegeversicherung 2.0 – die Änderungen meistern

VINCENTZ NETWORK

Inhalt

Inhalt

Inhalt

 Jetzt Code scannen und mehr bekommen …

http://www.haeusliche-pflege.net/bonus

Ihr exklusiver Bonus an Informationen!

Ergänzend zu diesem Buch bietet Ihnen *Häusliche Pflege* Bonus-Material zum Download an. Scannen Sie den QR-Code oder geben Sie den Buch-Code unter www.haeusliche-pflege.net/bonus ein und erhalten Sie Zugang zu Ihren persönlichen kostenfreien Materialien!

Buch-Code: AH6545O

1 Einleitung

Das Pflegestärkungsgesetz 2 (PSG 2) ist das Reformgesetz, das die Pflegeversicherung grundlegend verändert: Alle bisherigen Gesetzesänderungen (und davon gab es eine ganze Menge seit 1994) haben nur das vorhandene System modifiziert oder erweitert. Mit dem PSG 2 wird die Pflegeversicherung auf eine neue Grundlage gestellt, denn die zentrale Stelle, das Einstufungssystem, wird völlig neu definiert und geregelt. Daher sprechen wir hier von der **Pflegeversicherung 2.0**. Allerdings, auch das ist ein Unterschied zu den bisherigen Reformschritten, sind zwar die maßgeblichen Änderungen alle im PSG 2 schon definiert und ausformuliert, aber erstmals bleibt noch ein Jahr Zeit zur konkreten Umsetzung. Diese Zeit ist auch notwendig, wenn man ein völlig neues System der Einstufung und damit verbunden auch der Leistungsstrukturen einführt. Diese Vorbereitungszeit müssen alle nutzen, um sich inhaltlich und strategisch auf die neue Pflegeversicherung 2.0 einzustellen.

Das PSG 2 hat folgende Geschichte
- **Referentenentwurf** des Bundesministeriums für Gesundheit vom 22.06.2016.
- Im Bundeskabinett wurde der **Gesetzentwurf** am 12. August 2015 beschlossen.
- Der Gesetzentwurf (Drucksache BT 18/5926, 07.09.2015) wurde in den Bundestag eingebracht, die erste Lesung fand am 25. September 2015 statt.
- Der **Bundesrat** hat eine Stellungnahme zum PSG 2 in seiner Sitzung vom 25. September beschlossen (BR 354/15 vom 25.09.2015).
- Die Bundesregierung hat eine **Stellungnahme** und Gegenäußerung zur Stellungnahme des Bundesrates (mit Drucksache BT 18/6182) am 29.09.2015 veröffentlicht.
- Der **Ausschuss für Gesundheit** (14. Ausschuss) des Bundestages hat am 11.11.2015 (BT Drucksache 18/6688) eine Beschlussempfehlung und Bericht veröffentlicht.
- Das Gesetz wurde in der Fassung des Gesetzentwurfs und der Beschlussempfehlung des 14. Ausschusses in 3. Lesung am **13. November beschlossen**.
- Am 18.Dezember 2015 hat der **Bundesrat** das PSG 2 ,beschlossen', und in einem Entschließungsantrag gefordert, dass die nun notwendigen Änderungen im SGB XII (wegen des geänderten Einstufungsbegriffs) in einem Folgegesetz ebenfalls umgesetzt werden (BR Drucksache 567/15 vom 18.12.2015).
- Das PSG 2-Gesetz ist am 28.12.2015 im **Bundesgesetzblatt** veröffentlicht worden (Jahrgang 2015, Teil 1, NR. 54, S.2424).

Es tritt in zwei Zeitstufen in Kraft, die formal in den Artikeln 1 (ab 2016) und Artikel 2 und weitere Artikel (ab 2017) zusammengefasst sind.

Erste Kommentierung des PSG 2

Eine Tradition fortsetzend (die mit dem PNG 2012 begonnen und mit dem PSG 1 2014 fortgesetzt wurde), beinhaltet auch dieses Buch eine erste umfassende Darstellung und Kommentierung der ambulanten Änderungen. Es soll der ersten Orientierung dienen und die Leser in die Lage versetzen, die geänderten Paragrafen zu verstehen und die daraus resultierenden Veränderungen frühzeitig zu diskutieren und einzuleiten. Um es praxisnah und verständlich zu halten, wurden Verweise auf Fundstellen und Querverweise knapp gehalten. Die grundlegenden Quellen und weiteren Dokumente sind im Anhang dargestellt.

Um möglichen weiteren Änderungen gerecht zu werden, wird wie bei den anderen Büchern dieser Reihe auch ein Updateservice eingerichtet, über den weitere notwendige oder/und sinnvolle Änderungen oder Ergänzungen veröffentlicht werden.

Zum Verständnis soll auf folgende Sprachregelung aufmerksam gemacht werden:
- Wird von „**Pflegestufen**" gesprochen, ist immer das Einstufungssystem bzw. der Gesetzesstand von 1994 bis 2016 gemeint.
- Wird von „**Pflegegraden**" gesprochen, ist immer das Einstufungssystem bzw. der Gesetzesstand ab 01.01.2017 gemeint.

Soweit nicht anders bezeichnet, beziehen sich die Paragrafenangaben immer auf das SGB XI in alter oder neuer Fassung.

Danksagung

Und auch die Danksagung hat schon traditionelle Züge: Dieses Buch ist im Wesentlichen im Dezember 2015 geschrieben worden, die notwendige Zeit auch an den Wochenenden habe ich dann auch wieder meinen Kindern und meiner Frau ‚klauen' müssen, denen ich für ihr Verständnis Dank sagen möchte. Mein Kollege und Freund Gerd Nett von System & Praxis aus Wershofen hat mich wie schon seit langer Zeit mit Diskussionen und dem Korrekturlesen unterstützt, das Lektorat bei Vincentz (Bettina Schäfer und Klaus Mencke) hat die technische Umsetzung so getimt, dass dieses Buch schnell erscheinen kann, ihnen allen sei hiermit gedankt.

Andreas Heiber
Bielefeld, der 01.01.2016

2 Strukturelle Änderungen im SGB XI

Der Gesetzgeber hat neben (schon lange sinnvollen) redaktionellen Änderungen und den durch den neuen Pflegebegriff bedingten generellen Veränderungen (die hier gesondert aufgeführt werden) auch einige Themenbereiche strukturell neu gestaltet:

–   Beratung und Aufklärung durch die Pflegekassen in §§ 7 bis 7c
–   Entlastungsleistungen nach § 45a bis 45d
–   Inhalte, Strukturen und Entscheidungsabläufe rund um die Qualitätssicherung und Qualitätsdarstellung in den §§ 113 bis 115a

Beratung und Aufklärung in den §§ 7a bis 7c

Der Gesetzgeber hat nun genauer und klarer unterschieden zwischen den Aufgaben: Aufklärung und Auskunft sowie Beratung. Nach § 13 SGB I müssen alle Sozialleistungsträger die Bevölkerung über ihre Rechte und Pflichten aufklären. Nach § 15 SGB I ist damit auch die Pflegekasse verpflichtet, „über alle sozialen Angelegenheiten" der Pflegeversicherung zu informieren. Diese Aufklärungs- und Informationspflicht ist nun in § 7 SGB XI zusammengefasst worden. Die weitergehende Beratungsverpflichtung, wie sie § 14 SGB I formuliert („Jeder hat Anspruch auf Beratung über die Rechte und Pflichten nach diesem Gesetzbuch"), wird im § 7a Pflegeberatung und § 7b Beratungsgutscheine zusammengefasst. Die für die Beratung notwendige bzw. hilfreiche Infrastruktur der Pflegestützpunkte wird nun in § 7c definiert (vorher unter § 92c).

–   Aufklärung und Auskunft in § 7
–   Individuelle Beratung in § 7a mit konkretem Ansprechpartner und Aufgabenbeschreibung der Pflegeberatung
–   Konkreter Termin oder Beratungsgutschein für Beratung innerhalb von 2 Wochen: § 7b Beratungsgutscheine
–   Pflegestützpunkte: § 7c (bisher § 92c)

§§ 45a bis 45d Entlastungsleistungen

Die als einstige Kompensationsleistung für Versicherte mit erheblich eingeschränkter Alltagskompetenz eingeführte Leistung wurde 2015 als neue Einstiegs-/Basisleistung definiert. Die nun mit dem PSG 2 erfolgte neue Benennung und Strukturierung schafft mehr sprachliche und praktische Klarheit. Folgende Regelungen sind deshalb verschoben worden:

–   § 45a: Definition der Leistungen und Anbieter zur Unterstützung im Alltag nach Landesrecht (vorher in § 45c)
–   § 45a: Finanzielle Sonderregelung (Umwandlung von Sachleistungen) als Umwandlungsanspruch definiert (vorher § 45b)

- § 45b: Definition des Entlastungsbetrags (vorher niedrigschwellige Betreuungs- und Entlastungsleistung)
- § 45c: Grundlagen und Bedingungen für Fördermöglichkeiten der Pflegekassen einschließlich neu aufgenommener Förderung von Netzwerken
- § 45d: Förderung der Selbsthilfe

§§ 113 bis 115a Qualitätssicherung und Darstellung auf Bundesebene

Der gesamte Bereich der Qualitätssicherung auf Bundesebene, also die Gemeinsamen Maßstäbe, die Inhalte dieser Maßstäbe, die Schiedsstelle Qualität sowie die Qualitätsdarstellung (Pflege-Transparenzvereinbarungen) wurden neu gestaltet. Was der Gesetzgeber vornehm formuliert mit: „die Umgestaltung der bisherigen Schiedsstelle zu einem entscheidungsfähigen Qualitätsausschuss, der von einer auch wissenschaftlich qualifizierten Geschäftsstelle unterstützt wird" (Einleitung Begründung des Gesetzes: weiterer Regelungsschwerpunkte), ist praktisch die definitive Vorgabe für eine neue Form der Qualitätssicherung und Darstellung sowie einer faktischen Entmachtung der Selbstverwaltung aus Pflegekassen und Anbietern. Denn es werden sehr konkrete inhaltliche und zeitliche Vorgaben zur Ausgestaltung der Qualitätssicherung gemacht und gleichzeitig das Eingriffsrecht des Bundesministeriums, die Besetzung und die Entscheidungsstruktur der Schiedsstelle, festgeschrieben. Positiv ist zu vermerken, dass durch die Installation einer wissenschaftlichen und fachlich unabhängigen Geschäftsstelle, die der Schiedsstelle zuzuarbeiten hat, die Schiedsstelle fachlich deutlich fundierter entscheiden können wird.

Inhaltlich gibt es bei den entsprechenden Paragrafen keine Verschiebung, so dass auf eine Aufzählung hier verzichtet wird.

Gerade die Neustrukturierung der Qualitätssicherung und die Einführung des neuen Einstufungsbegriffs zusammen sorgen dafür, dass ab 2017 eine „neue Pflegeversicherung" entstehen wird, daher der Untertitel „Pflegeversicherung 2.0".

Ob und für wen die „Pflegeversicherung 2.0" besser wird, lässt sich pauschal nicht beantworten. Im Rahmen der Besprechung der einzelnen ambulanten Veränderungen werden viele Hinweise auf Auswirkungen für die Zukunft auftauchen, aber abschließend kann man zum jetzigen Zeitpunkt dazu keine pauschale Aussage machen (siehe auch Kap. Strategie).

2.1 Übersicht der veränderten Regelungen mit ambulanten Auswirkungen

In den zwei tabellarischen Aufstellungen sind die wesentlichen ambulanten Änderungen für das Jahr 2016 und für das Jahr 2017 getrennt aufgelistet. Die vielen redaktionellen Änderungen insbesondere in 2017 durch den neuen Pflegebedürftigkeitsbegriff sowie deren neue Bezeichnungen werden im Regelfall nicht aufgeführt.

PSG 2: Die wichtigsten Änderungen für die Ambulante Pflege 2016

Betroffene Paragrafen	Geänderte Inhalte	Tritt in Kraft ab
§ 7 Aufklärung, Auskunft	Aufkärung und Auskunft; Verpflichtung der Pflegekassen, schon bei Antragsstellung die Versicherten auf die indivuduelle Beratung hinzuweisen; Rahmen und praktische Grundlagen für Preisvergleichslisten; Erweiterung für weitere Angebote rund um die häusliche Versorgung	1/1/2016
§ 7a Pflegeberatung	Vor der erstmaligen Beratung konkrete Benennung eines Pflegeberaters oder einer sonstigen Beratungsstelle durch die Pflegekasse; Aufgabe der Pflegeberatung erweitert um Beratung zur Entlastung der Pflegepersonen; Beratung kann auf Wunsch auch gegenüber den Angehörigen oder Pflegepersonen erfolgen, auf Wunsch in häuslicher Umgebung oder Einrichtung	1/1/2016
§ 7b Beratungsgutscheine	Erweiterung des Anspruchs auf Beratungstermin innerhalb von zwei Wochen bzw. Gutschein für Beratungstermin auf Folgeanträge auf Pflegeversicherungsleistungen (§ 18 Absatz 3, den §§ 36 bis 38, 41 bis 43, 44a, 45, 87a Absatz 2 Satz 1 und § 115 Absatz 4)	1/1/2016
§ 7c Pflegestützpunkte	Redaktionelle Verschiebung von § 92 ohne inhaltliche Änderung	1/1/2016
§ 8 Gemeinsame Verantwortung	Erweiterung der Finanzierungsgrundlage für die Aufgaben nach den §§ 113b	1/1/2016
§ 8a Landespflegeausschüsse	Redaktionelle Verschiebung von §92c ohne inhaltliche Änderung	1/1/2016
§ 17 Richtlinien der Pflegekasse	Anpassung/Neufassung der Begutachtungsrichtlinie sowie der Richtline für besondere Bedarfskonstellationen; Richtlinie zur Pflegeberatung nach § 7a	1/1/2016
§ 17a Vorbereitung der Einführung eines neuen Pflegebedürftigkeitsbegriffs	Vorschaltregelung, damit der Spitzenverband Bund der Pflegekassen unter Beteiligung des MDK eine neue Begutachtungsrichtlinie erstellen kann; soll bis 25. April 2016 vorgelegt werden	gültig bis 31.12.2016
§ 18 Verfahren zur Feststellung der Pflegebedürftigkeit	Fristen verändert: Statt 5 Wochen nun 25 Arbeitstage; Übergangsregelungen bis 31.12.2016: Aussetzung der Wiederholungsprüfungen ab 01.07.2016; Aussetzung bestimmter Fristen	1/1/2016
§ 18c Fachliche und wissenschaftliche Begleitung der Umstellung des Verfahrens zur Feststellung der Pflegebedürftigkeit	Definition und Organisation eines Begleitgremiums, das die Umsetzung des neuen Begutachtungsverfahrens begleitet und das Bundesminsterium für Gesundheit berät; Wissenschaftliche Evaluation und Begleitung der Umstellung, Bericht soll bis 01.01.2020 veröffentlicht werden	1/1/2016

Fortsetzung Seite 16

Betroffene Paragrafen	Geänderte Inhalte	Tritt in Kraft ab
§ 37 Pflegegeld	Pflegegeld wird bis zu 6 Wochen bei Verhinderungspflege und bis 8 Wochen bei Kurzzeitpflege weiter gezahlt	1/1/2016
§ 38 Kombinationsleistung	Anteiliges Pflegegeld bis zu 6 Wochen bei Verhinderungspflege und bis zu 8 Wochen bei Kurzzeitpflege	1/1/2016
§ 39 Verhinderungspflege	Sprachliche Anpassung; Ausweitung der Nutzung von 50 % der Kurzzeitpflege auch bei Verhinderungspflege durch Pflegepersonen	1/1/2016
§ 42 Kurzzeitpflege	Bis zu 8 Wochen Kurzzeitpflege möglich	1/1/2016
§ 45 Pflegekurse für Angehörige und ehrenamtliche Pflegepersonen	Die Kassen müssen (statt sollen) Schulungskurse durchführen. Die Schulungen sind auf Wunsch des Pflegebedürftigen in der häuslichen Umgebung durchzuführen	1/1/2016
§ 113 Maßstäbe und Grundsätze zur Sicherung und Weiterentwicklung der Pflegequalität	Neudefinition der Maßstäbe und Fristen zur Erstellung neuer Maßstäbe und Grundsätze; Entwicklung und Einführung eines indikatorengestützen Verfahrens zur vergleichenden Messung und Darstellung der Qualität	1/1/2016
§ 113b Qualitätsausschuss	Einführung des Qualitätsausschusses; Entscheidungsrechte über alle relevanten Qualitätsmaßstäbe und Vereinbarungen auf Bundesebene; Anrufung auch durch BMG möglich; Einrichtung einer Geschäftsstelle des Qualitätsausschusses zur wissenschaftlichen Beratung und Koordinierung der Aufgaben	1/1/2016
§ 114 Qualitätsprüfungen	Bei Qualitätsprüfungen müssen Abrechnungen geprüft werden; der Rechtsanspruch auf Wiederholungsprüfungen, die von der Einrichtung beantragt werden, wird gestrichen	1/1/2016
§ 114a Durchführung von Qualitätsprüfungen	Ambulante Qualitätsprüfungen sind nicht in jedem Fall anzukündigen, Einwilligungen von Berechtigten können im Ausnahmefall auch mündlich eingeholt werden	1/1/2016
§ 115 Ergebnisse von Qualitätsprüfungen, Qualitätsdarstellung	Neufassung der Qualitätsdarstellung, Vereinbarung ambulant bis 31.12.2018 neu erstellt	1/1/2016
§ 115a Übergangsregelung für Pflege-Transparenzvereinbarungen und Qualitätsprüfungs-Richtlinien	Übergangsregelungen für die Überführung der Transparenzvereinbarungen und Qualitätsprüfungs-Richtlinien an die neuen Regelungen und das neue Recht	1/1/2016

PSG 2: Die wichtigsten Änderungen für die Ambulante Pflege 2017
Hinweis: Lediglich redaktionelle Änderungen (insbesondere sprachliche Anpassung durch neuen Einstufungsbegriff) werden hier nicht aufgeführt

Betroffene Paragrafen	Geänderte Inhalte	Tritt in Kraft ab
§ 2 Selbstbestimmung	Ergänzung in Abs. 1, die Hilfen sollen auch in Form der aktivierenden Pflege durchgeführt werden	1/1/2017
§ 13 Verhältnis der Leistungen der Pflegeversicherung zu anderen Sozialleistungen	Redaktionelle Klarstellung, dass Leistungen der Häuslichen Krankenpflege nach § 37 SGB V weiterhin vorgehen; Pflegeunterstützungsgeld nach § 44a ist als Einkommen bei der Berechnung von Sozialleistungen zu berücksichtigen	1/1/2017
§ 14 Begriff der Pflegebedürftigkeit	Neudefinition der Bereiche/Module und Kriterien, die maßgeblich sind für den Grad der Beeinträchtigung der Selbständigkeit oder Fähigkeiten	1/1/2017
§ 15 Ermittlung des Grades der Pflegebedürftigkeit, Begutachtungsinstrument (dazu auch Anlage 1 und Anlage 2)	Schritte der Bewertung und Graduierung innerhalb der Bereiche sowie die Gewichtung untereinander; Definition der Pflegegrade über Punktkorridore, Regelungen für besondere Bedarfskonstellationen sowie für Kinder bis 18 Monate; Anlage 1: detailliertes Bewertungsschema für jedes Modul; Anlage 2: Korridore innerhalb und Gewichtung aller Module	1/1/2017
§ 16 Verordnungsermächtigung	Anpassung der Verordnungsermächtigung zur pflegefachlichen Konkretisierung der Inhalte des NBA; das Ministerium kann sich dazu auch von unabhängigen Sachverständigen beraten lassen	1/1/2017
§ 17 Richtlinien der Pflegekassen	Anpassung der Richtlinienvorschrift (nach der Vorschaltregelung aus 2016)	1/1/2017
§ 18 Verfahren zur Feststellung der Pflegebedürftigkeit	Automatische Zusendung des Gutachtens; Erweiterung des Gutachtens um die Module: Außerhäusliche Versorgung und Haushaltsführung; Empfehlungen im Gutachten zu Hilfsmittel- und Pflegehilfsmittel sind zugleich Antrag und fachliche Stellungnahme/ärztliche Verordnung	1/1/2017
§ 19 Begriff der Pflegeperson	Neudefinition des Anspruchs auf alle Leistungen der Sozialen Sicherung: Mindestpflegezeit von 10 Stunden pro Woche, verteilt auf 2 Tage	1/1/2017
§ 28 Leistungsarten, Grundsätze	Redaktionelle Anpassungen; Satz 4 (Aktivierung, Kommunikation) wird aufgehoben (weil in § 2 berücksichtigt und ansonsten Bestandteil aller Inhalte)	1/1/2017
§ 28a Leistungen bei Pflegegrad 1	Leistungsansprüche bei Pflegegrad 1	1/1/2017
§ 36 Sachleistung	Sprachliche Anpassung, Leistungsausweitung: Betreuung; einschließlich pflegefachlicher Anleitung	1/1/2017
§ 37 Pflegegeld	Sprachliche Anpassung; Beratungsbesuch nun auch bei Sachleistungskunden möglich	1/1/2017

Fortsetzung Seite 18

Betroffene Paragrafen	Geänderte Inhalte	Tritt in Kraft ab
§ 38a Zusätzliche Leistungen für Pflegebedürftige in ambulant betreuten Wohngruppen	Sprachliche Anpassung, Klarstellung, dass bei zeitgleicher Nutzung der Tagespflege kein Zuschuss gewährt wird (Ausnahmen nach Prüfung durch MDK möglich)	1/1/2017
§ 44 Leistungen zur sozialen Sicherung der Pflegepersonen	Voraussetzung für Leistungsbezug nun mindestens 10 Stunden; Leistungen zur Arbeitslosenversicherung verändert, weitere Änderungen im SGB III (Arbeitsförderung), SGB VI (Gesetzliche Rentenversicherung) und SGB VII (Gesetzliche Unfallversicherung)	1/1/2017
§ 45a Angebote zur Unterstützung im Alltag, Umwandlung des ambulanten Sachleistungsanspruchs (Umwandlungsanspruch), Verordnungsermächtigung	Neufassung der Entlastungsleistungen (vorher § 45c) und des Umwandlungsanspruchs (vorher § 45b), Verordnungsermächtigung für die Länder zur Zulassung der Leistungserbringer nach Landesrecht	1/1/2017
§ 45b Entlastungsbetrag	Neufassung des Entlastungsbetrags in Höhe von 125 €	1/1/2017
§ 45c Förderung der Weiterentwicklung der Versorgungsstrukturen und des Ehrenamtes, Verordnungsermächtigung	Anpassung der Förderrichtlinien an neue Rechtslage, förderfähig sind nun auch Netzwerke	1/1/2017
§ 45d Förderung der Selbsthilfe	Regelungen zur Förderung der Selbsthilfe	1/1/2017
§ 55 Beitragssatz, Beitragsbemessungsgrenze	Beitragssatz wird von 2,35 % auf 2,55 % angehoben	1/1/2017
§ 115a Übergangsregelung für Pflege-Transparenzvereinbarungen und Qualitätsprüfungs-Richtlinien	PTV-A gilt noch bis 31.12.2018 in bisheriger Form	1/1/2017
§§ 122 bis 124	Bisherige Übergangsregelungen (erhöhte Sach- und weitere Leistungen für Versicherte mit erheblich eingeschränkte Alltagskompetenz; Häusliche Betreuung, Übergangsregelungen) werden aufgehoben	1/1/2017
§ 140 Anzuwendendes Recht und Überleitung in die Pflegegrade	Zeitpunkt der Überleitung; Überleitung der Pflegestufen auf Pflegegrade; Rückwirkung bei Höherstufung	1/1/2017

Fortsetzung Seite 19

Betroffene Paragrafen	Geänderte Inhalte	Tritt in Kraft ab
§ 141 Besitzstands-schutz und Über-gangsrecht zur sozia-len Sicherung von Pflegepersonen	Besitzstand für alle regelmäßigen Leistungen; Überlei-tung der Ansprüche nach § 45b; Bestandsschutz in der Renten- und Unfallversicherung	1/1/2017
§ 142 Übergangsre-gelungen im Begut-achtungsverfahren	Aussetzung der Wiederholungsbegutachtungen bis 01.01.2019; Aussetzung von Fristen bis 31.12.2017	1/1/2017
§ 143 Sonderanpas-sungsrecht für die Allgemeinen Versi-cherungsbedingun-gen und die techni-schen Berechnungsgrundla-gen privater Pflege-versicherungsverträ-ge	Technische Änderungen durch die Einführung der Pflegegrade	1/1/2017
§ 144 Überleitungs- und Übergangsrege-lungen, Verord-nungsermächtigung	weitere Überleitungsvorschriften: Der Anspruch auf Wohngruppenzuschlag nach § 38a besteht weiter, wenn er am 31.12.2014 bestanden hat; niedrigschwel-lige Betreuungs- und Entlastungsangebote mit Aner-kennung am 31.12.2016 haben auch weiterhin eine Anerkennung.	1/1/2017
Arbeitsförderung (SGB III), § 26, Abs. 2b Sonstige Versiche-rungspflichtige	Versicherungspflichtig sind auch Pflegepersonen im Sinne § 44 SGB XI, soweit sie selbst bisher Ansprüche nach dem SGB III haben; die Beiträge werden von Pflegekasse übernommen	1/1/2017
Gesetzliche Renten-versicherung (SGB VI), § 166, Abs. 2 Bei-tragspflichtige Ein-nahmen sonstiger Mitglieder	Höhe der beitragspflichtigen Einnahmen für Pflege-personen gemäß § 19, gegliedert nach Pflegegraden und Anteil der Ambulanten Leistungen	1/1/2017
Gesetzliche Unfall-versicherung (SGB VII), § 2 Abs. 1 Nr. 17 Versicherung kraft Gesetz	Unfallversicherung nur für Pflegepersonen, die min-destens 10 Stunden pro Woche einen Pflegebedürfti-gen ab Pflegegrad 2 pflegen	1/1/2017

2.2 Leistungsübersicht ab 2017

In der ersten tabellarischen Übersicht sind zunächst alle ab 2017 gültigen ambulanten Leistungsansprüche aufgeführt.

Leistungsansprüche 2017					
Leistuang	Pflegegrad 1	Pflegegrad 2	Pflegegrad 3	Pflegegrad 4	Pflegegrad 5
Sachleistung § 36					
ab 2017	keine	689 €	1.298 €	1.612 €	1.995 €
freiwillige Beratungsbesuche § 37.3		2 x pro Jahr		4 x pro Jahr	
Pflegegeld § 37					
ab 2017	keine	316 €	545 €	728 €	901 €
Wohngruppenzuschlag § 38a					
ab 2017		**214 €**			
Verhinderungspflege § 39					
ab 2017	keine	**bis 1.612€**			
		Zusätzlich bis 50 % der Kurzzeitpflege **(806 €)** nutzbar, max. 2.418 €			
Pflegehilfsmittel und wohnumfeldverbessernde Maßnahmen § 40					
Pflegeverbrauchsmittel		**40 €**			
Wohnumfeldverbessern- de Maßnahmen		**4.000 €**			
Entlastungsbetrag § 45b					
Entlastungsbetrag		**125 €**			

Tagespflege § 41	Pflegegrad 1	Pflegegrad 2	Pflegegrad 3	Pflegegrad 4	Pflegegrad 5
ab 2017	keine	689 €	1.298 €	1.612 €	1.995 €
		keine Anrechnung bei ambulanten Leistungen			
Kurzzeitpflege § 42					
ab 2017	keine	**bis 1.612€**			
		Zusätzlich freie Leistungen der Verhinderungs- pflege nutzbar			
Vollstationäre Pflege § 43					
ab 2017	keine	**770 €**	**1.262 €**	**1.775 €**	**2.005 €**

Die nachfolgende Tabelle dient als Übersicht über die Überleitung aller Leistungen bzw. Leistungsansprüche von 2016 auf 2017.

Leistungsansprüche 2016 zu 2017

Sachleistung § 36/Tagespflege § 41

Pflegestufe 2016	Ohne Pflegestufe	Pflege-stufe 1	Pflege-stufe 2	Pflege-stufe 3	Härtefall
	-	468 €	1.144 €	1.612 €	1.995 €
Übergeleitet Pflegegrad 2017	-	Pflegegrad 2	Pflegegrad 3	Pflegegrad 4	Pflegegrad 5
	-	689 €	1.298 €	1.612 €	1.995 €

Pflegegeld § 37

Pflegestufe 2016	Ohne Pflegestufe	Pflege-stufe 1	Pflege-stufe 2	Pflege-stufe 3	Härtefall
	-	244 €	548 €	728 €	728 €
Übergeleitet Pflegegrad 2017	-	Pflegegrad 2	Pflegegrad 3	Pflegegrad 4	Pflegegrad 5
	-	316 €	545 €	728 €	901 €

Vollstationäre Pflege § 43

Pflegestufe 2016	Ohne Pflegestufe	Pflegestufe 1	Pflegestufe 2	Pflegestufe 3	Härtefall
	-	1.064 €	1.330 €	1.612 €	1.995 €
Übergeleitet Pflegegrad 2017	-	Pflegegrad 2	Pflegegrad 3	Pflegegrad 4	Pflegegrad 5
	-	770 €	1.262 €	1.775 €	2.005 €

Leistungsansprüche 2016 zu 2017 mit eingeschränkter Alltagskompetenz

Sachleistung § 36/Tagespflege § 41

Pflegestufe 2016	Ohne Pflegestufe	Pflege-stufe 1	Pflege-stufe 2	Pflege-stufe 3	Härtefall
	-	689 €	1.298 €	1.612 €	1.995 €
Übergeleitet Pflegegrad 2017	Pflegegrad 2	Pflegegrad 3	Pflegegrad 4	Pflegegrad 5	Pflegegrad 5
	689 €	1.298 €	1.612 €	1.995 €	1.995 €

Pflegegeld § 37

Pflegestufe 2016	Ohne Pflegestufe	Pflege-stufe 1	Pflege-stufe 2	Pflege-stufe 3	Härtefall
	123 €	316 €	545 €	728 €	728 €
Übergeleitet Pflegegrad 2017	Pflegegrad 2	Pflegegrad 3	Pflegegrad 4	Pflegegrad 5	Pflegegrad 5
	316 €	545 €	728 €	901 €	901 €

Fortsetzung Seite 21

Leistungsansprüche 2016 zu 2017

Vollstationäre Pflege § 43 mit eingeschränkter Alltagskompetenz

Pflegestufe 2016	Ohne Pflegestufe	Pflegestufe 1	Pflegestufe 2	Pflegestufe 3	Härtefall
	-	1.064 €	1.330 €	1.612 €	1.995 €
Übergeleitet Pflegegrad 2017	Pflegegrad 2	Pflegegrad 3	Pflegegrad 4	Pflegegrad 5	Pflegegrad 5
	770 €	**1.262 €**	**1.775 €**	**2.005 €**	**2.005 €**

Wohngruppenzuschlag § 38a

alle Pflegestufen 2016	204 €
alle Pflegegrade ab 2017	**214 €**

Zusätzliche Betreuungs- und Entlastungsleistung, Entlastungsbetrag § 45b

alle Pflegestufen 2016	104€/208€
alle Pflegegrade ab 2017	**125 €**

Verhinderungspflege § 39	Pflegegrad 1	Pflegegrad 2	Pflegegrad 3	Pflegegrad 4	Pflegegrad 5
alle Pflegestufen 2016		bis 1.612€			
ab 2017	-	bis 1.612€			

Kurzzeitpflege § 42	Pflegegrad 1	Pflegegrad 2	Pflegegrad 3	Pflegegrad 4	Pflegegrad 5
alle Pflegestufen 2016		**bis 1.612€**			
ab 2017	-	**bis 1.612€**			

3 § 7 Aufklärung, Auskunft

3.1 Was ist neu?

Änderung ab 01.01.2016: Bisher hatten die Pflegekassen nach § 7 Abs. 1 die Aufgabe, die Versicherten aufzuklären **und** zu beraten; nun ist die Formulierung in „Aufklärung und Auskunft" verändert worden. Auch in Absatz 2 ist die bisherige Formulierung, dass die Pflegekassen die Versicherten „zu unterrichten, zu beraten" haben durch „informieren" ersetzt.

Außerdem muss die Pflegekasse den Versicherten unverzüglich ab Eingang des Antrags auf Leistungen über den Anspruch auf unentgeltliche Pflegeberatung, den nächsten Pflegestützpunkt sowie die Leistungs- und Preisvergleichslisten informieren. Die Pflegekassen haben diese Listen in geeigneter Form an den Pflegebedürftigen zu übermitteln.

Die Inhalte, die Struktur und der Umfang der Leistungs- und Preisvergleichslisten ist neu geregelt worden, ebenso die quartalsweise Aktualisierung sowie die Veröffentlichungspflicht im Internet. Dazu gehören nun verpflichtend die Angebote der Entlastungsleistungen nach § 45a (bis Ende 2016: § 45c) einschließlich inhaltlicher Beschreibung und konkreter Preise. Daneben ist diese Preisvergleichsliste auch in geeigneter Form dem Versicherten zu übermitteln. In die Übersichts- und Vergleichsangebote können zusätzlich andere Angebote der Eingliederungshilfe, der Rehabilitation, der Teilhabe am Arbeitsleben bzw. am Leben in der Gemeinschaft und andere veröffentlicht werden, wenn deren Träger die Daten entsprechend den definierten Anforderungen kostenfrei zur Verfügung stellen.

Neu ist die Verpflichtung der Pflegekassen zum Hinweis auf die unentgeltliche Information und Pflegeberatung nach § 7a/b, die hier festgeschrieben wird.

3.2 Kritik und Praxis

Die Regelungen in §§ 7 und 7a müssen gemeinsam gesehen werden, denn der Gesetzgeber regelt die Beratungsschritte folgendermaßen: Die allgemeine Aufklärung und Auskunft ist nun in § 7 geregelt und kann auch von anderen Mitarbeitern, die nicht eine Pflegeberaterausbildung haben, durchgeführt werden. In der Begründung verweist der Gesetzgeber auf den Auskunftsanspruch im Rahmen der Sozialgesetzbücher, der in § 15 SGB 1 definiert ist. Hier geht es also primär um Information, nicht um konkrete Einzelfallberatung, die dann den Pflegeberatern überlassen wird, deren Aufgaben in § 7a beschrieben sind.

Neu ist die Verpflichtung der Pflegekassen, die Versicherten unmittelbar nach Eingang eines Antrags auf Leistungen auf die kostenfreien Beratungsangebote nach §§ 7a/b hinzuweisen. Bisher gab es zwar den gesetzlich verbrieften Anspruch auf Beratung nach § 7a, allerdings nicht die explizite Informationspflicht der Pflegekassen. Der Gesetzgeber will die Beratung ausdrücklich stärken, damit die Versicherten frühzeitiger ihre Rechte und die Möglichkeiten der Pflegeversicherung nutzen. Deshalb werden die Pflegekassen hier noch enger in die Pflicht zur Information und Beratung genommen.

Die Grundlagen für die Preisvergleichslisten sind hier klarer und technisch ausführlich definiert. Sie müssen mindestens alle Leistungsbereiche der Pflegeversicherung umfassen, also auch Entlastungsangebote nach § 45a [2016: § 45c]. Dabei sind diese den Anspruchsberechtigten in geeigneter Form zu übermitteln. Wer keinen Internetzugang hat, hat auch das Recht, die Preisvergleichslisten in ausgedruckter Form von seiner Pflegekasse zu bekommen. In der Gesetzesbegründung verweist der Gesetzgeber ausdrücklich darauf, dass er mit den Angebots- und Preisvergleichslisten auch im Bereich der Entlastungsangebote [2016: niedrigschwellige Betreuungs- und Entlastungsleistungen] den Wettbewerb fördern will. Das eröffnet damit auch neuen Angeboten mehr und besseren Zugang zu den potenziellen Kunden, wenn sie in den offiziellen Preisvergleichslisten der Pflegekassen auftauchen!

Interessant ist, dass die Leistungs- und Preisvergleichslisten alle drei Monate aktualisiert werden müssen und dass auch andere Angebote aus dem Bereich der Rehabilitation, der Alltagsunterstützung oder auch des Wohnens mit aufgenommen werden können, wenn diese Anbieter die Daten zur Verfügung stellen. Daher sollte man selbst prüfen, ob weitere Angebote gemäß der Gesetzesformulierungen nach Abs. 4 hier an die Pflegekassen gemeldet werden könnten.

3.3 Gesetzestext § 7 Aufklärung, Auskunft

§ (1) Die Pflegekassen haben die Eigenverantwortung der Versicherten durch Aufklärung und Auskunft über eine gesunde, der Pflegebedürftigkeit vorbeugende Lebensführung zu unterstützen und auf die Teilnahme an gesundheitsfördernden Maßnahmen hinzuwirken.

(2) Die Pflegekassen haben die Versicherten und ihre Angehörigen und Lebenspartner in den mit der Pflegebedürftigkeit zusammenhängenden Fragen, insbesondere über die Leistungen der Pflegekassen sowie über die Leistungen und Hilfen anderer Träger, in für sie verständlicher Weise zu informieren und darüber aufzuklären, dass ein Anspruch besteht auf die Übermittlung

1. des Gutachtens des Medizinischen Dienstes der Krankenversicherung oder eines anderen von der Pflegekasse beauftragten Gutachters sowie
2. der gesonderten Präventions- und Rehabilitationsempfehlung gemäß § 18a Absatz 1.

Mit Einwilligung des Versicherten haben der behandelnde Arzt, das Krankenhaus, die Rehabilitations-und Vorsorgeeinrichtungen sowie die Sozialleistungsträger unverzüglich die zuständige Pflegekasse zu benachrichtigen, wenn sich der Eintritt von Pflegebedürftigkeit abzeichnet oder wenn Pflegebedürftigkeit festgestellt wird. Für die Aufklärung und Auskunft erforderliche personenbezogene Daten dürfen nur mit Einwilligung des Versicherten erhoben, verarbeitet und genutzt werden.

Die zuständige Pflegekasse informiert die Versicherten unverzüglich nach Eingang eines Antrags auf Leistungen nach diesem Buch insbesondere über ihren Anspruch auf die unentgeltliche Pflegeberatung nach § 7a, den nächstgelegenen Pflegestützpunkt nach § 7c sowie die Leistungs- und Preisvergleichsliste nach Absatz 3. Ebenso gibt die zuständige Pflegekasse Auskunft über die in ihren Verträgen zur integrierten Versorgung nach § 92b Absatz 2 getroffenen Festlegungen, insbesondere zu Art, Inhalt und Umfang der zu erbringenden Leistungen und der für die Versicherten entstehenden Kosten, und veröffentlicht diese Angaben auf einer eigenen Internetseite.

(3) Zur Unterstützung der pflegebedürftigen Person bei der Ausübung ihres Wahlrechts nach § 2 Absatz 2 sowie zur Förderung des Wettbewerbs und der Überschaubarkeit des vorhandenen Angebotes hat die zuständige Pflegekasse der antragstellenden Person auf Anforderung eine Vergleichsliste über die Leistungen und Vergütungen der zugelassenen Pflegeeinrichtungen sowie der Angebote für [2016: niedrigschwellige Betreuung und Entlastung nach § 45c] zur Unterstützung im Alltag nach § 45a, in deren Einzugsbereich die pflegerische Versorgung und Betreuung gewährleistet werden soll (Leistungs- und Preisvergleichsliste), unverzüglich und in geeigneter Form zu übermitteln. Die Landesverbände der Pflegekassen erstellen eine Leistungs- und Preisvergleichsliste nach Satz 1, aktualisieren diese einmal im Quartal und veröffentlichen sie auf einer eigenen Internetseite. Die Liste hat zumindest die jeweils geltenden Festlegungen der Vergütungsvereinbarungen nach dem Achten Kapitel sowie die im Rahmen der Vereinbarungen nach Absatz 4 übermittelten Angaben zu Art, Inhalt und Umfang der Angebote sowie zu den Kosten in einer Form zu enthalten, die einen regionalen Vergleich von Angeboten und Kosten und der regionalen Verfügbarkeit ermöglicht. Auf der Internetseite nach Satz 2 sind auch die nach § 115 Absatz 1a veröffentlichten Ergebnisse der Qualitätsprüfungen und die nach § 115 Absatz 1b veröffentlichten Informationen zu berücksichtigen. Die Leistungs- und Preisvergleichsliste ist der Pflegekasse sowie dem Verband der privaten Krankenversicherung e. V. für die Wahrnehmung ihrer Aufgaben nach diesem Buch und zur Veröffentlichung nach Absatz 2 Satz 4 und 5 vom Landes-

verband der Pflegekassen durch elektronische Datenübertragung zur Verfügung zu stellen.

(4) Im Einvernehmen mit den zuständigen obersten Landesbehörden vereinbaren die Landesverbände der Pflegekassen gemeinsam mit den nach Landesrecht zuständigen Stellen für die Anerkennung der Angebote für niedrigschwellige Betreuung und Entlastung nach den Vorschriften dieses Buches das Nähere zur Übermittlung von Angaben im Wege elektronischer Datenübertragung insbesondere zu Art, Inhalt und Umfang der Angebote, Kosten und regionaler Verfügbarkeit dieser Angebote einschließlich der Finanzierung des Verfahrens für die Übermittlung. Träger weiterer Angebote, in denen Leistungen zur medizinischen Vorsorge und Rehabilitation, zur Teilhabe am Arbeitsleben oder Leben in der Gemeinschaft, zur schulischen Ausbildung oder Erziehung kranker oder behinderter Kinder, zur Alltagsunterstützung und zum Wohnen im Vordergrund stehen, können an Vereinbarungen nach Satz 1 beteiligt werden, falls sie insbesondere die Angaben nach Satz 1 im Wege der von den Parteien nach Satz 1 vorgesehenen Form der elektronischen Datenübertragung unentgeltlich bereitstellen. Dazu gehören auch Angebote der Träger von Leistungen der Eingliederungshilfe, soweit diese in der vorgesehenen Form der elektronischen Datenübermittlung kostenfrei bereitgestellt werden. Der Spitzenverband Bund der Pflegekassen gibt Empfehlungen für einen bundesweit einheitlichen technischen Standard zur elektronischen Datenübermittlung ab. Die Empfehlungen bedürfen der Zustimmung der Länder.

4 § 7a Pflegeberatung

4.1 Was ist neu?

Die Pflegekassen müssen nun aktiv den Versicherten/Pflegebedürftigen einen konkreten für sie zuständigen Pflegeberater (nicht mehr nur Kontaktperson) oder eine zuständige Beratungsstelle (z.B. Pflegestützpunkt) benennen. Die Aufgaben und Möglichkeiten der Pflegeberatung werden erweitert, es können neben der Einstufungsbegutachtung auch weitere (wenn vorhanden) Beratungsergebnisse aus den Beratungsbesuchen nach § 37.3 SGB XI einbezogen werden. Die Pflegeberatung hat nun auch als verpflichtende Aufgabe, über die Leistungen zur Entlastung der Pflegepersonen zu informieren. Die Beratung kann sowohl allein gegenüber dem Versicherten oder mit Pflegepersonen erfolgen und sie erfolgt auf Wunsch in der häuslichen Umgebung oder auch in der Einrichtung, in der sich der Versicherte aufhält. Die Pflegekasse hat diesem Wunsch zu entsprechend.

Die Strukturen und Qualität der Pflegeberatung werden über eine kassenweite Richtlinie definiert, die Pflegeberatung selbst soll alle drei Jahre evaluiert werden (vorher in § 7 Abs. 4). In den Berichten soll auch die Qualität und Wirkung der Beratungsbesuche nach § 37.3 SGB untersucht werden. Auf Landesebene werden Rahmenverträge zur Zusammenarbeit der Pflegekassen mit den Sozialhilfeträgern und kommunalen Spitzenverbänden im Bereich der Pflegeberatung geschlossen.

4.2 Kritik und Praxis

Schon im Pflege-Weiterentwicklungsgesetz 2008 hat der Gesetzgeber die Beratung neu aufgestellt, indem er die verpflichtende Pflegeberatung nach § 7a eingeführt hat. Diesen Weg hat er schrittweise forciert, 2012 mit dem PNG durch die Einführung der Beratungsgutscheine nach § 7b. Die weitere Konkretisierung in diesem Paragrafen soll die Pflegeberatung durch die Pflegekassen noch weiter stärken. Nun muss nicht nur abstrakt eine Beratung oder eine Kontaktperson angeboten, sondern gleich konkret ein direkt benannter Berater oder eine Beratungsstelle benannt werden. Der Anspruch auf Pflegeberatung in der Häuslichkeit oder Einrichtung wird als Anspruch definiert, auch die Einbeziehung aller Pflegepersonen wird hier nochmals klarer formuliert. Insbesondere auch über die Entlastungsleistungen für Pflegepersonen (das wären vor allem die Verhinderungspflege (§ 39), die Entlastungsleistungen (§ 45a/b), Leistungen zur sozialen Sicherung (§ 44) sowie zur Pflegezeit und kurzzeitigen Arbeitsverhinderung (§ 44a) soll informiert werden.

Trotzdem bleibt die generelle Kritik, ob die Pflegeberatung durch Mitarbeiter der Pflegekasse so neutral erfolgt und erfolgen kann wie eine Beratung durch tatsächlich unabhängige Dritte. Natürlich sind Mitarbeiter der Pflegekassen nach § 20 SGB X neutral und berücksichtigen auch die für die Versicherten günstigen Tatbestände bei ihrer Beratung. In der Praxis gibt es allerdings weiterhin eine Vielzahl anderer Erfahrungen, insbesondere wenn Pflegeberater im Rahmen ihres Besuches vor Ort vor allem nach Möglichkeiten der Reduzierung der Leistungen zur Häuslichen Krankenpflege nach § 37.2 SGB V suchen.

Neu eingeführt hat der Gesetzgeber eine Berichtspflicht im Rhythmus von 3 Jahren über die Erfahrungen der Pflegeberatung nach den §§ 7 bis 7c sowie insbesondere zur Wirkung der Beratungsbesuche nach § 37.3. Dazu ist anzumerken, dass wegen der föderalen Strukturen nur die bundesweit tätigen Kranken- und Pflegekassen der Aufsicht des Bundesversicherungsamtes unterstehen und in dessen Berichten dargestellt werden (siehe Literatur). Hier sind allerdings nur 73 von ca. 123 aktuell vorhandenen gesetzlichen Kranken- und Pflegekassen berücksichtigt. Die landesweit tätigen Kassen (insbesondere die AOK-Gliederungen) werden von den jeweilig zuständigen Landesministerien beaufsichtigt. Vergleichbare Berichte wie vom Bundesversicherungsamt sind in den Bundesländern meist nicht vorhanden. Daher hat der Bundesgesetzgeber auch tatsächlich keine Übersicht, wie bestimmte nach Bundesrecht umgesetzte Maßnahmen in der Praxis wirken, außer er definiert über das Gesetz eigene Berichtspflichten, wie hier nun geschehen. Zwar gab es eine erste (einmalige) Berichtspflicht über die Einführung der Pflegeberatung, der bis zum 30. Juni 2011 erstellt werden sollte (veröffentlicht vom GKV, siehe Literatur), allerdings wurde dieser Bericht zu einem sehr frühen Zeitpunkt der Umsetzung erstellt und war nur einmalig vorgesehen.

Dass die Umsetzung der seit 2009 vorgeschriebenen Pflegeberatung teilweise sehr unterschiedlich ausgestaltet ist, lässt sich im aktuellen Bericht des Bundesversicherungsamtes nachlesen: „Die Umsetzung des § 7a SGB XI (Pflegeberatung) durch die Pflegekassen wurde bisher bereits intensiv durch den Prüfdienst Kranken- und Pflegeversicherung geprüft. Dabei konnte u.a. festgestellt werden, dass die Pflegekassen ihrem Beratungsauftrag nicht durchgängig nachgekommen sind. Teilweise wurde die Möglichkeit genutzt, die Pflegeberatung nach § 7a SGB XI auf Dritte auszulagern, womit Einflussmöglichkeiten der Pflegekassen häufig verloren gingen. Auch bei der Umsetzung des mit dem PNG neu eingeführten § 7b SGB XI konnte das Bundesversicherungsamt feststellen, dass der Großteil der Pflegekassen (19 von 27 geprüften Pflegekassen) die Beratung nach § 7b SGB XI auf Dienstleister ausgelagert hat. Dabei wurden in der Regel die bereits bestehenden Verträge über die Durchführung der Pflegeberatung nach § 7a SGB XI hinsichtlich der Umsetzung der Beratung nach § 7b SGB XI ergänzt bzw. erweitert. Der Prüfdienst hat die entsprechenden Verträge bzw. Ergänzungsvereinbarungen zur Prüfung an das zuständige Aufsichtsreferat im Bundesversicherungsamt weitergeleitet. Die Abstimmung über die Inhalte der Verträge dauert in einigen Fällen noch an. Einige Pflegekassen informieren entweder mit Übersendung des Antragsformulars oder aber nach Eingang des Antrages über den Anspruch auf Pflegeberatung und bitten um Mitteilung, ob diese gewünscht ist. Teilweise wird dabei eine Anlage übersandt, in der die Antragsteller ihr Interesse an dem Beratungsangebot erklären können." (Bericht 2014, S. 50).

Wie die Umsetzung der Pflegeberatungspflicht in den anderen Pflegekassen ausgestaltet ist, wird sich erst zeigen, wenn die regelmäßigen bundesweiten Berichte nach dem neuen Abs. 9 erstellt sind.

4.3 Gesetzestext § 7a Pflegeberatung

§ (1) Personen, die Leistungen nach diesem Buch erhalten, haben Anspruch auf individuelle Beratung und Hilfestellung durch einen Pflegeberater oder eine Pflegeberaterin bei der Auswahl und Inanspruchnahme von bundes- oder landesrechtlich vorgesehenen Sozialleistungen sowie sonstigen Hilfsangeboten, die auf die Unterstützung von Menschen mit Pflege-, Versorgungs- oder Betreuungsbedarf ausgerichtet sind (Pflegeberatung); **Anspruchsberechtigten soll durch die Pflegekassen vor der erstmaligen Beratung unverzüglich ein zuständiger Pflegeberater, eine zuständige Pflegeberaterin oder eine sonstige Beratungsstelle benannt werden. Für das Verfahren, die Durchführung und die Inhalte der Pflegeberatung sind die Richtlinien nach § 17 Absatz 1a maßgeblich.**

Aufgabe der Pflegeberatung ist es insbesondere,

1. den Hilfebedarf unter Berücksichtigung der **Ergebnisse** der Begutachtung durch den Medizinischen Dienst der Krankenversicherung **sowie, wenn die nach Satz 1 anspruchsberechtige Person zustimmt, die Ergebnisse der Beratung in der eigenen Häuslichkeit nach § 37 Absatz 3** systematisch zu erfassen und zu analysieren,
2. einen individuellen Versorgungsplan mit den im Einzelfall erforderlichen Sozialleistungen und gesundheitsfördernden, präventiven, kurativen, rehabilitativen oder sonstigen medizinischen sowie pflegerischen und sozialen Hilfen zu erstellen,
3. auf die für die Durchführung des Versorgungsplans erforderlichen Maßnahmen einschließlich deren Genehmigung durch den jeweiligen Leistungsträger hinzuwirken,
4. die Durchführung des Versorgungsplans zu überwachen und erforderlichenfalls einer veränderten Bedarfslage anzupassen,
5. bei besonders komplexen Fallgestaltungen den Hilfeprozess auszuwerten und zu dokumentieren **sowie**
6. **über Leistungen zur Entlastung der Pflegepersonen zu informieren.**

Der Versorgungsplan **wird nach Maßgabe der Richtlinien nach § 17 Abs. 1a erstellt und umgesetzt; er** beinhaltet insbesondere Empfehlungen zu den im Einzelfall erforderlichen Maßnahmen nach Satz 2 Nummer 3, Hinweise zu dem dazu vorhandenen örtlichen Leistungsangebot sowie zur Überprüfung und Anpassung der empfohlenen Maßnahmen. Bei Erstellung und Umsetzung des Versorgungsplans ist Einvernehmen mit dem Hilfesuchenden und allen an der Pflege, Versorgung und Betreuung Beteiligten anzustreben. Soweit Leistungen nach sonstigen bundes- oder landesrechtlichen Vorschriften erforderlich sind, sind die zuständigen Leistungsträger frühzeitig mit dem Ziel der Abstimmung einzubeziehen. Eine enge Zusammenarbeit mit anderen Koordinierungsstellen, insbesondere den gemeinsamen Servicestellen nach § 23 des Neunten Buches, ist sicherzustellen. Ihnen obliegende Aufgaben der Pflegeberatung können die Pflegekassen ganz oder teilweise auf Dritte übertragen; § 80 des Zehnten Buches bleibt unberührt. Ein Anspruch auf Pflegeberatung besteht auch dann, wenn ein Antrag auf Leistungen nach diesem Buch gestellt wurde und erkennbar ein Hilfe- und Beratungsbedarf besteht. Es ist sicherzustellen, dass im jeweiligen Pflegestützpunkt nach § 7c Pflegeberatung im Sinne dieser Vorschrift in Anspruch genommen werden kann und die Unabhängigkeit der Beratung gewährleistet ist.

(2) **Auf Wunsch einer anspruchsberechtigten Person nach Absatz 1 Satz 1 erfolgt die Pflegeberatung auch gegenüber ihren Angehörigen oder weiteren Personen oder unter deren Einbeziehung. Sie erfolgt auf Wunsch einer anspruchsberechtigten Person nach Absatz 1 Satz 1 in der häuslichen Umgebung oder in der Einrichtung, in der diese Person lebt.** Ein Versicherter kann einen Leistungsantrag nach diesem oder dem Fünften Buch auch gegenüber dem Pflegeberater oder der Pflegeberaterin stellen. Der Antrag ist unverzüglich der zuständigen Pflege- oder Krankenkasse zu übermitteln, die den Leistungsbescheid unverzüglich dem Antragsteller und zeitgleich dem Pflegeberater oder der Pflegeberaterin zuleitet.

(3) Die Anzahl von Pflegeberatern und Pflegeberaterinnen ist so zu bemessen, dass die Aufgaben nach Absatz 1 im Interesse der Hilfesuchenden zeitnah und umfassend wahrgenommen werden können. Die Pflegekassen setzen für die persönliche Beratung und Betreuung durch Pflegeberater und Pflegeberaterinnen entsprechend qualifiziertes Personal ein, insbesondere Pflegefachkräfte, Sozialversicherungsfachangestellte oder Sozialarbeiter mit der jeweils erforderlichen Zusatzqualifikation. **Der Spitzenverband Bund der Pflegekassen gibt unter Beteiligung der in § 17 Absatz 1a Satz 2 genannten Parteien bis zum 31. Juli 2018 Empfehlungen zur erforderlichen Anzahl, Qualifikation und Fortbildung von Pflegeberaterinnen und Pflegeberatern ab.**

(4) Die Pflegekassen im Land haben Pflegeberater und Pflegeberaterinnen zur Sicherstellung einer wirtschaftlichen Aufgabenwahrnehmung in den Pflegestützpunkten nach Anzahl und örtlicher Zuständigkeit aufeinander abgestimmt bereitzustellen und hierüber einheitlich und gemeinsam Vereinbarungen zu treffen. Die Pflegekassen können diese Aufgabe auf die Landesverbände der Pflegekassen übertragen. Kommt eine Einigung bis zu dem in Satz 1 genannten Zeitpunkt ganz oder teilweise nicht zustande, haben die Landesverbände der Pflegekassen innerhalb eines Monats zu entscheiden; § 81 Abs. 1 Satz 2 gilt entsprechend. Die Pflegekassen und die gesetzlichen Krankenkassen können zur Aufgabenwahrnehmung durch Pflegeberater und Pflegeberaterinnen von der Möglichkeit der Beauftragung nach Maßgabe der §§ 88 bis 92 des Zehnten Buches Gebrauch machen. Die durch die Tätigkeit von Pflegeberatern und Pflegeberaterinnen entstehenden Aufwendungen werden von den Pflegekassen getragen und zur Hälfte auf die Verwaltungskostenpauschale nach § 46 Abs. 3 Satz 1 angerechnet.

(5) Zur Durchführung der Pflegeberatung können die privaten Versicherungsunternehmen, die die private Pflege-Pflichtversicherung durchführen, Pflegeberater und Pflegeberaterinnen der Pflegekassen für die bei ihnen versicherten Personen nutzen. Dies setzt eine vertragliche Vereinbarung mit den Pflegekassen über Art, Inhalt und Umfang der Inanspruchnahme sowie über die Vergütung der hierfür je Fall entstehenden Aufwendungen voraus. Soweit Vereinbarungen mit den Pflegekassen nicht zustande kommen, können die privaten Versicherungsunternehmen, die die private Pflege-Pflichtversicherung durchführen, untereinander Vereinbarungen über eine abgestimmte Bereitstellung von Pflegeberatern und Pflegeberaterinnen treffen.

(6) Pflegeberater und Pflegeberaterinnen sowie sonstige mit der Wahrnehmung von Aufgaben nach Absatz 1 befasste Stellen, insbesondere

1. nach Landesrecht für die wohnortnahe Betreuung im Rahmen der örtlichen Altenhilfe und für die Gewährung der Hilfe zur Pflege nach dem Zwölften Buch zu bestimmende Stellen,
2. Unternehmen der privaten Kranken- und Pflegeversicherung,
3. Pflegeeinrichtungen und Einzelpersonen nach § 77,
4. Mitglieder von Selbsthilfegruppen, ehrenamtliche und sonstige zum bürgerschaftlichen Engagement bereite Personen und Organisationen sowie
5. Agenturen für Arbeit und Träger der Grundsicherung für Arbeitsuchende, dürfen Sozialdaten für Zwecke der Pflegeberatung nur erheben, verarbeiten und nutzen, soweit dies zur Erfüllung der Aufgaben nach diesem Buch erforderlich oder durch Rechtsvorschriften des Sozialgesetzbuches oder Regelungen des Versicherungsvertrags- oder des Versicherungsaufsichtsgesetzes angeordnet oder erlaubt ist.

(7) Die Landesverbände der Pflegekassen vereinbaren gemeinsam und einheitlich mit dem Verband der privaten Krankenversicherung e. V., den nach Landesrecht bestimmten Stellen für die wohnortnahe Betreuung im Rahmen der Altenhilfe und den zuständigen Trägern der Sozialhilfe sowie mit den kommunalen Spitzenverbänden auf Landesebene Rahmenverträge über die Zusammenarbeit in der Beratung. Zu den Verträgen nach Satz 1 sind die Verbände der Träger weiterer nicht gewerblicher Beratungsstellen auf Landesebene anzuhören, die für die Beratung Pflegebedürftiger und ihrer Angehörigen von Bedeutung sind.

(8) Die Pflegekassen können sich zur Wahrnehmung ihrer Beratungsaufgaben nach diesem Buch aus ihren Verwaltungsmitteln an der Finanzierung und arbeitsteiligen Organisation von Beratungsaufgaben anderer Träger beteiligen; die Neutralität und Unabhängigkeit der Beratung sind zu gewährleisten.

(9) Der Spitzenverband Bund der Pflegekassen legt dem Bundesministerium für Gesundheit alle drei Jahre, erstmals zum 30. Juni 2020, einen unter wissenschaftlicher Begleitung zu erstellenden Bericht vor über

1. die Erfahrungen und Weiterentwicklung der Pflegeberatung und Pflegeberatungsstrukturen nach den Absätzen 1 bis 4, 7 und 8, § 7b Absatz 1 und 2 und § 7c und
2. die Durchführung, Ergebnisse und Wirkungen der Beratung in der eigenen Häuslichkeit sowie die Fortentwicklung der Beratungsstrukturen nach § 37 Absatz 3 bis 8.
3. Er kann hierfür Mittel nach § 8 Absatz 3 einsetzen.

5 § 7b Beratungsgutscheine

5.1 Was ist neu?

Änderung ab 01.01.2016: Die Pflegekassen sind nicht mehr nur beim Erstantrag verpflichtet, den Pflegebedürftigen einen konkreten Beratungstermin einer benannten Kontaktperson innerhalb von 14 Tagen oder einen entsprechenden Gutschein für einen solchen Termin anzubieten, sondern auch bei weiteren Anträgen auf Leistungen nach
- § 18 Abs. 3 (Einstufung)
- § 36 (ambulante Sachleistungen)
- § 37 (Pflegegeld)
- § 38 (Kombinationsleistungen)
- § 41 (Tagespflege)
- § 42 (Kurzzeitpflege)
- § 43 (Vollstationäre Pflege)
- § 87a Abs. 2 Satz 1 (Höherstufungsantrag des Heimträgers)
- § 115 Abs. 4 (Vermittlung anderer Pflegeeinrichtung wegen schwerwiegender kurzfristig nicht zu behebender Mängel in der bisherigen Einrichtung).

5.2 Kritik und Praxis

Durch die Ausweitung des Anspruchs auf Beratung auch bei Folgeanträgen will der Gesetzgeber die Beratung der Versicherten verbessern. Denn sie haben nicht mehr einmalig den Anspruch auf Beratung mit Informationspflicht der Pflegekassen, sondern bei jeder wesentlichen Leistungsänderung (nur nicht in Zusammenhang mit den Kostenerstattungsleistungen nach §§ 39 (Verhinderungspflege) und Entlastungsleistungen (§ 45a/b) sowie in Zusammenhang mit Pflegehilfsmitteln nach § 40). Auch bei diesen Anträgen gilt wieder die 14-Tagefrist zur Beratung durch einen Pflegeberater oder einen Pflegestützpunkt. Zwar können auch weiterhin die Pflegekassen mit anderen Beratungsstellen zusammenarbeiten und diese Aufgabe entsprechend delegieren, aber für die Einhaltung der 14-Tagefrist ist die Pflegekasse verantwortlich. Wenn also beispielsweise der angegebene Pflegestützpunkt gar keine Kapazitäten mehr frei hat, so ist die Pflegekasse weiterhin in der Pflicht zur Beratung.

Gerade in Zusammenhang mit der Einführung des NBA wird es große Erwartungen, große Verunsicherung und viele Fragen geben. Deshalb hat der Gesetzgeber für den Umsetzungszeitraum viele Vorschriften, welche konkrete Fristen enthalten, für eine gewisse Zeit ausgesetzt (siehe z.B. § 18 Verfahren zur Feststellung der Pflegebedürftigkeit). Aber bei der Verpflichtung der Pflegekassen, bei jedem Antrag innerhalb von 14 Tagen konkret zu beraten oder die Beratung sicherzustellen, gibt es keinerlei Fristaussetzung.

5.3 Gesetzestext § 7b Beratungsgutscheine

§ (1) Die Pflegekasse hat dem Antragsteller unmittelbar nach Eingang eines erstmaligen Antrags auf Leistungen nach diesem Buch **sowie weiterer Anträge auf Leistungen nach § 18 Absatz 3, den §§ 36 bis 38, 41 bis 43, 44a, 45, 87a Absatz 2 Satz 1 und § 115 Absatz 4** entweder

1. unter Angabe einer Kontaktperson einen konkreten Beratungstermin anzubieten, der spätestens innerhalb von zwei Wochen nach Antragseingang durchzuführen ist, oder

2. einen Beratungsgutschein auszustellen, in dem Beratungsstellen benannt sind, bei denen er zu Lasten der Pflegekasse innerhalb von zwei Wochen nach Antragseingang eingelöst werden kann; § 7a Absatz 4 Satz 5 ist entsprechend anzuwenden.

Die Beratung richtet sich nach den **§ 7a**. Auf Wunsch des Versicherten hat die Beratung in der häuslichen Umgebung stattzufinden und kann auch nach Ablauf der in Satz 1 genannten Frist durchgeführt werden; über diese Möglichkeiten hat ihn die Pflegekasse aufzuklären.

(2) Die Pflegekasse hat sicherzustellen, dass die Beratungsstellen die Anforderungen an die Beratung nach den **§ 7a** einhalten. Die Pflegekasse schließt hierzu allein oder gemeinsam mit anderen Pflegekassen vertragliche Vereinbarungen mit unabhängigen und neutralen Beratungsstellen, die insbesondere Regelungen treffen für

1. die Anforderungen an die Beratungsleistung und die Beratungspersonen,

2. die Haftung für Schäden, die der Pflegekasse durch fehlerhafte Beratung entstehen, und

3. die Vergütung.

(3) Stellen nach Absatz 1 Satz 1 Nummer 2 dürfen personenbezogene Daten nur erheben, verarbeiten und nutzen, soweit dies für Zwecke der Beratung nach den **§ 7a** erforderlich ist und der Versicherte oder sein gesetzlicher Vertreter eingewilligt hat. Zudem ist der Versicherte oder sein gesetzlicher Vertreter zu Beginn der Beratung darauf hinzuweisen, dass die Einwilligung jederzeit widerrufen werden kann.

(4) Die Absätze 1 bis 3 gelten für private Versicherungsunternehmen, die die private Pflegepflichtversicherung durchführen, entsprechend.

6 § 13 Verhältnis der Pflegeversicherung zu anderen Sozialleistungen

6.1 Was ist neu?

Neu und auf den neuen Einstufungsbegriff bezogen ist das Vorrangverhältnis zur Häuslichen Krankenpflege nach § 37 SGB V geregelt. Weiterhin sollen diese Leistungen durch die Krankenversicherung finanziert werden, selbst wenn sie für die Einstufung relevant sind. Aufgenommen wurde auch, dass das Pflegeunterstützungsgeld nach § 44a bei der Berechnung von Sozialleistungen als Einkommen berücksichtigt wird.

6.2 Kritik und Praxis

Gerade in Hinblick auf die Berücksichtigung und Bewertung der Behandlungspflege im NBA ist es interessant, wie die hier nur umformulierte Vorschrift zur Häuslichen Krankenpflege zu verstehen ist. Die Konkretisierung auch in Bezug auf krankenspezifische Pflegemaßnahmen stand bisher in § 15 Abs. 3. Die Gesetzesbegründung formuliert hier eindeutig, dass mit der Einführung des NBA keine Leistungsverschiebung verbunden sei. Auch in § 15, Abs. 5 ist die doppelte Berücksichtigung (Einstufung und Anspruch auf Leistungen nach SGB V) ebenfalls formuliert.

Da im NBA die Behandlungspflege einen breiten Raum einnimmt (bis 20 % der Gesamtbewertung), wird man trotzdem kritisch beobachten müssen, ob zukünftig im SGB V die Leistungen der Häuslichen Krankenpflege eingeschränkt werden. Und sei es mit Hinweis auf die stationäre Pflege, wo die Krankenversicherung diese Leistungen auch nicht (mehr seit 1995) übernimmt.

Korrespondierend wird in § 37.2 SGB V die bisherige Formulierung zu den „verrichtungsbezogenen krankenspezifischen Pflegemaßnahmen" gestrichen (Artikel 4 PSG 2).

6.3 Gesetzestext: § 13 Verhältnis der Leistungen der Pflegeversicherung zu anderen Sozialleistungen

§ (1) Den Leistungen der Pflegeversicherung gehen die Entschädigungsleistungen wegen Pflegebedürftigkeit

1. nach dem Bundesversorgungsgesetz und nach den Gesetzen, die eine entsprechen-de Anwendung des Bundesversorgungsgesetzes vorsehen,
2. aus der gesetzlichen Unfallversicherung und
3. aus öffentlichen Kassen auf Grund gesetzlich geregelter Unfallversorgung oder Unfallfürsorge vor.

(2) Die Leistungen nach dem Fünften Buch einschließlich der Leistungen der häuslichen Krankenpflege nach § 37 des Fünften Buches bleiben unberührt. Dies gilt auch für krankheitsspezifische Pflegemaßnahmen, soweit diese im Rahmen der häuslichen Krankenpflege nach § 37 des Fünften Buches zu leisten sind.

(3) Die Leistungen der Pflegeversicherung gehen den Fürsorgeleistungen zur Pflege
1. nach dem Zwölften Buch,
2. nach dem Lastenausgleichsgesetz, dem Reparationsschädengesetz und dem Flücht-lingshilfegesetz,
3. nach dem Bundesversorgungsgesetz (Kriegsopferfürsorge) und nach den Gesetzen, die eine entsprechende Anwendung des Bundesversorgungsgesetzes vorsehen, vor. [2016: Leistungen zur Pflege nach diesen Gesetzen sind zu gewähren, wenn und soweit Leistungen der Pflegeversicherung nicht erbracht werden oder diese Gesetze dem Grunde oder der Höhe nach weitergehende Leistungen als die Pflegeversicherung vorsehen]. Die Leistungen der Eingliederungshilfe für behinderte Menschen nach dem Zwölften Buch, dem Bundesversorgungsgesetz und dem Achten Buch bleiben unbe-rührt, sie sind im Verhältnis zur Pflegeversicherung nicht nachrangig; die notwendige Hilfe in den Einrichtungen nach § 71 Abs. 4 ist einschließlich der Pflegeleistungen zu gewähren.

(3a) Die Leistungen nach § 45b finden bei den Fürsorgeleistungen zur Pflege nach Absatz 3 Satz 1 keine Berücksichtigung.

(4) Treffen Pflegeleistungen mit Leistungen der Eingliederungshilfe oder mit weiterge-henden Pflegeleistungen nach dem Zwölften Buch zusammen, sollen die Pflegekassen und der Träger der Sozialhilfe vereinbaren, dass im Verhältnis zum Pflegebedürftigen nur eine Stelle die Leistungen übernimmt und die andere Stelle die Kosten der von ihr zu tragenden Leistungen erstattet.

(5) Die Leistungen der Pflegeversicherung bleiben als Einkommen bei Sozialleistun-gen und bei Leistungen nach dem Asylbewerberleistungsgesetz, deren Gewährung von anderen Einkommen abhängig ist, unberücksichtigt; [ab 2016] **dies gilt nicht für das**

Pflegeunterstützungsgeld gemäß § 44a Abs. 3. Satz 1 gilt entsprechend bei Vertragsleistungen aus privaten Pflegeversicherungen, die der Art und dem Umfang nach den Leistungen der sozialen Pflegeversicherung gleichwertig sind. Rechtsvorschriften, die weitergehende oder ergänzende Leistungen aus einer privaten Pflegeversicherung von der Einkommensermittlung ausschließen, bleiben unberührt.

(6) Wird Pflegegeld nach § 37 oder eine vergleichbare Geldleistung an eine Pflegeperson (§ 19) weitergeleitet, bleibt dies bei der Ermittlung von Unterhaltsansprüchen und Unterhaltsverpflichtungen der Pflegeperson unberücksichtigt. Dies gilt nicht

1. in den Fällen des § 1361 Abs. 3, der §§ 1579, 1603 Abs. 2 und des § 1611 Abs. 1 des Bürgerlichen Gesetzbuchs,
2. für Unterhaltsansprüche der Pflegeperson, wenn von dieser erwartet werden kann, ihren Unterhaltsbedarf ganz oder teilweise durch eigene Einkünfte zu decken und der Pflegebedürftige mit dem Unterhaltspflichtigen nicht in gerader Linie verwandt ist.

7 § 14 Begriff der Pflegebedürftigkeit

7.1 Was ist neu?

Nach dem neuen, ab 2017 gültigen Begriff der Pflegebedürftigkeit sind Personen dann pflegebedürftig im Sinne dieses Gesetzes, wenn sie aufgrund einer gesundheitlichen Beeinträchtigung der Selbstständigkeit oder einer Beeinträchtigung der Fähigkeiten auf Dauer auf (fremde) Hilfe angewiesen sind. Maßgeblich sind Beeinträchtigungen in insgesamt 64 definierten Kriterien in den 6 Bereichen Mobilität, kognitive und kommunikative Fähigkeiten, Verhaltensweisen und psychische Problemlagen, Selbstversorgung, Bewältigung von und selbständiger Umgang mit krankheits- oder therapiebedingten Anforderungen und Belastungen, sowie Gestaltung des Alltagslebens und sozialer Kontakte. Beeinträchtigungen bei der Haushaltsführung (früher hauswirtschaftliche Versorgung) werden indirekt in den aufgezählten Bereichen berücksichtigt.

7.2 Kritik und Praxis

Auch im bis 2016 gültigen § 14 waren die Kriterien (hier „gewöhnliche und regelmäßig wiederkehrende Verrichtungen") abschließend definiert. Voraussetzung war und ist auch weiterhin das Vorliegen einer gesundheitlichen Beeinträchtigung. Eigentlich muss man, um eine ‚Vergleichbarkeit' herzustellen, zusätzlich noch die weitere bisherige Einstufung nach § 45a dazunehmen. Denn der neue Pflegebedürftigkeitsbegriff umfasst sowohl rein körperliche (somatische) Kriterien (wie im bisherigen § 14 aufgeführt) wie auch die Items, die im Rahmen der Feststellung einer eingeschränkten Alltagskompetenz nach § 45a bisher erfasst wurden. Hauptunterschied zwischen beiden Systemen ist zunächst einmal die Anzahl der Kriterien:

Einstufung Pflegestufe:

– Grundpflege: 16 Kriterien
– Hauswirtschaftliche Versorgung: 5 Kriterien
– eingeschränkte Alltagskompetenz: 13 Items

Einstufung Pflegegrade

1. Mobilität: 5 Kriterien
2. Kognitive und kommunikative Fähigkeiten: 11 Kriterien
3. Verhaltensweisen und psychische Problemlagen: 13 Kriterien
4. Selbstversorgung: 13 Kriterien (und 1 Sonderkriterium für kleine Kinder)

5. Bewältigung von und selbständiger Umgang mit krankheits- und therapiebedingten Anforderungen: 16 Kriterien

6. Gestaltung des Alltagslebens und sozialer Kontakte: 6 Kriterien

Bei 64 Kriterien im neuen Pflegebedürftigkeitsbegriff ergibt sich zumindest aus der Einstufung eine wesentlich genauere Darstellung der Situation des Pflegebedürftigen. Ob die Menge der Kriterien sich im Prüfungsalltag immer so differenziert erfassen lässt, muss die Praxis zeigen. Auch wird sich die Frage stellen, ob der notwendige Zeitrahmen für die Begutachtung dann nicht länger sein muss; denn neben diesen Kriterien hat der Gutachter weitere zwei Module zu begutachten, die in § 18 hinterlegt sind: Außerhäusliche Aktivitäten mit 7 Kriterien sowie Haushaltsführung mit ebenfalls 7 Kriterien.

Gesetzestext § 14 Begriff der Pflegebedürftigkeit

(1) Pflegebedürftig im Sinne dieses Buches sind Personen, die gesundheitlich bedingte Beeinträchtigungen der Selbständigkeit oder der Fähigkeiten aufweisen und deshalb der Hilfe durch andere bedürfen. Es muss sich um Personen handeln, die körperliche, kognitive oder psychische Beeinträchtigungen oder gesundheitlich bedingte Belastungen oder Anforderungen nicht selbständig kompensieren oder bewältigen können. Die Pflegebedürftigkeit muss auf Dauer, voraussichtlich für mindestens sechs Monate, und mit mindestens der in § 15 festgelegten Schwere bestehen.

(2) Maßgeblich für das Vorliegen von gesundheitlich bedingten Beeinträchtigungen der Selbständigkeit oder der Fähigkeiten sind die in den folgenden sechs Bereichen genannten pflegefachlich begründeten Kriterien:

1. Mobilität: Positionswechsel im Bett, Halten einer stabilen Sitzposition, Umsetzen, Fortbewegen innerhalb des Wohnbereichs, Treppensteigen;

2. kognitive und kommunikative Fähigkeiten: Erkennen von Personen aus dem näheren Umfeld, örtliche Orientierung, zeitliche Orientierung, Erinnern an wesentliche Ereignisse oder Beobachtungen, Steuern von mehrschrittigen Alltagshandlungen, Treffen von Entscheidungen im Alltagsleben, Verstehen von Sachverhalten und Informationen, Erkennen von Risiken und Gefahren, Mitteilen von elementaren Bedürfnissen, Verstehen von Aufforderungen, Beteiligen an einem Gespräch;

3. Verhaltensweisen und psychische Problemlagen: motorisch geprägte Verhaltensauffälligkeiten, nächtliche Unruhe, selbstschädigendes und autoaggressi-

ves Verhalten, Beschädigen von Gegenständen, physisch aggressives Verhalten gegenüber anderen Personen, verbale Aggression, andere pflegerelevante vokale Auffälligkeiten, Abwehr pflegerischer und anderer unterstützender Maßnahmen, Wahnvorstellungen, Ängste, Antriebslosigkeit bei depressiver Stimmungslage, sozial inadäquate Verhaltensweisen, sonstige pflegerelevante inadäquate Handlungen;

4. Selbstversorgung: Waschen des vorderen Oberkörpers, Körperpflege im Bereich des Kopfes, Waschen des Intimbereichs, Duschen und Baden einschließlich Waschen der Haare, An- und Auskleiden des Oberkörpers, An- und Auskleiden des Unterkörpers, mundgerechtes Zubereiten der Nahrung und Eingießen von Getränken, Essen, Trinken, Benutzen einer Toilette oder eines Toilettenstuhls, Bewältigen der Folgen einer Harninkontinenz und Umgang mit Dauerkatheter und Urostoma, Bewältigen der Folgen einer Stuhlinkontinenz und Umgang mit Stoma, Ernährung parenteral oder über Sonde, Bestehen gravierender Probleme bei der Nahrungsaufnahme bei Kindern bis zu 18 Monaten, die einen außergewöhnlich pflegeintensiven Hilfebedarf auslösen;

5. Bewältigung von und selbständiger Umgang mit krankheits- oder therapiebedingten Anforderungen und Belastungen:

a. in Bezug auf Medikation, Injektionen, Versorgung intravenöser Zugänge, Absaugen und Sauerstoffgabe, Einreibungen sowie Kälte- und Wärmeanwendungen, Messung und Deutung von Körperzuständen, körpernahe Hilfsmittel,

b. in Bezug auf Verbandswechsel und Wundversorgung, Versorgung mit Stoma, regelmäßige Einmalkatheterisierung und Nutzung von Abführmethoden, Therapiemaßnahmen in häuslicher Umgebung,

c. in Bezug auf zeit- und technikintensive Maßnahmen in häuslicher Umgebung, Arztbesuche, Besuche anderer medizinischer oder therapeutischer Einrichtungen, zeitlich ausgedehnte Besuche medizinischer oder therapeutischer Einrichtungen, Besuch von Einrichtungen zur Frühförderung bei Kindern sowie

d. in Bezug auf das Einhalten einer Diät oder anderer krankheits- oder therapiebedingter Verhaltensvorschriften;

6. Gestaltung des Alltagslebens und sozialer Kontakte: Gestaltung des Tagesablaufs und Anpassung an Veränderungen, Ruhen und Schlafen, Sichbeschäftigen, Vornehmen von in die Zukunft gerichteten Planungen, Interaktion mit Personen im direkten Kontakt, Kontaktpflege zu Personen außerhalb des direkten Umfelds.

(3) Beeinträchtigungen der Selbständigkeit oder der Fähigkeiten, die dazu führen, dass die Haushaltsführung nicht mehr ohne Hilfe bewältigt werden kann, werden bei den Kriterien der in Absatz 2 genannten Bereiche berücksichtigt.

8 § 15 Ermittlung des Grades der Pflegebedürftigkeit, Begutachtungsinstrument

5.1 Was ist neu?

Für die Einstufung in die verschiedenen Pflegegrade ist der Umfang der Beeinträchtigungen der Selbständigkeit bzw. der Beeinträchtigungen der Fähigkeiten nach § 14 zu bewerten. Die in § 15 beschriebenen Schritte zur Bewertung und Einstufung werden ergänzt um die beiden Anlagen zu § 15, in denen für die einzelnen Bereiche (hier Module genannt) die Bewertungskriterien und –Punktwerte definiert sind. Für die Einstufung kommt ein unter dem Namen „Neues Begutachtungs-Assessment" bekanntes Begutachtungsverfahren zum Einsatz.

Erster Schritt

Für die Beurteilung und Bewertung mit Punkten werden im **ersten Schritt** für jedes Kriterium eine Beurteilung des Grades der Beeinträchtigung der Selbständigkeit bzw. der Fähigkeiten vorgenommen. Die Gradierung erfolgt im Regelfall in vier Stufen, die im Regelfall vier Punktwerten entsprechen, meist „0, 1, 2, 3"; in einzelnen Modulen oder Kriterien erfolgt eine andere Gewichtung, um deren Ausprägung oder Auswirkung höher zu bewerten.

Die Bewertung erfolgt je nach Modul nach folgender Systematik:

Modul 1, 4 und 6: Grad der Selbständigkeit

Hier wird der Grad der Selbständigkeit bei den einzelnen Kriterien der Mobilität, Selbstversorgung oder Gestaltung des Alltagslebens und sozialer Kontakte beurteilt. Dabei kommt es nicht darauf an, ob beispielsweise das Treppensteigen in der Wohnung wirklich auch notwendig ist (keine Treppe vorhanden), sondern nur, wie selbständig der Versicherte dies könnte. Die Bewertung erfolgt vierteilig: Selbständig, überwiegend selbständig, überwiegend unselbständig oder unselbständig.

Im Modul 4 Selbstversorgung gibt es zwei Sonderfälle: Beim Kriterium „Ernährung parenteral oder über Sonde" erfolgt eine dreiteilige Bewertung, wobei bei vollständiger „Ernährung parenteral oder über Sonde" wegen der dann nicht notwendigen anderen Hilfe bei der Ernährung der Punktwert niedriger ist als bei der teilweisen.

Auch werden im Bereich der Selbstversorgung einige Module mit teilweise höheren Punktwerten bewertet, um sie gesondert zu gewichten (Essen, Trinken, Toilettengang).

Eine abweichende Bewertung bekommen Kinder bis 18 Monate; da sie generell im Bereich der Grundpflege aufgrund ihres Alters natürlicherweise hochgradig unselbständig sind, wird hier allein die Frage der Nahrungsaufnahme als Maßstab für die Bewertung genutzt, eine Einzelwertung der anderen Kriterien dieses Moduls entfällt.

Modul 2 Kognitive und kommunikative Fähigkeiten: Fähigkeiten vorhanden?

Bei diesen elf Kriterien des Modul wird festgestellt, wie weit die Fähigkeiten vorhanden sind, dabei wird in vier Graduierungen unterschieden: Fähigkeit vorhanden/unbeeinträchtigt, Fähigkeit größtenteils vorhanden, Fähigkeit in geringem Maße vorhanden, Fähigkeit nicht vorhanden.

Modul 3 Verhaltensweisen und psychische Problemlagen: Häufigkeit

Bei den 13 Kriterien wird das Auftreten dieser Verhaltensweisen bzw. Problemlagen ermittelt in folgenden Graduierungen: nie oder selten, selten (ein bis dreimal innerhalb von zwei Wochen), häufig (zweimal bis mehrmals wöchentlich, aber nicht täglich), täglich.

Modul 5 Bewältigung von und selbständiger Umgang mit krankheits- oder therapiebedingten Anforderungen und Belastungen: differenzierte Bewertung der Häufigkeit (Anlage 1)

Auch bei der Bewertung von Modul 5 wird nur die Häufigkeit der Notwendigkeit der einzelnen Kriterien in vier Kategorien bewertet, wenn sie nicht selbständig durchgeführt werden. Dabei werden die Kriterien wie schon im Gesetzestext durch die Gliederung in a, b, c, d angedeutet, in 4 Teilgruppen unterschiedlich bewertet:

Die Kriterien im Bereich A: Modul 5.1 bis 5.7 sowie B Modul 5.8. bis 5.11 werden in der Häufigkeit erfasst und die Teilergebnisse (pro Woche/Monat) auf eine tägliche Leistung herunter gerechnet. Die addierten Häufigkeiten pro Tag werden dann im Modul A in folgenden Kategorien bewertet: entfällt/selbstständig, ein- bis dreimal täglich, mehr als drei- bis achtmal täglich sowie mehr als achtmal täglich.

Modul B erfasst die Häufigkeit pro Tag, pro Woche und Monat und bewertet diese dann in den vier Kategorien: keine oder seltener als einmal wöchentlich, ein bis mehrmals wöchentlich, ein bis zweimal täglich und mindestens dreimal täglich.

Als Beispiel zur Berechnung soll folgender Fall im Bereich A dienen: der Pflegebedürftige erhält 3 x täglich Medikamente, 1 x täglich eine Injektion, trägt Kompressionsstrümpfe; es wird einmal wöchentlich der Blutdruck und einmal im Monat das Gewicht kontrolliert. Hinweis: Dabei wird das An- und Ausziehen der Kompressionsstrümpfe unter Punkt 7: Körpernahe Hilfsmittel gewertet. Ergebnis: 2 Punkte.

Daraus ergibt sich dann folgende Berechnung (s. folgende Grafik):

Modul 5: Einzelpunkte im Bereich der Bewältigung von und des selbständigen Umgangs mit krankheits- oder therapiebedingten Anforderungen und Belastungen

Ziffer	Kriterien in Bezug auf	entfällt oder selbständig	Anzahl der Maßnahmen		
			pro Tag	pro Woche	pro Monat
5.1	Medikation		3		
5.2	Injektionen (subcutan oder intramuskulär)		1		
5.3	Versorgung intravenöser Zugänge (Port)	0			
5.4	Absaugen und Sauerstoffgabe	0			
5.5	Einreibungen oder Kälte- und Wärmeanwendungen	0			
5.6	Messung und Deutung von Körperzuständen			1	1
5.7	Körpernahe Hilfsmittel		2		
Summe der Maßnahmen aus 5.1 bis 5.7			6	1	1
	Divisor Woche oder Monat			/ 7	/ 30
Umrechnung in Maßnahmen pro Tag			6,00	0,14	0,03
	Summe:		6,18		

Einzelpunkte für die Kriterien der Ziffern 5.1 bis 5.7

Maßnahmen pro Tag	keine oder seltener als einmal täglich	mindestens einmal bis maximal dreimal täglich	mehr als dreimal bis maximal achtmal täglich	mehr als achtmal täglich
Einzelpunkte	0	1	2	3

Im Bereich C wird ebenfalls die tägliche Häufigkeit bewertet, mit einer entsprechenden Umrechnung von wöchentlichen und monatlichen Kriterien. Zusätzlich werden in diesem Bereich ebenfalls die Gesamtpunkte der täglichen Kriterien in einer zweiten Tabelle mit den entsprechenden Bewertungspunkten versehen.

Der Bereich D enthält nur das Kriterium 5.16: „Einhalten einer Diät und anderer krankheits- oder therapiebedingter Verhaltensweisen" wird ebenfalls mit dem Grad der Selbständigkeit bewertet.

Zweiter Schritt

Nach der Bewertung der einzelnen Module mit Punkten erfolgt im zweiten Schritt die Zuordnung der erreichten Punkte pro Modul zu einem definierten Grad der Beeinträchtigung der Selbständigkeit bzw. der Fähigkeiten. Es wird in fünf Stufen differenziert:

1. Keine Beeinträchtigung
2. Geringe Beeinträchtigung
3. Erhebliche Beeinträchtigung
4. Schwere Beeinträchtigung
5. Schwerste Beeinträchtigung

Dritter Schritt

Für die Gesamtermittlung ist jedes Modul gewichtet (siehe auch Tabelle in Anlage 2):

1. **Mobilität** mit 10 Prozent,
2. **kognitive und kommunikative Fähigkeiten** sowie **Verhaltensweisen und psychische Problemlagen** werden gemeinsam bewertet: dabei wird nur der jeweils höhere Grad der Beeinträchtigung in einem der beiden Module gewertet: der gewichtete Anteil beträgt dann 15 Prozent an der Gesamtbewertung,
3. **Selbstversorgung** mit 40 Prozent,
4. **Bewältigung von und selbständiger Umgang mit krankheits- oder therapiebedingten Anforderungen und Belastungen** mit 20 Prozent,
5. **Gestaltung des Alltagslebens und sozialer Konta**kte mit 15 Prozent.

Praktisch werden für die Gesamtbewertung dann nur die gewichteten Punktwerte analog dem Grad der Beeinträchtigung zusammengerechnet.

Im **dritten Schritt** werden dann mit der erreichten Punktzahl die Pflegegrade ermittelt, die ebenfalls hier festgelegt sind:

Die Pflegegrade sind mit folgenden Punktgrenzen versehen:

Pflegegrad	Grad der Beeinträchtigung der Selbständigkeit oder der Fähigkeiten	Punktbereich
1	geringe Beeinträchtigung	ab 12,5 bis unter 27
2	erhebliche Beeinträchtigung	ab 27 bis unter 47,5
3	schwere Beeinträchtigung	ab 47,5 bis unter 70
4	schwerste Beeinträchtigung	ab 70 bis unter 90
5	schwerste Beeinträchtigung mit besonderen Anforderungen an die pflegerische Versorgung	ab 90

Die **Bewertungsmatrix (Anlage 2)** ist folgendermaßen zu verstehen:

Der Beispielfall (s. nachfolgende Grafik) erreicht in jedem der Module die gezählten Punkte. Die Punktmengen werden dann nach der Bewertungsmatrix einem Grad der Beein-

Gesamtbewertungsmatrix im Beispiel

Module		Ge-wich-tung	Punktbereich: Grad der Beeinträchtigung					Beispiel einer Bewertung				
			0 keine	1 geringe	2 erhebliche	3 schwere	4 schwerste			gezählte Punkte	Grad	Bewertung
1	Mobilität	10%	0-1	2-3	4-5	6-9	10-15	1	gezählte Punkte	2	1	2,5
			0	2,5	5	7,5	10		Bewertung			
2	Kognitive und kommunikative Fähigkeiten	15%	0-1	2-5	6-10	11-16	17-33	2	gezählte Punkte	16	3	
3	Verhaltensweisen und psychische Problemlagen		0	1-2	3-4	5-6	7-65	3	gezählte Punkte	7	4	
	Höchster Wert aus Modul 2 oder Modul 3		0	3,75	7,5	11,25	15		Bewertung		4	15
4	Selbstversorgung	40%	0-2	3-7	8-18	19-36	37-54	4	gezählte Punkte	8	2	20
			0	10	20	30	40		Bewertung			
5	Bewältigung von und selbständiger Umgang mit krankheits- und therapiebedingten Anforderungen	20%	0	1	2-3	4-5	6-15	5	gezählte Punkte	4	3	15
			0	5	10	15	20		Bewertung			
6	Gestaltung des Alltagslebens und soziale Kontakte	15%	0	1-3	4-6	7-11	12-18	6	gezählte Punkte	2	1	3,75
			0	3,75	7,5	11,25	15		Bewertung			
									Punkte Gesamtergebnis Beispiel			56,25

trächtigung zugeordnet. Daraus ergibt sich dann die Punktmenge, die für die Gesamtbewertung zusammengerechnet wird. Module 3 und 4 haben hier in der Bewertung eine Sonderrolle: es wird nur jeweils ein Ergebnis (das höhere) gerechnet: wenn, wie im Beispiel durch die Punktmenge in Modul 2, die Bewertung „erhebliche Beeinträchtigung" = Grad 3, in Modul 4 aber die Bewertung „Schwerste Beeinträchtigung" = Grad 4 erreicht wird, wird nur der Punktwert für Grad 4 in der Gesamtrechnung berücksichtigt.

Hintergrund dieser insgesamt sehr differenzierten und mehrfach mit Zwischenrechnungen versehenen Bewertung ist der Versuch, jedes Kriterium und jeden Teilbereich entsprechend der generellen Wichtigkeit richtig zu bewerten. Die Basis dazu hat die Konzeptionsstudie zum NBA 2009 gelegt, sie wurde in mehreren Praxisversuchen weiter differenziert und zum jetzigen Stand zusammengefasst.

Zwei Gruppen werden abweichend davon bewertet:

Pflegebedürftige mit einer **besonderen Bedarfskonstellation** (Abs. 4) können auch ohne die erforderliche Punktzahl dem Pflegegrad 5 zugeordnet werden, die genaueren Kriterien dafür sind von den Pflegekassen in einer gesonderten Richtlinie zu definieren (analog der bisherigen Härtefallrichtlinie).

Kinder bis zum Alter von 18 Monaten werden jeweils einen Pflegegrad höher eingestuft als andere Pflegebedürftige, also ab 12,5 Punkte Pflegegrad 2 usw.

Die genaue Beschreibung des Begutachtungsinstruments erfolgt über die Begutachtungsrichtlinie nach § 17, die aufgrund einer Vorschaltregelung (über das Präventionsgesetz zum 28.07.2015) schon entwickelt wird und 9 Monate später (also formal bis 28. April 2016) fertig sein soll.

8.2 Kritik und Praxis

Zur Geschichte des neuen Einstufungsbegriffs und des NBA (siehe auch Literatur)

Am **1. Nov. 2006** wurde vom Bundesministerium für Gesundheit ein Beirat zur Überprüfung des Pflegebedürftigkeitsbegriffs eingesetzt, mit der Aufgabe, einen neuen Pflegebedürftigkeitsbegriff und ein dazugehöriges Begutachtungsverfahren zu entwickeln. Wissenschaftlich entwickelt wurde der neue Begriff durch das Institut für Pflegewissenschaft der Universität Bielefeld in Zusammenarbeit mit dem MDK Westfallen-Lippe (Dr. Klaus Wingenfeld, Dr. Andreas Büscher sowie Dr. Barbara Gansweid (MDK)). Der Beirat hat dazu den **Bericht am 26. Januar 2009** vorgelegt, am **20. Mai 2009** folgte ein erster Umsetzungsbericht des Beirats. Wegen weiterer Umsetzungsfragen (vermutlich aber auch, weil zu diesem Zeitpunkt noch der politische Umsetzungswille für eine solch weitreichende Veränderung fehlte) wurde am 1. **März 2012** ein Expertenbeirat zur konkreten Ausgestaltung des neuen Pflegebedürftigkeitsbegriffs eingesetzt, der seinen Bericht am **27. Juni 2013** abgegeben hat. Die darin empfohlenen weiteren Evaluationsstudien zu den Versorgungsaufwänden in stationären Einrichtungen (Evis) sowie zur Praktikabilität wurden beide im **April 2015** vorgelegt. Auf dieser Basis hat der Gesetzgeber den beschlossenen Gesetzestext erstellt.

Wer also die Entstehungsgeschichte und Problematiken der einzelnen Punkte und Kriterien verstehen will, hat die hier aufgezählten Vorstudien in die Gesamtbetrachtung einzubeziehen. Denn allein die Gesetzesbegründung liefert nicht immer die notwendige Aufklärung zum Verständnis.

8.3 Vergleich der Systeme

Einstufungsmaßstäbe

Für die Ermittlung der (alten) Pflegestufen wird der zeitliche Unterstützungsaufwand als Maßstab zur Einstufung herangezogen. Aber dieser Maßstab ist weder exakt definierbar noch transparent: Maßstab soll ein Familienangehöriger oder eine andere nicht als Pflegekraft ausgebildete Pflegeperson sein (§ 15, Abs. 3); dabei ist diese Gruppe weder homogen noch genauer definierbar, genauso wenig wie die von ihnen zu erbringende Hilfe und deren Aufwand. Allein schon das Alter der Pflegeperson könnte maßgeblichen Einfluss auf die Versorgungszeit haben. Andererseits geht es bei der Einstufung nur um die Individualität des Pflegebedürftigen, nicht jedoch der Pflegepersonen. Hilfsweise hat man für die Begutachtung die sogenannten Zeitkorridore (Orientierungswerte zur Pflegezeitbemessung für die in § 14 SGB XI genannten Verrichtungen der Grundpflege, Punkt F der Begutachtungsrichtlinie) verwendet, die zumindest für die Hilfeart „vollständige Übernahme" einigermaßen objektive Anhaltswerte liefern sollten. Faktisch war und ist dieser Maßstab immer problematisch und im Einzelfall weder valide noch tatsächlich überprüfbar. An dieser Stelle gab es auch die meisten juristischen Auseinandersetzungen und Praxisprobleme zur Überprüfung der Pflegestufe/Einstufung.

Der zweite Einstufungstatbestand im Pflegestufensystem, die erheblich eingeschränkte Alltagskompetenz nach § 45a (ab 2002 gültig), geht zwar einen anderen Weg: hier wird in einem drei-schrittigen Verfahren festgestellt, ob die Alltagskompetenz eingeschränkt ist: Voraussetzung (erster Schritt) ist eine demenzbedingte Fähigkeitsstörung, geistige Behinderung oder psychische Erkrankung. Im zweiten Schritt folgt ein grobes Screening, in dem in 8 Kategorien geprüft wird, ob eine grundsätzliche Auffälligkeit vorliegt oder nicht, die einen dauerhaften Unterstützungsbedarf auslöst. Liegt mindestens eine Auffälligkeit (aus diesen 8) vor (unabhängig vom Grad oder Ausprägung), ist im dritten Schritt das Assessment auf der Basis von 13 im Gesetz definierten Items durchzuführen. Aber auch hier ist lediglich die Frage zu klären, ob das jeweilige Item bzw. die hier beschriebene Auffälligkeit vorliegt oder nicht. Die Ausprägung (und damit unterschiedliche Leistungsbeträge nach § 45b) wurde nur dadurch differenziert, ob bei mindestens 2 bzw. mehr als 2 Items (teilweise in bestimmter Zusammensetzung) Auffälligkeiten vorliegen. Aber weder eine konkrete Ausprägung noch der Grad war tatsächlich für die Einstufung entscheidend, sondern faktisch nur die Einstiegsfrage, ob beispielswiese eine demenzbedingte Fähigkeitsstörung (also eine entsprechende Diagnose) vorliegt.

Hier geht der NBA einen anderen und transparenteren Weg: Für jedes Kriterium einschließlich der kognitiven Einschränkungen wird die Ausprägung der Selbständigkeit oder die Ausprägung der Fähigkeiten in vier Kategorien festgestellt. Durch die Bandbreite der Ausprägung (4 Varianten) und die Menge der Kriterien (64) ergibt sich so ein breites und differenziertes Bild. Die hier definierten (bzw. in der Begutachtungsanleitung zu definierenden) Maßstäbe sind sicherlich transparenter als ein nicht immer nachvollziehbarer Zeitaufwand.

Einstufungsproblem Hilfeart

In der Pflegestufeneinstufung spielt die Hilfeart eine wesentliche Rolle: in § 14 sind als mögliche Hilfearten neben der teilweisen und vollständigen Übernahme die Unterstützung bei einer Verrichtung, aber eben auch die Anleitung und Beaufsichtigung definiert. Wenn also ein kognitiv beinträchtiger Pflegebedürftiger der Anleitung beim Toilettengang bedarf (z.B. Aufforderung und Erinnerung/Motivation rechtzeitig zu gehen; Weg zeigen, teilweise helfen, Weg zurück zeigen etc.), so ist dieser Hilfebedarf bei den Pflegestufen einstufungsrelevant. In der Praxis der Begutachtungssituation ergeben sich aber für die Gutachter viele Schwierigkeiten, genau diese Sachverhalte aufzuklären. Zumal in der Begutachtungssituation viele Betroffene ungeahnte Fähigkeiten zeigen oder auch Angehörige aus Scham, oft aber auch aus Unkenntnis, nicht den tatsächlichen Sachverhalt darstellen. Die Kritik an der (scheinbar) rein somatischen Ausrichtung des Einstufungsbegriffs wäre geringer, wenn die Praxis anders aussähe.

Im NBA ist nicht mehr relevant, wie konkret die notwendige Hilfe aussieht. Daher kann hier die Einstufung auch transparenter erfolgen. Zumal, wie unten ausgeführt, aufgrund der Menge der Kriterien nicht mehr das einzelne Kriterium eine so dominante Rolle spielen kann.

Auswirkung einzelner Kriterien

Im Pflegestufensystem konnten einzelne Kriterien eine (leistungsrechtlich) hohe Wirkung entfalten: so konnten häufige Toilettengänge, bei denen der Pflegebedürftige auf fremde

Hilfe angewiesen war, einen hohen Zeitaufwand verursachen und damit eine höhere Einstufung begründen.

Allein eine Demenzdiagnose ‚reichte' in der Praxis zur Einstufung einer erheblich eingeschränkten Alltagskompetenz und damit (seit 2013) zum Zugang zu höheren Sachleistungen.

Im NBA spielt das einzelne Kriterium keine dominante Rolle mehr, selbst wenn die Punktbewertung bei einzelnen Kriterien höher ist als bei anderen: das liegt an vier Faktoren:

– Nicht mehr die Häufigkeit wird bewertet, sondern nur noch der Grad der Selbständigkeit oder der Fähigkeit: auch die Hilfe bei beispielsweise 7 Toilettengängen mit einem Zeitaufwand von 2 Stunden pro Tag wird sich nun i. d. R. noch in einer Bewertung Kriterium 4.10 Benutzen einer Toilette oder eines Toilettenstuhls mit maximal 6 Punkten wiederfinden.
– Die Menge der Kriterien (64) führen automatisch zu einer ‚Abwertung' der einzelnen Kriterien.
– Die Gewichtung innerhalb eines Moduls führt dazu, dass im Einzelfall nicht die komplette Punktmenge in die Bewertung einfließt.
– Die Gewichtung der Module zueinander führt zu einer zweiten Gewichtung der Punktwerte, Anlage 2 zeigt dies in der Übersichtstabelle: Selbst beispielsweise 54 Punkte in der Selbstversorgung Modul 4 führen nur zu 40 Punkten für die Gesamtbewertung.

Zugang zu Leistungen

Zunächst soll klar gestellt werden, dass ab 2017 zwar 5 Pflegegrade zur Verfügung stehen, tatsächlich aber nur 4 Pflegegrade Sachleistungen enthalten (siehe auch § 36). Pflegegrad 1 hat eine Sonderstellung in Bezug auf die Leistungsinhalte. Er ist auch nicht mit bisherigen Leistungen vergleichbar und wird deshalb aus der Vergleichsbetrachtung ausgenommen.

Zugang zu Leistungen: Relationen der Einstufung

Pflegestufensystem (§ 15) bis 2016			Pflegegrade (§ 15) ab 2017		
	Zeit in Min.	Verhältnis		Punkte	Verhältnis
Pflegestufe 1	45	13%	Pflegegrad 2	27,0	30%
Pflegestufe 2	120	33%	Pflegegrad 3	47,5	53%
Pflegestufe 3	240	67%	Pflegegrad 4	70,0	78%
Härtefall	360	100%	Pflegegrad 5	90,0	100%

Der Zugang zu Leistungen ist in den Pflegestufen über Zeit (Minuten), in den Pflegegraden über Punkte geregelt. Vergleicht man diese Mindestgrenzen prozentual im Verhältnis zur jeweiligen Leistungsgrenze der höchsten Stufe, stellt man fest, dass im Pflegestufensystem schon bei 13 % der Höchstleistungsgrenze in Minuten die Pflegestufe 1 erreicht ist, während im Pflegegradsystem die Einstufungsschwelle bei 30 % der Punkte liegt. Natürlich sind die Systeme nur begrenzt vergleichbar, weil in der Pflegeeinstufung nur die körperbezogenen Verrichtungen betrachtet werden, im Pflegegradsystem jedoch auch die kognitiven Einschränkungen sowie krankheits- und therapiebedingte Einschränkungen. Aber selbst wenn man die rein somatischen Kategorien 1. Mobilität und 4. Selbstversorgung als Maßstab nimmt, die mit maximal 50 % in die Gesamtbewertung eingehen, so liegt dann die entsprechend 50 % reduzierte vergleichbare Punktmenge immer noch prozentual höher als die bisherige Einstiegsschwelle. Sicherlich ist dieser Vergleich oberflächlich angelegt, soll aber trotzdem aufzeigen, dass das Pflegegradsystem nicht per se alle – auch vergleichbare – Tatbestände besser einstuft. Rein somatisch Pflegebedürftige mit zeitaufwendigen Hilfen haben im Pflegestufensystem eine höhere Einstufungsmöglichkeit als im neuen Pflegegradsystem.

Berücksichtigung kognitiver und psychischer Einschränkungen durch das Leistungsrecht ambulant

Mit dem Pflege-Leistungs-Ergänzungsgesetz ab 2002 begann die schrittweise Berücksichtigung von Pflegebedürftigen mit Demenz sowie geistigen Behinderungen und psychischen Erkrankungen. Für die ‚Kompensation' wurde über § 45b eine eigene Leistung zur Verfügung gestellt, die anfangs nur ambulant eingeführt wurde. 2008 mit dem Pflege-Weiterentwicklungsgesetz wurde das Leistungsvolumen ambulant erhöht (von bisher jährlich 460 € auf 100/200 € pro Monat), gleichzeitig wurde auch im stationären Bereich für die Versorgung dieser Personengruppe eine Betreuungsleistung in Form zusätzlicher Personalstellen über § 87b eingeführt.

Die deutlichste Leistungsausweitung (aber nur im ambulanten Bereich) erfolgte mit dem Pflege-Neuausrichtungsgesetz ab 2013, das einen eigenen und damit zusätzlichen Sachleistungs- und Pflegegeldanspruch bei erheblich eingeschränkter Alltagskompetenz (eAK) definiert hat (§ 123), auch wenn noch keine (somatische) Pflegestufe vorliegt. Unabhängig davon wurden weiterhin die zusätzlichen Betreuungsleistungen nach § 45b finanziert. Faktisch gab es nun eine Kompensation durch zwei verschiedene Leistungen nach § 123 sowie nach § 45b.

Dieser Anspruch ist mit dem PSG 1 2015 noch weiter konkretisiert und leistungsrechtlich ausgebaut worden (z.B. Einbeziehung Tagespflege, Kurzzeitpflege). Allerdings wurde die Einschränkung in Bezug auf die zusätzlichen Betreuungsleistungen nach § 45b aufgehoben, so dass nun alle Pflegebedürftigen Zugang zu dieser Leistung hatten. Faktisch, zumindest im Verhältnis zur somatischen Gruppe, wurde damit die Gruppe der Versicherten mit eAK wieder etwas schlechter gestellt.

Für die Einstufung nach § 45a reicht, wie oben schon ausgeführt, im Kern eine vorhandene Diagnose „Demenz", um den vollen zusätzlichen Leistungsanspruch zu haben, unabhängig davon, wie sich die Demenz im praktischen Alltag auswirkt (beispielsweise in zusätzlicher Betreuungszeit).

Im NBA 2017 ist nicht mehr die Diagnose (z.B. Demenz), sondern allein die konkrete Ausprägung bei der Beeinträchtigung der Selbständigkeit oder der Fähigkeiten relevant. Sind diese trotz Diagnose noch nicht stark eingeschränkt, hat dies auch keine großen Auswirkungen auf die Punktzahl und damit auf den Pflegegrad. Im Kern ist die NBA-Einstufung gerechter, weil sie differenzierter den Ausprägungsgrad berücksichtigt, als dies bisher der Fall war.

Aus diesem Grund kann es vorkommen, dass Versicherte mit gering ausgeprägten demenziellen Einschränkungen im jetzigen Pflegestufensystem mehr ambulante Leistungen erhalten als im zukünftigen Pflegegradsystem (wenn sie neu begutachtet und eingestuft würden). Darauf deuten auch die Ergebnisse der EViS-Studie 2015 hin, die die Versorgungsaufwände in stationären Einrichtungen erfasst und damit Grundlagen zur den Aufwandsrelationen der Pflegegrade stationär geliefert hat. In diesem Zusammenhang wurde auch ein Vergleich erstellt zwischen den bisherigen Einstufungen und den geplanten Einstufungen nach der Überleitung in das neue Modell. Insbesondere Pflegebedürftige mit eAK würden bei einer Neueinstufung in höherem Maße nicht den Pflegegrad erreichen, den sie über die Überleitung bekommen (siehe auch Kommentierung § 140).

Es ist nochmals daraufhin zu weisen, dass das ambulante und stationäre Leistungsrecht ab 2012 (PNG) unterschiedlich entwickelt wurde. Während im ambulanten Bereich die Sachleistungen über § 123 ausgeweitet wurden, wurden zeitgleich die stationären Sachleistungsansprüche nicht verändert, lediglich der schon vorhandene Betreuungsschlüssel nach § 87b wurde leicht erhöht. Damit hat die Einführung der neuen Einstufungsstrukturen auch größere positive Auswirkungen auf die Versicherten, die stationär versorgt werden, denn im Pflegestufensystem gab es stationär keine höheren Sachleistungen mit eAK-Einstufung.

8.4 Systematik des NBA

Der Gesetzgeber hat alle wesentlichen Grenzwerte und Rechenwege der Einstufung gesetzlich in § 15 festgelegt, so dass auch die Begutachtungsanleitung nur diese Vorgaben umsetzen kann. Die grundsätzliche Bewertungslogik für jedes Kriterium beruht zwar immer auf einer vierteiligen Skala, aber die Bewertungsmaßstäbe sind je nach Modul bzw. im Modul auch innerhalb der Kriterien unterschiedlich. Die genaue Beschreibung, wie welches Kriterium zu verstehen und differenziert zu bewerten ist, ist Bestandteil der Begutachtungsanleitung (weiterentwickeltes Manual, Version 1.0 des NBA 2009, siehe auch § 17a).

Für die Transparenz und Verständlichkeit ist es nicht wirklich förderlich, dass die Punktwerte oftmals nicht in der tatsächlichen Menge in der Gesamtbewertung auftauchen, sondern erst innerhalb einer Gruppe von Kriterien, dann innerhalb eines Moduls und dann im Verhältnis der Module zueinander bewertet werden. Der Gesetzgeber verweist darauf, dass sich die Gewichtung der Module auf der Basis empirischer Erkenntnisse und sozialpolitischer Überlegungen ergeben hat (Gesetzesbegründung zu § 15). Sozialpolitisch bedeutet in diesem Zusammenhang auch, dass man in Hinblick auf die verfügbaren finanziellen Mittel eine sinnvolle Verteilung vorgenommen hat. Weiterhin bleibt dabei der bei Beginn der Pflegeversicherung politisch gewollte und umgesetzte Teilkaskocharakter erhalten.

Kritisch ist die Bewertung/Gewichtung der Module zueinander zu diskutieren: denn oberflächlich betrachtet, werden direkt auf eine kognitive und psychische Einschränkung wie Demenz zurückzuführen Kriterien der Module 2 und 3 nur insgesamt zu 15 % bewertet. Dabei wird ein Teilbereich sogar aus dem Gesamtwert herausgenommen, während die Bewältigung und der selbständige Umgang mit Krankheits- und therapiebedingten Anforderungen (Modul 5) zu 20 % in die Bewertung eingehen. Die bisherige Grundpflege fließt nur noch zu 50 % (Modul 1 und 4) in die Bewertung ein.

Allerdings muss man feststellen, dass eine Beurteilung allein nach den bisherigen Kategorien und Maßstäben so einfach nicht möglich ist. Denn eine Demenz hat zusätzlich Auswirkungen auf den Grad der Selbständigkeit oder auf den Umgang mit krankheits- und therapiebedingten Anforderungen. Auch hat die Einschränkung bei der Mobilität Auswirkungen auf das Modul 6: Gestaltung des Alltagslebens und sozialer Kontakte, weil sich auch hier Auswirkungen einer eingeschränkten Mobilität darstellen.

Der Gesetzgeber spricht zwar selbst von einem „lernenden System", insbesondere in Hinblick auf das Begutachtungsassessment, allerdings sind alle wesentlichen Rahmenwerte im Gesetz festgelegt und können daher nur gesetzlich geändert werden. Das Begutachtungsverfahren selbst kann also allenfalls die Ausprägung und Bewertung in einzelnen Kriterien verändern, nicht aber alle detaillierten Rahmenwerte und Rahmenbedingungen. Allein wegen der Komplexität dürfte zu erwarten sein, dass nach der Einführung in der breiten Praxis noch Punkte sichtbar werden, die so nicht eingeschätzt wurden und aus diesem Grunde zu ändern sind. Deshalb sollte man einerseits dem neuen System eine Chance geben, andererseits frühzeitig auf Punkte aufmerksam machen, die in der Praxis sich anders darstellen. Denn für eine Änderung ist dann ein neues Gesetz notwendig.

Wie weit die Transparenz und Verständlichkeit im Begutachtungsverfahren, wie sie die Praktikabilitätsstudie gefordert hat, sich in der vom MDK entwickelten Begutachtungsanleitung sowie dem Gutachten, dass auch die Versicherten bekommen, wiederfindet und darstellt, bleibt abzuwarten. Erst die Praxis wird dies zeigen.

8.5 Gesetzestext § 15 Ermittlung des Grades der Pflegebedürftigkeit, Begutachtungsinstrument

§ (1) Pflegebedürftige erhalten nach der Schwere der Beeinträchtigungen der Selbständigkeit oder der Fähigkeiten einen Grad der Pflegebedürftigkeit (Pflegegrad). Der Pflegegrad wird mit Hilfe eines pflegefachlich begründeten Begutachtungsinstruments ermittelt.

(2) Das Begutachtungsinstrument ist in sechs Module gegliedert, die den sechs Bereichen in § 14 Absatz 2 entsprechen. In jedem Modul sind für die in den Bereichen genannten Kriterien die in Anlage 1 dargestellten Kategorien vorgesehen. Die Kategorien stellen die in ihnen zum Ausdruck kommenden verschiedenen Schweregrade der Beeinträchtigungen der Selbständigkeit oder der Fähigkeiten dar. Den Kategorien werden in Bezug auf die einzelnen Kriterien pflegefachlich fundierte Einzelpunkte zugeordnet, die aus Anlage 1 ersichtlich sind. In jedem Modul werden die jeweils erreichbaren Summen aus Einzelpunkten nach den in Anlage 2 festgelegten Punktbereichen gegliedert. Die Summen der Punkte werden nach den in ihnen zum Ausdruck kommenden Schweregraden der Beeinträchtigungen der Selbständigkeit oder der Fähigkeiten wie folgt bezeichnet:

1. Punktbereich 0: keine Beeinträchtigungen der Selbständigkeit oder der Fähigkeiten,
2. Punktbereich 1: geringe Beeinträchtigungen der Selbständigkeit oder der Fähigkeiten,
3. Punktbereich 2: erhebliche Beeinträchtigungen der Selbständigkeit oder der Fähigkeiten,
4. Punktbereich 3: schwere Beeinträchtigungen der Selbständigkeit oder der Fähigkeiten und
5. Punktbereich 4: schwerste Beeinträchtigungen der Selbständigkeit oder der Fähigkeiten.

Jedem Punktbereich in einem Modul werden unter Berücksichtigung der in ihm zum Ausdruck kommenden Schwere der Beeinträchtigungen der Selbständigkeit oder der Fähigkeiten sowie der folgenden Gewichtung der Module die in Anlage 2 festgelegten, gewichteten Punkte zugeordnet. Die Module des Begutachtungsinstruments werden wie folgt gewichtet:

1. Mobilität mit 10 Prozent,

2. kognitive und kommunikative Fähigkeiten sowie Verhaltensweisen und psychische Problemlagen zusammen mit 15 Prozent,

3. Selbstversorgung mit 40 Prozent,

4. Bewältigung von und selbständiger Umgang mit krankheits- oder therapiebedingten Anforderungen und Belastungen mit 20 Prozent,

5. Gestaltung des Alltagslebens und sozialer Kontakte mit 15 Prozent.

(3) Zur Ermittlung des Pflegegrades sind die bei der Begutachtung festgestellten Einzelpunkte in jedem Modul zu addieren und dem in Anlage 1 festgelegten Punktbereich sowie den sich daraus ergebenden gewichteten Punkten zuzuordnen. Den Modulen 2 und 3 ist ein gemeinsamer gewichteter Punkt zuzuordnen, der aus den höchsten gewichteten Punkten entweder des Moduls 2 oder des Moduls 3 besteht. Aus den gewichteten Punkten aller Module sind durch Addition die Gesamtpunkte zu bilden. Auf der Basis der erreichten Gesamtpunkte sind pflegebedürftige Personen in einen der nachfolgenden Pflegegrade einzuordnen:

1. ab 12,5 bis unter 27 Gesamtpunkten in den Pflegegrad 1: geringe Beeinträchtigungen der Selbständigkeit oder der Fähigkeiten,

2. ab 27 bis unter 47,5 Gesamtpunkten in den Pflegegrad 2: erhebliche Beeinträchtigungen der Selbständigkeit oder der Fähigkeiten,

3. ab 47,5 bis unter 70 Gesamtpunkten in den Pflegegrad 3: schwere Beeinträchtigungen der Selbständigkeit oder der Fähigkeiten,

4. ab 70 bis unter 90 Gesamtpunkten in den Pflegegrad 4: schwerste Beeinträchtigungen der Selbständigkeit oder der Fähigkeiten,

5. ab 90 bis 100 Gesamtpunkten in den Pflegegrad 5: schwerste Beeinträchtigungen der Selbständigkeit oder der Fähigkeiten mit besonderen Anforderungen an die pflegerische Versorgung.

(4) Pflegebedürftige mit besonderen Bedarfskonstellationen, die einen spezifischen, außergewöhnlich hohen Hilfebedarf mit besonderen Anforderungen an die pflegerische Versorgung aufweisen, können aus pflegefachlichen Gründen dem Pflegegrad 5 zugeordnet werden, auch wenn ihre Gesamtpunkte unter 90 liegen. Der Spitzenverband Bund der Pflegekassen konkretisiert in den Richtlinien nach § 17 Absatz 1 die pflegefachlich begründeten Voraussetzungen für solche besonderen Bedarfskonstellationen.

(5) Bei der Begutachtung sind auch solche Kriterien zu berücksichtigen, die zu einem Hilfebedarf führen, für den Leistungen des Fünften Buches vorgesehen sind. Dies gilt auch für krankheitsspezifische Pflegemaßnahmen. Krankheits-

spezifische Pflegemaßnahmen sind Maßnahmen der Behandlungspflege, bei denen der behandlungspflegerische Hilfebedarf aus medizinisch- pflegerischen Gründen regelmäßig und auf Dauer untrennbarer Bestandteil einer pflegerischen Maßnahme in den in § 14 Absatz 2 genannten sechs Bereichen ist oder mit einer solchen notwendig in einem unmittelbaren zeitlichen und sachlichen Zusammenhang steht.

(6) Bei pflegebedürftigen Kindern wird der Pflegegrad durch einen Vergleich der Beeinträchtigungen ihrer Selbständigkeit und ihrer Fähigkeiten mit altersentsprechend entwickelten Kindern ermittelt. Im Übrigen gelten die Absätze 1 bis 5 entsprechend.

(7) Pflegebedürftige Kinder im Alter bis zu 18 Monaten werden abweichend von den Absätzen 3, 4 und 6 Satz 2 wie folgt eingestuft:
1. ab 12,5 bis unter 27 Gesamtpunkten in den Pflegegrad 2,
2. ab 27 bis unter 47,5 Gesamtpunkten in den Pflegegrad 3,
3. ab 47,5 bis unter 70 Gesamtpunkten in den Pflegegrad 4,
4. ab 70 bis 100 Gesamtpunkten in den Pflegegrad 5.

8.6 Anlage 1 (zu § 15) Einzelpunkte der Module 1 bis 6; Bildung der Summe der Einzelpunkte in jedem Modul

Modul 1: Einzelpunkte im Bereich der Mobilität

Das Modul umfasst fünf Kriterien, deren Ausprägungen in den folgenden Kategorien mit den nachstehenden Einzelpunkten gewertet werden:

Ziffer	Kriterien	selbständig	überwiegend selbständig	überwiegend unselbständig	unselbständig
1.1	Positionswechsel im Bett	0	1	2	3
1.2	Halten einer stabilen Sitzposition	0	1	2	3
1.3	Umsetzen	0	1	2	3
1.4	Fortbewegen innerhalb des Wohnbereichs	0	1	2	3
1.5	Treppensteigen	0	1	2	3

Modul 2: Einzelpunkte im Bereich der kognitiven und kommunikativen Fähigkeiten

Das Modul umfasst elf Kriterien, deren Ausprägungen in den folgenden Kategorien mit den nachstehenden Einzelpunkten gewertet werden:

Ziffer	Kriterien	Fähigkeit vorhanden / unbeeinträchtigt	Fähigkeit größtenteils vorhanden	Fähigkeit in geringem Maße vorhanden	Fähigkeit nicht vorhanden
2.1	Erkennen von Personen aus dem näheren Umfeld	0	1	2	3
2.2	Örtliche Orientierung	0	1	2	3
2.3	Zeitliche Orientierung	0	1	2	3
2.4	Erinnern an wesentliche Ereignisse oder Beobachtungen	0	1	2	3
2.5	Steuern von mehrschrittigen Alltagshandlungen	0	1	2	3
2.6	Treffen von Entscheidungen im Alltag	0	1	2	3
2.7	Verstehen von Sachverhalten und Informationen	0	1	2	3
2.8	Erkennen von Risiken und Gefahren	0	1	2	3
2.9	Mitteilen von elementaren Bedürfnissen	0	1	2	3
2.10	Verstehen von Aufforderungen	0	1	2	3
2.11	Beteiligen an einem Gespräch	0	1	2	3

Modul 3: Einzelpunkte im Bereich der Verhaltensweisen und psychische Problemlagen

Das Modul umfasst dreizehn Kriterien, deren Häufigkeit des Auftretens in den folgenden Kategorien mit den nachstehenden Einzelpunkten gewertet wird:

Ziffer	Kriterien	nie oder sehr selten	selten (ein- bis dreimal innerhalb von zwei Wochen)	häufig (zweimal bis mehrmals wöchentlich, aber nicht täglich)	täglich
3.1	Motorisch geprägte Verhaltensauffälligkeiten	0	1	3	5
3.2	Nächtliche Unruhe	0	1	3	5
3.3	Selbstschädigendes und autoaggressives Verhalten	0	1	3	5
3.4	Beschädigen von Gegenständen	0	1	3	5
3.5	Physisch aggressives Verhalten gegenüber anderen Personen	0	1	3	5
3.6	Verbale Aggression	0	1	3	5
3.7	Andere pflegerelevante vokale Auffälligkeiten	0	1	3	5
3.8	Abwehr pflegerischer und anderer unterstützender Maßnahmen	0	1	3	5
3.9	Wahnvorstellungen	0	1	3	5
3.10	Ängste	0	1	3	5
3.11	Antriebslosigkeit bei depressiver Stimmungslage	0	1	3	5
3.12	Sozial inadäquate Verhaltensweisen	0	1	3	5
3.13	Sonstige pflegerelevante inadäquate Handlungen	0	1	3	5

Modul 4: Einzelpunkte im Bereich der Selbstversorgung

Das Modul umfasst dreizehn Kriterien:

Einzelpunkte für die Kriterien der Ziffern 4.1 bis 4.12

Die Ausprägungen der Kriterien 4.1 bis 4.12 werden in den folgenden Kategorien mit den nachstehenden Punkten gewertet:

Ziffer	Kriterien	selb-ständig	über-wiegend selb-ständig	überwie-gend unselb-ständig	unselb-ständig
4.1	Waschen des vorderen Oberkörpers	0	1	2	3
4.2	Körperpflege im Bereich des Kopfes (Kämmen, Zahnpflege/Prothesen-reinigung, Rasieren)	0	1	2	3
4.3	Waschen des Intimbereichs	0	1	2	3
4.4	Duschen und Baden einschließlich Waschen der Haare	0	1	2	3
4.5	An- und Auskleiden des Oberkörpers	0	1	2	3
4.6	An- und Auskleiden des Unterkörpers	0	1	2	3
4.7	Mundgerechtes Zubereiten der Nah-rung und Eingießen von Getränken	0	1	2	3
4.8	Essen	0	3	6	9
4.9	Trinken	0	2	4	6
4.10	Benutzen einer Toilette oder eines Toilettenstuhls	0	2	4	6
4.11	Bewältigen der Folgen einer Harn-inkontinenz und Umgang mit Dauerkatheter und Urostoma	0	1	2	3
4.12	Bewältigen der Folgen einer Stuh-linkontinenz und Umgang mit Stoma	0	1	2	3

Die Ausprägungen des Kriteriums der Ziffer 4.8 sowie die Ausprägung der Kriterien der Ziffern 4.9 und 4.10 werden wegen ihrer besonderen Bedeutung für die pflegerische Versorgung stärker gewichtet. Die Einzelpunkte für die Kriterien der Ziffern 4.11 und 4.12 gehen in die Berechnung nur ein, wenn bei der Begutachtung beim Versicherten darüber hinaus die Feststellung „überwiegend inkontinent" oder „vollständig inkontinent" getroffen wird oder eine künstliche Ableitung von Stuhl oder Harn erfolgt.

Einzelpunkte für das Kriterium der Ziffer 4.13

Die Ausprägungen des Kriteriums der Ziffer 4.13 werden in den folgenden Kategorien mit den nachstehenden Einzelpunkten gewertet:

Ziffer	Kriterien	entfällt	teilweise	vollständig
4.13	Ernährung parental oder über Sonde	0	6	3

Das Kriterium ist mit „entfällt" (0 Punkte) zu bewerten, wenn eine regelmäßige und tägliche parenterale Ernährung oder Sondenernährung auf Dauer, voraussichtlich für mindestens sechs Monate, nicht erforderlich ist. Kann die parenterale Ernährung oder Sondenernährung ohne Hilfe durch andere selbständig durchgeführt werden, werden ebenfalls keine Punkte vergeben.

Das Kriterium ist mit „teilweise" (6 Punkte) zu bewerten, wenn eine parenterale Ernährung oder Sondenernährung zur Vermeidung von Mangelernährung mit Hilfe täglich und zusätzlich zur oralen Aufnahme von Nahrung oder Flüssigkeit erfolgt.

Das Kriterium ist mit „vollständig" (3 Punkte) zu bewerten, wenn die Aufnahme von Nahrung oder Flüssigkeit ausschließlich oder nahezu ausschließlich parenteral oder über eine Sonde erfolgt.

Bei einer vollständigen parenteralen Ernährung oder Sondenernährung werden weniger Punkte vergeben als bei einer teilweisen parenteralen Ernährung oder Sondenernährung, da der oft hohe Aufwand zur Unterstützung bei der oralen Nahrungsaufnahme im Fall ausschließlich parenteraler oder Sondenernährung weitgehend entfällt.

Einzelpunkte für das Kriterium der Ziffer 4.K

Bei Kindern im Alter bis 18 Monate werden die Kriterien der Ziffern 4.1 bis 4.13 durch das Kriterium 4.K ersetzt und wie folgt gewertet:

Ziffer	Kriterien	Einzelpunkte
4.K	Bestehen gravierender Probleme bei der Nahrungsaufnahme bei Kindern bis zu 18 Monaten, die einen außergewöhnlich pflegeintensiven Hilfebedarf auslösen	20

Modul 5: Einzelpunkte im Bereich der Bewältigung von und des selbständigen Umgangs mit krankheits- oder therapiebedingten Anforderungen und Belastungen

Das Modul umfasst sechzehn Kriterien.

Einzelpunkte für die Kriterien der Ziffern 5.1 bis 5.7

Die durchschnittliche Häufigkeit der Maßnahmen pro Tag bei den Kriterien der Ziffern 5.1 bis 5.7 wird in den folgenden Kategorien mit den nachstehenden Einzelpunkten gewertet:

Ziffer	Kriterien in Bezug auf	entfällt oder selbständig	Anzahl der Maßnahmen		
			pro Tag	pro Woche	pro Monat
5.1	Medikation	0			
5.2	Injektionen (subcutan oder intramuskulär)	0			
5.3	Versorgung intravenöser Zugänge (Port)	0			
5.4	Absaugen und Sauerstoffgabe	0			
5.5	Einreibungen oder Kälte- und Wärmeanwendungen	0			
5.6	Messung und Deutung von Körperzuständen	0			
5.7	Körpernahe Hilfsmittel	0			
Summe der Maßnahmen aus 5.1 bis 5.7		0			
Umrechnung in Maßnahmen pro Tag		0			

Einzelpunkte für die Kriterien der Ziffern 5.1 bis 5.7

Maßnahmen pro Tag	keine oder seltener als einmal täglich	mindestens einmal bis maximal dreimal täglich	mehr als dreimal bis maximal achtmal täglich	mehr als achtmal täglich
Einzelpunkte	0	1	2	3

Für jedes der Kriterien 5.1 bis 5.7 wird zunächst die Anzahl der durchschnittlich durchgeführten Maßnahmen, die täglich und auf Dauer, voraussichtlich für mindestens sechs Monate, vorkommen, in der Spalte pro Tag, die Maßnahmen, die wöchentlich und auf Dauer, voraussichtlich für mindestens sechs Monate, vorkommen, in der Spalte pro Woche und die Maßnahmen, die monatlich und auf Dauer, voraussichtlich für mindestens sechs Monate, vorkommen, in der Spalte pro Monat erfasst. Berücksichtigt werden nur Maßnahmen, die vom Versicherten nicht selbständig durchgeführt werden können.

Die Zahl der durchschnittlich durchgeführten täglichen, wöchentlichen und monatlichen Maßnahmen wird für die Kriterien 5.1 bis 5.7 summiert (erfolgt zum Beispiel täglich dreimal eine Medikamentengabe – Kriterium 5.1 – und einmal Blutzuckermessen – Kriterium 5.6 –, entspricht dies vier Maßnahmen pro Tag). Diese Häufigkeit wird umgerechnet in einen Durchschnittswert pro Tag. Für die Umrechnung der Maßnahmen pro Monat in Maßnahmen pro Tag wird die Summe der Maßnahmen pro Monat durch 30 geteilt. Für die Umrechnung der Maßnahmen pro Woche in Maßnahmen pro Tag wird die Summe der Maßnahmen pro Woche durch 7 geteilt.

Einzelpunkte für die Kriterien der Ziffern 5.8 bis 5.11

Die durchschnittliche Häufigkeit der Maßnahmen pro Tag bei den Kriterien der Ziffern 5.8 bis 5.11 wird in den folgenden Kategorien mit den nachstehenden Einzelpunkten gewertet:

Ziffer	Kriterien in Bezug auf	entfällt oder selbständig	Anzahl der Maßnahmen		
			pro Tag	pro Woche	pro Monat
5.8	Verbandswechsel und Wundversorgung	0			
5.9	Versorgung mit Stoma	0			
5.10	Regelmäßige Einmalkatheterisierung und Nutzung von Abführmethoden	0			
5.11	Therapiemaßnahmen in häuslicher Umgebung	0			
Summe der Maßnahmen aus 5.8 bis 5.11		0			
Umrechnung in Maßnahmen pro Tag		0			

Einzelpunkte für die Kriterien der Ziffern 5.8 bis 5.11

Maßnahmen pro Tag	keine oder seltener als einmal wöchentlich	ein bis mehrmals wöchentlich	ein- bis zweimal täglich	mindestens dreimal täglich
Einzelpunkte	0	1	2	3

Für jedes der Kriterien 5.8 bis 5.11 wird zunächst die Anzahl der durchschnittlich durchgeführten Maßnahmen, die täglich und auf Dauer, voraussichtlich für mindestens sechs Monate, vorkommen, in der Spalte pro Tag, die Maßnahmen, die wöchentlich und auf Dauer, voraussichtlich für mindestens sechs Monate, vorkommen, in der Spalte pro Woche und die Maßnahmen, die monatlich und auf Dauer, voraussichtlich für mindestens sechs Monate, vorkommen, in der Spalte pro Monat erfasst. Berücksichtigt werden nur Maßnahmen, die vom Versicherten nicht selbständig durchgeführt werden können.

Die Zahl der durchschnittlich durchgeführten täglichen, wöchentlichen und monatlichen Maßnahmen wird für die Kriterien 5.8 bis 5.11 summiert. Diese Häufigkeit wird umgerechnet in einen Durchschnittswert pro Tag. Für die Umrechnung der Maßnahmen pro Monat in Maßnahmen pro Tag wird die Summe der Maßnahmen pro Monat durch 30 geteilt. Für die Umrechnung der Maßnahmen pro Woche in Maßnahmen pro Tag wird die Summe der Maßnahmen pro Woche durch 7 geteilt.

Einzelpunkte für die Kriterien der Ziffern 5.12 bis 5.K

Die durchschnittliche wöchentliche oder monatliche Häufigkeit von zeit- und technikintensiven Maßnahmen in häuslicher Umgebung, die auf Dauer, voraussichtlich für mindestens sechs Monate, vorkommen, wird in den folgenden Kategorien mit den nachstehenden Einzelpunkten gewertet:

Ziffer	Kriterien	entfällt oder selbständig	täglich	wöchentliche Häufigkeit multipliziert mit	monatliche Häufigkeit multipliziert mit
5.12	Zeit- und technikintensive Maßnahmen in häuslicher Umgebung	0	60	8,6	2

Für das Kriterium der Ziffer 5.12 wird zunächst die Anzahl der regelmäßig und mit durchschnittlicher Häufigkeit durchgeführten Maßnahmen, die wöchentlich vorkommen, und die Anzahl der regelmäßig und mit durchschnittlicher Häufigkeit durchgeführten Maßnahmen, die monatlich vorkommen, erfasst. Kommen Maßnahmen regelmäßig täglich vor, werden 60 Punkte vergeben.

Jede regelmäßige wöchentliche Maßnahme wird mit 8,6 Punkten gewertet. Jede regelmäßige monatliche Maßnahme wird mit zwei Punkten gewertet.

Die durchschnittliche wöchentliche oder monatliche Häufigkeit der Kriterien der Ziffern 5.13 bis 5.K wird wie folgt erhoben und mit den nachstehenden Punkten gewertet:

Ziffer	Kriterien	entfällt oder selbständig	wöchentliche Häufigkeit multipliziert mit	monatliche Häufigkeit multipliziert mit
5.13	Arztbesuche	0	4,3	1
5.14	Besuch anderer medizinischer oder therapeutischer Einrichtungen (bis zu drei Stunden)	0	4,3	1
5.15	Zeitlich ausgedehnte Besuche anderer medizinischer oder therapeutischer Einrichtungen (länger als drei Stunden)	0	8,6	2
5.K	Besuche von Einrichtungen zur Frühförderung bei Kindern	0	4,3	1

Für jedes der Kriterien der Ziffern 5.13 bis 5.K wird zunächst die Anzahl der regelmäßig und mit durchschnittlicher Häufigkeit durchgeführten Besuche, die wöchentlich und auf Dauer, voraussichtlich für mindestens sechs Monate, vorkommen, und die Anzahl der regelmäßig und mit durchschnittlicher Häufigkeit durchgeführten Besuche, die monatlich und auf Dauer, voraussichtlich für mindestens sechs Monate, vorkommen, erfasst. Jeder regelmäßige monatliche Besuch wird mit einem Punkt gewertet. Jeder regelmäßige wöchentliche Besuch wird mit 4,3 Punkten gewertet. Handelt es sich um zeitlich ausgedehnte Arztbesuche oder Besuche von anderen medizinischen oder therapeutischen Einrichtungen, werden sie doppelt gewertet.

Die Punkte der Kriterien 5.12 bis 5.15 – bei Kindern bis 5.K – werden addiert. Die Kriterien der Ziffern 5.12 bis 5.15 – bei Kindern bis 5.K – werden anhand der Summe der so erreichten Punkte mit den nachstehenden Einzelpunkten gewertet:

Einzelpunkte für die Kriterien der Ziffern 5.12 bis 5.K

Summe	Einzelpunkte
0 bis unter 4,3	0
4,3 bis unter 8,6	1
8,6 bis unter 12,9	2
12,9 bis unter 60	3
60 und mehr	6

Einzelpunkte für das Kriterium der Ziffer 5.16

Die Ausprägungen des Kriteriums der Ziffer 5.16 werden in den folgenden Kategorien mit den nachstehenden Einzelpunkten gewertet.

Ziffer	Kriterien	entfällt oder selbständig	überwiegend selbständig	überwiegend unselbständig	unselbständig
5.16	Einhaltung einer Diät und anderer krankheits- oder therapiebedingter Verhaltensvorschriften	0	1	2	3

Modul 6: Einzelpunkte im Bereich der Gestaltung des Alltagslebens und sozialer Kontakte

Ziffer	Kriterien	selbstän-dig	überwie-gend selbstän-dig	überwie-gend unselb-ständig	unselb-ständig
6.1	Gestaltung des Tagesablaufs und Anpassung an Veränderungen	0	1	2	3
6.2	Ruhen und Schlafen	0	1	2	3
6.3	Sichbeschäftigen	0	1	2	3
6.4	Vornehmen von in die Zukunft gerichteten Planungen	0	1	2	3
6.5	Interaktion mit Personen im direkten Kontakt	0	1	2	3
6.6	Kontaktpflege zu Personen außerhalb des direkten Umfelds	0	1	2	3

Schweregrad der Beeinträchtigungen der Selbständigkeit oder der Fähigkeiten im Modul

Module		Gewichtung	Punktbereich: Grad der Beeinträchtigung					
			0 keine	1 geringe	2 erhebliche	3 schwere	4 schwerste	
1	Mobilität	10%	0-1	2-3	4-5	6-9	10-15	Summe der Punkte im Modul 1
			0	2,5	5	7,5	10	**Gewichtete Punkte im Modul 1**
2	Kognitive und kommunikative Fähigkeiten	15%	0-1	2-5	6-10	11-16	17-33	Summe der Punkte im Modul 2
3	Verhaltensweisen und psychische Problemlagen		0	1-2	3-4	5-6	7-65	Summe der Punkte im Modul 3
	Höchster Wert aus Modul 2 oder Modul 3		0	3,75	7,5	11,25	15	**Gewichtete Punkte für die Module 2 und 3**
4	Selbstversorgung	40%	0-2	3-7	8-18	19-36	37-54	Summe der Punkte im Modul 4
			0	10	20	30	40	**Gewichtete Punkte im Modul 4**
5	Bewältigung von und selbständiger Umgang mit krankheits- und therapiebedingten Anforderungen	20%	0	1	2-3	4-5	6-15	Summe der Punkte im Modul 5
			0	5	10	15	20	**Gewichtete Punkte im Modul 5**
6	Gestaltung des Alltagslebens und soziale Kontakte	15%	0	1-3	4-6	7-11	12-18	Summe der Punkte im Modul 6
			0	3,75	7,5	11,25	15	**Gewichtete Punkte im Modul 6**
7	Außerhäusliche Aktivitäten		Die Berechnung einer Modulbewertung ist entbehrlich, da die Darstellung der qualitativen Ausprägung bei den einzelnen Kriterien ausreichend ist, um Anhaltspunkte für eine Versorgungs- und Pflegeplanung ableiten zu können.					
8	Haushaltsführung							

9 § 18 Verfahren zur Feststellung der Pflegebedürftigkeit

9.1 Was ist neu?

Ab 2016 gültig: Der normale Begutachtungszeitraum, der bisher mit 5 Wochen definiert war, ist nun mit 25 Arbeitstagen (Montag bis Freitag) definiert, die Frist zur Benennung anderer Gutachter auf 20 Arbeitstage (statt bisher vier Wochen).

Befristet gültig bis 31.12.2016: für den Übergangszeitraum sind folgende Punkte geändert worden:
- Es wird (nochmals) festgestellt, dass die Einstufungsprüfung auch in vollstationären Einrichtungen die Prüfung der Alltagskompetenz nach § 45a umfasst.
- Für den Übergangszeitraum ab **1. Juli 2016 bis Dezember 2016** (weitere Übergangszeiten bis 01.01.2019 sind dann in § 142 geregelt) werden Wiederholungsprüfungen, die in der vorherigen Begutachtung empfohlen oder von den Kassen geplant sind, ausgesetzt. Das gilt nur ausnahmsweise nicht, wenn aufgrund einer durchgeführten Operation oder nach Abschluss einer Rehabilitationsmaßnahme eine deutliche Verringerung des Hilfebedarfs zu erwarten ist.
- Ab **November bis Dezember 2016** (und dann über § 142 verlängert bis 31. Dezember 2017) ist die Frist von 25 Arbeitstagen (bisher 5 Wochen) nicht zu beachten, damit gilt auch § 3b in dieser Zeit nicht.
- Für die Begutachtungen mit besonders dringlichem Entscheidungsbedarf nach § 3 gelten in der Übergangszeit vom 01.November 2016 bis 31. Dezember 2016 (und über § 142 bis 31. Dezember 2017) Fristen von 25 Arbeitstagen (statt eine oder zwei Wochen).
- Auch die Sonderregelung in § 3a: „Benennung von mindestens drei unabhängigen Gutachtern zur Auswahl, wenn innerhalb von 20 Arbeitstagen keine Begutachtung erfolgt", wird zeitlich ebenfalls vom 01. November 2016 bis 31. Dezember 2016 (und verlängert über § 142 bis 31.12.2017) ausgesetzt.

Ab 2017 gültig: Der Antragssteller bekommt das Gutachten automatisch zugeschickt, wenn er der Übersendung nicht widerspricht. Er soll auch auf die Bedeutung des Gutachtens für die weitere Planung hingewiesen werden. Dazu ist das Ergebnis des Gutachtens transparent darzustellen und dem Antragssteller verständlich zu erläutern. Dies haben die Spitzenverbände der Pflegekassen über eine gemeinsame Richtlinie sicherzustellen.
Es gehört die Begutachtung der Bereiche „Außerhäusliche Aktivitäten" sowie „Haushaltsführung" als Pflicht-Bestandteil zum Gutachtenumfang. Neu ist dann auch, dass die

Empfehlungen des Gutachters zur Hilfsmittel- und Pflegehilfsmittelversorgung jeweils als Antrag gelten und im Einzelfall notwendige ärztliche Verordnungen nach § 33 SGB V ersetzen können, bzw. die Notwendigkeit nach § 40 Abs. 1. Satz 2 vermutet wird.

9.2 Kritik und Praxis

Die Einfügung, dass im vollstationären Bereich immer auch die Einstufung nach § 45a zu erfolgen hat, ist formal eigentlich nicht nötig, da es im bisherigen Verfahren immer Pflichtaufgabe der Einstufungsprüfung war. Da diese Einstufung, durch die Ausweitung der Betreuungskräfte nach § 87b auf alle Heimbewohner, seit 2015 stationär unerheblich ist, scheint es in der Praxis dazu geführt zu haben, dass dieser Prüfteil vernachlässigt wurde. Wegen der Überleitungsregelungen (siehe § 140) ist eine Einstufung nach § 45a sowohl ambulant als auch stationär finanziell sehr bedeutend. Daher sollten die Pflege-einrichtungen in 2016 alle Kunden kritisch dahingehend beurteilen, ob ein Einstufungs-antrag nach § 45a oder ein Höherstufungsantrag noch in diesem Jahr gestellt werden sollte.

Die Umdefinition von 5 Wochen auf 25 Arbeitstage soll dafür sorgen, dass in jedem Bundesland und zu jeder Jahreszeit gleich viele Arbeitstage zur Bearbeitung zur Verfügung stehen. Denn wenn in die individuelle Frist von 5 Wochen gesetzliche Feiertage fielen, standen faktisch zur Bearbeitung weniger Arbeitstage zur Verfügung. Das variierte zusätzlich von Bundesland zu Bundesland und die Umstellung auf Arbeitstage vermeidet diese Schwankung. Als Arbeitstage sind die Tage zwischen Montag bis Freitag definiert, ohne Feiertage. Die Umstellung erfolgt nur bei der normalen Frist sowie bei der Frist zur Benennung anderer Gutachter nach § 3a. Die verkürzten Fristen nach § 3 bleiben weiterhin wochenweise definiert (und sind deshalb im Einzelfall kürzer).

Für einen (einschließlich der Regelungen in § 142) recht langen Übergangszeitraum (von Juli 2016 bis 31.12.2018) werden geplante Wiederholungsprüfungen ausgesetzt. Auch die Fristen zur Begutachtung werden für die Übergangszeit von November 2016 bis Ende 2017 verlängert oder ausgesetzt. Der Gesetzgeber begründet dies mit der zu erwartenden höheren Antragszahl vor der Einführung des neuen Pflegebedürftigkeitsbegriffs. Gerade wegen der sehr komfortablen Überleitung von Pflegestufen auf Pflegegrade wird es für viele Pflegebedürftige finanziell sinnvoll sein, nach altem Recht noch Höherstufungsanträge bzw. Anträge zur Anerkennung einer erheblich eingeschränkten Alltagskompetenz zu stellen. Genau das scheint der Gesetzgeber auch zu vermuten, daher diese Fristenaussetzung. Dazu kommt, das zeitgleich (vor allem im zweiten Halbjahr 2016) an die 2.000 Gutachter des MDK bzw. des Mediproof im Umgang mit dem NBA geschult werden müssen, was ebenfalls Zeitreserven binden wird.

Ab 2017 erhalten die Versicherten das dann noch ausführlichere und nach dem Willen des Gesetzgebers auch verständlich formulierte Gutachten automatisch zugesandt. In der Praxis wird dies oft jetzt schon so gehandhabt, da fast jeder Versicherte auf Nachfrage die Übersendung verlangt. Wie transparent und verständlich das Guthaben dann formuliert sein wird, bleibt abzuwarten.

Ab 2017 neu ist auch die Verkürzung der Wege zur Hilfsmittelversorgung nach der Begutachtung. Auch jetzt wurde im Gutachten schon oftmals eine Hilfsmittelempfehlung ausgesprochen, ohne dass diese automatisch umgesetzt wurde. Durch die Neuregelung entspricht die Empfehlung im Gutachten einer fachlichen Stellungnahme bzw. ärztlichen Verordnung. Damit ist die Notwendigkeit festgestellt und die zuständige Kranken- und/oder Pflegekasse hat dem Versicherten unverzüglich die Entscheidung mitzuteilen. Auch diese Verkürzung der Wege ist positiv zu beurteilen, denn zu oft wurden die Empfehlungen des Gutachtens in der Praxis nicht wahrgenommen.

9.3 Gesetzestext § 18 Verfahren zur Feststellung der Pflegebedürftigkeit

§ **Verfahren zur Feststellung der Pflegebedürftigkeit**

(1) Die Pflegekassen beauftragen den Medizinischen Dienst der Krankenversicherung oder andere unabhängige Gutachter mit der Prüfung, ob die Voraussetzungen der Pflegebedürftigkeit erfüllt sind und welche Stufe der Pflegebedürftigkeit vorliegt.

[2016: Im Rahmen dieser Prüfungen haben der Medizinische Dienst oder die von der Pflegekasse beauftragten Gutachter durch eine Untersuchung des Antragstellers die Einschränkungen bei den Verrichtungen im Sinne des § 14 Abs. 4 festzustellen sowie Art, Umfang und voraussichtliche Dauer der Hilfebedürftigkeit und das Vorliegen einer erheblich eingeschränkten Alltagskompetenz nach § 45a zu ermitteln. **Eine Prüfung, ob eine erheblich eingeschränkte Alltagskompetenz nach § 45a vorliegt, erfolgt auch bei Versicherten, die in stationären Pflegeeinrichtungen versorgt werden.**]

Ab 2017: Im Rahmen dieser Prüfungen haben der Medizinische Dienst oder die von der Pflegekasse beauftragten Gutachter durch eine Untersuchung des Antragstellers die Beeinträchtigungen der Selbständigkeit oder der Fähigkeiten bei den in § 14 Absatz 2 genannten Kriterien nach Maßgabe des § 15 sowie die voraussichtliche Dauer der Pflegebedürftigkeit zu ermitteln.

Darüber hinaus sind auch Feststellungen darüber zu treffen, ob und in welchem Umfang Maßnahmen zur Beseitigung, Minderung oder Verhütung einer Verschlimmerung der Pflegebedürftigkeit einschließlich der Leistungen zur medizinischen Rehabilitation geeignet, notwendig und zumutbar sind; insoweit haben Versicherte einen Anspruch gegen den zuständigen Träger auf Leistungen zur medizinischen Rehabilitation. Jede Feststellung hat zudem eine Aussage darüber zu treffen, ob Beratungsbedarf insbesondere in der häuslichen Umgebung oder in der Einrichtung, in der der Anspruchsberechtigte lebt, hinsichtlich Leistungen zur verhaltensbezogenen Prävention nach § 20 Absatz 5 des Fünften Buches besteht.

(2) Der Medizinische Dienst oder die von der Pflegekasse beauftragten Gutachter haben den Versicherten in seinem Wohnbereich zu untersuchen. Erteilt der Versicherte dazu nicht sein Einverständnis, kann die Pflegekasse die beantragten Leistungen verweigern. Die §§ 65, 66 des Ersten Buches bleiben unberührt. Die Untersuchung im Wohnbereich des Pflegebedürftigen kann ausnahmsweise unterbleiben, wenn auf Grund einer eindeutigen Aktenlage das Ergebnis der medizinischen Untersuchung bereits feststeht. Die Untersuchung ist in angemessenen Zeitabständen zu wiederholen.

[nur 2016: (2a) Bei pflegebedürftigen Versicherten werden vom 1. Juli 2016 bis zum 31. Dezember 2016 keine Wiederholungsbegutachtungen nach Absatz 2 Satz 5 durchgeführt, auch dann nicht, wenn die Wiederholungsbegutachtung vor diesem Zeitpunkt vom Medizinischen Dienst der Krankenversicherung oder anderen unabhängigen Gutachtern empfohlen wurde. Abweichend von Satz 1 können Wiederholungsbegutachtungen durchgeführt werden, wenn eine Verringerung des Hilfebedarfs, insbesondere aufgrund von durchgeführten Operationen oder Rehabilitationsmaßnahmen, zu erwarten ist.

(2b) Die Frist nach Absatz 3 Satz 2 ist vom 1. November 2016 bis zum 31. Dezember 2016 unbeachtlich. Abweichend davon ist einem Antragsteller, der ab dem 1. November 2016 einen Antrag auf Leistungen der Pflegeversicherung stellt und bei dem ein besonders dringlicher Entscheidungsbedarf vorliegt, spätestens 25 Arbeitstage nach Eingang des Antrags bei der zuständigen Pflegekasse die Entscheidung der Pflegekasse schriftlich mitzuteilen. Der Spitzenverband Bund der Pflegekassen entwickelt bundesweit einheitliche Kriterien für das Vorliegen, die Gewichtung und die Feststellung eines besonders dringlichen Entscheidungsbedarfs. Die Pflegekassen und die privaten Versicherungsunternehmen berichten in der nach Absatz 3b Satz 4 zu veröffentlichenden Statistik auch über die Anwendung der Kriterien zum Vorliegen und zur Feststellung eines besonders dringlichen Entscheidungsbedarfs.

(2c) Abweichend von Absatz 3a Satz 1 Nummer 2 ist die Pflegekasse vom 1. November 2016 bis zum 31. Dezember 2016 nur bei Vorliegen eines besonders dringlichen Entscheidungsbedarfs gemäß Absatz 2b dazu verpflichtet, dem

Antragsteller mindestens drei unabhängige Gutachter zur Auswahl zu benennen, wenn innerhalb von 20 Arbeitstagen nach Antragstellung keine Begutachtung erfolgt ist.]

(3) Die Pflegekasse leitet die Anträge zur Feststellung von Pflegebedürftigkeit unverzüglich an den Medizinischen Dienst der Krankenversicherung oder die von der Pflegekasse beauftragten Gutachter weiter. Dem Antragsteller ist spätestens **25 Arbeitstage** nach Eingang des Antrags bei der zuständigen Pflegekasse die Entscheidung der Pflegekasse schriftlich mitzuteilen. Befindet sich der Antragsteller im Krankenhaus oder in einer stationären Rehabilitationseinrichtung und

1. liegen Hinweise vor, dass zur Sicherstellung der ambulanten oder stationären Weiterversorgung und Betreuung eine Begutachtung in der Einrichtung erforderlich ist, oder

2. wurde die Inanspruchnahme von Pflegezeit nach dem Pflegezeitgesetz gegenüber dem Arbeitgeber der pflegenden Person angekündigt oder

3. wurde mit dem Arbeitgeber der pflegenden Person eine Familienpflegezeit nach § 2 Absatz 1 des Familienpflegezeitgesetzes vereinbart, ist die Begutachtung dort unverzüglich, spätestens innerhalb einer Woche nach Eingang des Antrags bei der zuständigen Pflegekasse durchzuführen; die Frist kann durch regionale Vereinbarungen verkürzt werden. Die verkürzte Begutachtungsfrist gilt auch dann, wenn der Antragsteller sich in einem Hospiz befindet oder ambulant palliativ versorgt wird.

Befindet sich der Antragsteller in häuslicher Umgebung, ohne palliativ versorgt zu werden, und wurde die Inanspruchnahme von Pflegezeit nach dem Pflegezeitgesetz gegenüber dem Arbeitgeber der pflegenden Person angekündigt oder mit dem Arbeitgeber der pflegenden Person eine Familienpflegezeit nach § 2 Absatz 1 des Familienpflegezeitgesetzes vereinbart, ist eine Begutachtung durch den Medizinischen Dienst der Krankenversicherung oder die von der Pflegekasse beauftragten Gutachter spätestens innerhalb von zwei Wochen nach Eingang des Antrags bei der zuständigen Pflegekasse durchzuführen und der Antragsteller seitens des Medizinischen Dienstes oder der von der Pflegekasse beauftragten Gutachter unverzüglich schriftlich darüber zu informieren, welche Empfehlung der Medizinische Dienst oder die von der Pflegekasse beauftragten Gutachter an die Pflegekasse weiterleiten. In den Fällen der Sätze 3 bis 5 muss die Empfehlung nur die Feststellung beinhalten, ob Pflegebedürftigkeit im Sinne der §§ 14 und 15 vorliegt. Die Entscheidung der Pflegekasse ist dem Antragsteller unverzüglich nach Eingang der Empfehlung des Medizinischen Dienstes oder der beauftragten Gutachter bei der Pflegekasse schriftlich mitzuteilen. **Der Antragsteller ist bei der Begutachtung auf die maßgebliche Bedeutung des Gutachtens insbesondere für eine umfassende Beratung, das Erstellen eines individuellen Versorgungsplans nach § 7a, das Versorgungsmanagement nach § 11 Absatz 4** des Fünften Buches und für die Pflegeplanung hinzuweisen. Das Gutachten wird dem Antragsteller durch die Pflegekasse übersandt, sofern er der Übersendung nicht widerspricht. Das Ergebnis des Gutachtens ist transparent darzustellen und dem Antragsteller verständlich zu erläutern. Der Spitzenverband Bund der Pflegekassen konkretisiert in den Richtlinien nach § 17 Absatz 1 die Anforderungen an eine transparente Darstellungsweise und verständliche Erläuterung des Gutachtens.

(3a) Die Pflegekasse ist verpflichtet, dem Antragsteller mindestens drei unabhängige Gutachter zur Auswahl zu benennen,

1. soweit nach Absatz 1 unabhängige Gutachter mit der Prüfung beauftragt werden sollen oder

2. wenn innerhalb von **20 Arbeitstage** ab Antragstellung keine Begutachtung erfolgt ist. Auf die Qualifikation und Unabhängigkeit des Gutachters ist der Versicherte hinzuweisen. Hat sich der Antragsteller für einen benannten Gutachter entschieden, wird dem Wunsch Rechnung getragen. Der Antragsteller hat der Pflegekasse seine Entscheidung innerhalb einer Woche ab Kenntnis der Namen der Gutachter mitzuteilen, ansonsten kann die Pflegekasse einen Gutachter aus der übersandten Liste beauftragen. Die Gutachter sind bei der Wahrnehmung ihrer Aufgaben nur ihrem Gewissen unterworfen. Satz 1 Nummer 2 gilt nicht, wenn die Pflegekasse die Verzögerung nicht zu vertreten hat.

(3b) Erteilt die Pflegekasse den schriftlichen Bescheid über den Antrag nicht innerhalb von **25 Arbeitstage** nach Eingang des Antrags oder wird eine der in Absatz 3 genannten verkürzten Begutachtungsfristen nicht eingehalten, hat die Pflegekasse nach Fristablauf für jede begonnene Woche der Fristüberschreitung unverzüglich 70 Euro an den Antragsteller zu zahlen. Dies gilt nicht, wenn die Pflegekasse die Verzögerung nicht zu vertreten hat oder wenn sich der Antragsteller in **vollstationärer** Pflege befindet und bereits **bei ihm mindestens erhebliche Beeinträchtigungen der Selbständigkeit oder der Fähigkeiten (mindestens Pflegegrad 2) festgestellt** ersetzt. Entsprechendes gilt für die privaten Versicherungsunternehmen, die die private Pflege-Pflichtversicherung durchführen. Die Träger der Pflegeversicherung und die privaten Versicherungsunternehmen veröffentlichen jährlich jeweils bis zum 31. März des dem Berichtsjahr folgenden Jahres eine Statistik über die Einhaltung der Fristen nach Absatz 3.

(4) Der Medizinische Dienst oder die von der Pflegekasse beauftragten Gutachter sollen, soweit der Versicherte einwilligt, die behandelnden Ärzte des Versicherten, insbesondere die Hausärzte, in die Begutachtung einbeziehen und ärztliche Auskünfte und Unterlagen über die für die Begutachtung der Pflegebedürftigkeit wichtigen Vorerkrankungen sowie Art, Umfang und Dauer der Hilfebedürftigkeit einholen. Mit Einverständ-

nis des Versicherten sollen auch pflegende Angehörige oder sonstige Personen oder Dienste, die an der Pflege des Versicherten beteiligt sind, befragt werden.

(5) Die Pflege- und Krankenkassen sowie die Leistungserbringer sind verpflichtet, dem Medizinischen Dienst oder den von der Pflegekasse beauftragten Gutachtern die für die Begutachtung erforderlichen Unterlagen vorzulegen und Auskünfte zu erteilen. § 276 Abs. 1 Satz 2 und 3 des Fünften Buches gilt entsprechend.

(5a) Bei der Begutachtung sind darüber hinaus die Beeinträchtigungen der Selbständigkeit oder der Fähigkeiten in den Bereichen außerhäusliche Aktivitäten und Haushaltsführung festzustellen. Mit diesen Informationen sollen eine umfassende Beratung und das Erstellen eines individuellen Versorgungsplans nach § 7a, das Versorgungsmanagement nach § 11 Absatz 4 des Fünften Buches und eine individuelle Pflegeplanung sowie eine sachgerechte Erbringung von Hilfen bei der Haushaltsführung ermöglicht werden. Hierbei ist im Einzelnen auf die nachfolgenden Kriterien abzustellen:

1. **außerhäusliche Aktivitäten: Verlassen des Bereichs der Wohnung oder der Einrichtung, Fortbewegen außerhalb der Wohnung oder der Einrichtung, Nutzung öffentlicher Verkehrsmittel im Nahverkehr, Mitfahren in einem Kraftfahrzeug, Teilnahme an kulturellen, religiösen oder sportlichen Veranstaltungen, Besuch von Schule, Kindergarten, Arbeitsplatz, einer Werkstatt für behinderte Menschen oder Besuch einer Einrichtung der Tages- oder Nachtpflege oder eines Tagesbetreuungsangebotes, Teilnahme an sonstigen Aktivitäten mit anderen Menschen;**

2. **Haushaltsführung: Einkaufen für den täglichen Bedarf, Zubereitung einfacher Mahlzeiten, einfache Aufräum- und Reinigungsarbeiten, aufwändige Aufräum- und Reinigungsarbeiten einschließlich Wäschepflege, Nutzung von Dienstleistungen, Umgang mit finanziellen Angelegenheiten, Umgang mit Behördenangelegenheiten.**

Der Spitzenverband Bund der Pflegekassen wird ermächtigt, in den Richtlinien nach § 17 Absatz 1 die in Satz 3 genannten Kriterien pflegefachlich unter Berücksichtigung der Ziele nach Satz 2 zu konkretisieren.

(6) Der Medizinische Dienst der Krankenversicherung oder die von der Pflegekasse beauftragten Gutachter haben der Pflegekasse das Ergebnis seiner oder ihrer Prüfung zur Feststellung der Pflegebedürftigkeit unverzüglich zu übermitteln. In seiner oder ihrer Stellungnahme haben der Medizinische Dienst oder die von der Pflegekasse beauftragten Gutachter auch das Ergebnis der Prüfung, ob und gegebenenfalls welche Maßnahmen der Prävention und der medizinischen Rehabilitation geeignet, notwendig

und zumutbar sind, mitzuteilen und Art und Umfang von Pflegeleistungen sowie einen individuellen Pflegeplan zu empfehlen. Die Feststellungen zur Prävention und zur medizinischen Rehabilitation sind durch den Medizinischen Dienst oder die von der Pflegekasse beauftragten **Gutachter auf der Grundlage eines bundeseinheitlichen, strukturierten Verfahrens zu treffen und** in einer gesonderten Präventions- und Rehabilitationsempfehlung zu dokumentieren. Beantragt der Pflegebedürftige Pflegegeld, hat sich die Stellungnahme auch darauf zu erstrecken, ob die häusliche Pflege in geeigneter Weise sichergestellt ist.

(6a) Der Medizinische Dienst der Krankenversicherung oder die von der Pflegekasse beauftragten Gutachter haben gegenüber der Pflegekasse in ihrem Gutachten zur Feststellung der Pflegebedürftigkeit konkrete Empfehlungen zur Hilfsmittel- und Pflegehilfsmittelversorgung abzugeben. Die Empfehlungen gelten hinsichtlich Hilfsmitteln und Pflegehilfsmitteln, die den Zielen von § 40 dienen, jeweils als Antrag auf Leistungsgewährung, sofern der Versicherte zustimmt. Die Zustimmung erfolgt gegenüber dem Gutachter im Rahmen der Begutachtung und wird im Begutachtungsformular schriftlich dokumentiert. Bezüglich der empfohlenen Pflegehilfsmittel wird die Notwendigkeit der Versorgung nach § 40 Absatz 1 Satz 2 vermutet. Bis zum 31. Dezember 2020 wird auch die Erforderlichkeit der empfohlenen Hilfsmittel, die den Zielen von § 40 dienen, nach § 33 Absatz 1 des Fünften Buches vermutet; insofern bedarf es keiner ärztlichen Verordnung gemäß § 33 Absatz 5a des Fünften Buches. Welche Hilfsmittel und Pflegehilfsmittel im Sinne von Satz 2 den Zielen von § 40 dienen, wird in den Begutachtungs- Richtlinien nach § 17 konkretisiert. Dabei ist auch die Richtlinie des Gemeinsamen Bundesausschusses nach § 92 Absatz 1 des Fünften Buches über die Verordnung von Hilfsmitteln zu berücksichtigen. Die Pflegekasse übermittelt dem Antragsteller unverzüglich die Entscheidung über die empfohlenen Hilfsmittel und Pflegehilfsmittel.

(7) Die Aufgaben des Medizinischen Dienstes werden durch Ärzte in enger Zusammenarbeit mit Pflegefachkräften und anderen geeigneten Fachkräften wahrgenommen. Die Prüfung der Pflegebedürftigkeit von Kindern ist in der Regel durch besonders geschulte Gutachter mit einer Qualifikation als Gesundheits- und Kinderkrankenpflegerin oder Gesundheits- und Kinderkrankenpfleger oder als Kinderärztin oder Kinderarzt vorzunehmen. Der Medizinische Dienst ist befugt, den Pflegefachkräften oder sonstigen geeigneten Fachkräften, die nicht dem Medizinischen Dienst angehören, die für deren jeweilige Beteiligung erforderlichen personenbezogenen Daten zu übermitteln. Für andere unabhängige Gutachter gelten die Sätze 1 bis 3 entsprechend.

10 § 19 Begriff der Pflegepersonen

10.1 Was ist neu?

Die zeitliche Grenze, ab wann Pflegepersonen Leistungen der sozialen Sicherung nach § 44 erhalten, ist von bisher 14 Stunden pro Woche auf 10 Stunden, verteilt auf mindestens zwei Tage, reduziert worden. Die korrespondierende Regelung, wie die Zeit zu ermitteln ist, findet sich in § 44, ebenso die konkreten Leistungen.

10.2 Kritik und Praxis

Die bisherige Grenze für weitergehende Sozialleistungen (insbesondere zur Rentenversicherung) lag bei einer Mindestpflegezeit von 14 Stunden in der Woche. Diese wird nun abgesenkt auf 10 Stunden die Woche, verteilt auf mindestens zwei Tage. Damit wird der Kreis der potenziell anspruchsberechtigten Personen ausgeweitet. Dazu kommt, dass mit dem neuen Pflegebedürftigkeitsbegriff auch die Pflege inhaltlich weiter definiert ist und beispielsweise Punkte wie Betreuung und Begleitung Bestandteil der Einstufung sind. Weiterhin gehören auch die Hilfen bei der Haushaltsführung zu dieser Pflegezeit (wie der Gesetzgeber ausdrücklich in der Gesetzesbegründung klarstellt). Somit wird nun auch mehr Zeit ‚angerechnet', die nach dem alten Einstufungsbegriff nicht zur Pflege gehörte. Der Gesetzgeber hat also faktisch den Anspruch auf soziale Sicherung nach § 44 auf zwei Ebenen ausgeweitet, beim Bezug von Rentenleistungen sowie in Bezug auf die Arbeitslosenversicherung.

Aber der Unfallversicherungsschutz ist nun ebenfalls an die Mindestpflegezeit von 10 Stunden pro Woche gekoppelt, was bisher nicht der Fall war (siehe auch § 44 sowie Übergangsregelung § 141, Abs. 7). Weiterhin können für alle Pflegepersonen (unabhängig vom zeitlichen Aufwand) bei deren Verhinderung Leistungen der Verhinderungspflege genutzt werden.

10.3 Gesetzestext § 19 Begriff der Pflegepersonen

§ Pflegepersonen im Sinne dieses Buches sind Personen, die nicht erwerbsmäßig einen Pflegebedürftigen im Sinne des § 14 in seiner häuslichen Umgebung pflegen. **Leistungen zur sozialen Sicherung nach § 44 erhält eine Pflegeperson nur dann, wenn sie eine oder mehrere pflegebedürftige Personen wenigstens zehn Stunden wöchentlich, verteilt auf regelmäßig mindestens zwei Tage in der Woche, pflegt.**

11 § 28a Leistungen bei Pflegegrad 1

E 125

11.1 Was ist neu?

Der Pflegegrad 1 ist eine völlig neu definierte Leistung, die kein Vorbild im bisherigen Pflegestufensystem hat.

Pflegebedürftige mit Pflegegrad 1 erhalten nur folgende, abschließend definierte, Leistungsansprüche:

- Recht auf Pflegeberatung nach §§ 7a und 7b
- Anschpruch auf Beratung in der eigenen Häuslichkeit nach § 37.3 im Rhythmus von einem halben Jahr
- Zusätzliche Leistungen für Pflegebedürftige in ambulant betreuten Wohngemeinschaften im Umfang von 214 € pro Monat
- Versorgung mit Pflegeverbrauchsmitteln und Pflegehilfsmitteln gemäß § 40
- Finanzielle Zuschüsse für Maßnahmen zur Verbesserung des individuellen oder gemeinschaftlichen Wohnumfeldes nach § 40 Abs. 4
- Zusätzliche Betreuung und Aktivierung in stationären Einrichtungen gemäß § 43b
- Pflegekurse für Angehörige und ehrenamtliche Pflegepersonen nach § 45

Zusätzlich ist ein Entlastungsbetrag gemäß § 45b in Höhe von 125 € zur Erstattung von Kosten für Leistungen der Tages- und Nachtpflege, der Kurzzeitpflege, Sachleistungen nach § 36 sowie Entlastungsleistungen nach § 45a, Abs. 1 und 2 vorgesehen.
Bei vollstationärer Pflege gibt es einen Zuschuss von 125 €.

Pflegepersonen, die nur Pflegebedürftige des Pflegegrades 1 versorgen, haben keinen Anspruch auf soziale Sicherungsleistungen nach § 44.

11.2 Kritik und Praxis

Der Pflegegrad 1 ist definiert als Leistung bei geringer Beeinträchtigung der Selbständigkeit bzw. geringer Beeinträchtigung der Fähigkeiten (§ 15 Abs. 3). Werden bei der Einstufung minimal 12,5 Punkte, aber weniger als 27,0 von insgesamt 100 erreichbaren Punkten erreicht, ist dies eine geringe Beeinträchtigung. Auf Empfehlung des Beirates 2009 sowie des Expertenbeirates 2013 hat der Gesetzgeber auch hierfür Leistungen eingeführt. Aber anders als bei der bekannten Pflegestufe „0" (nur erheblich eingeschränkte Alltagskompetenz) sind dies keine Sachleistungen im klassischen Sinne der §§ 36 bis 38, sondern nur eine beschränkte Auswahl davon. Der Gesetzgeber geht davon aus, dass hier primär die Beeinträchtigungen im somatischen Bereich liegen und daher eher beratende und edukative Unterstützungsangebote notwendig und ausreichend sind. Wegen der geringen Unterstützung werden hier auch keine Leistungsansprüche für Pflegepersonen vorgesehen, also weder über Entlastungsleistungen wie Verhinderungs- oder Kurzzeitpflege noch Leistungen zur sozialen Sicherung. Damit entpuppt sich der Pflegegrad 1 nicht als ‚echte‘ Pflegestufe, weil er nur einen sehr reduzierten (und gar keinen Sach-)Leistungsanspruch gewährt.

Gerade bei der Vorstellung und Darstellung der Leistungen muss man folglich sauber trennen zwischen Pflegegrad 1 als Sonderfall und den anderen Pflegegraden. Wichtig ist es auch, allen Mitarbeitern und Kunden zu verdeutlichen, dass der Pflegegrad eine völlig andere Leistung mit viel weniger Leistungen darstellt als beispielsweise die Pflegestufe „0". Deshalb ist auch die Darstellung der Bundesregierung fragwürdig, die immer betont, das neue System würde eine bessere Differenzierung durch 5 Pflegegrade anstatt bisher 3 Pflegestufen bieten. Allerdings ist von den Leistungen her der Pflegegrad 1 gar keine ‚richtige‘ Pflegestufe, die bisher relevant war (und in die übergeleitet wird), wie in § 140 ausgeführt wird.

Bei der Leistungsdefinition des Entlastungsbetrags gemäß § 45b wird hier allerdings das (in diesem Zusammenhang einschränkende) Wort „Kosten" verwendet. Anders als der weitergefasste Begriff „Aufwendungen", der im § 45b verwendet wird, ist der Begriff „Kosten" enger auszulegen und dürfte nur die Kosten umfassen, die für die aufgeführten Leistungen mit den Pflegekassen vereinbart wurden. Privat zu finanzierende Anteile wie beispielsweise Investitionskosten in der Tagespflege können im Rahmen des Pflegegrades 1 nicht refinanziert werden, was angesichts der geringen finanziellen Leistung auch nachvollziehbar ist.

11.3 Gesetzestext § 28a Leistungen bei Pflegegrad 1

§ (1) Abweichend von § 28 Absatz 1 und 1a gewährt die Pflegeversicherung bei Pflegegrad 1 folgende Leistungen:

1. Pflegeberatung gemäß den §§ 7a und 7b,
2. Beratung in der eigenen Häuslichkeit gemäß § 37 Absatz 3,
3. zusätzliche Leistungen für Pflegebedürftige in ambulant betreuten Wohngruppen gemäß § 38a,
4. Versorgung mit Pflegehilfsmitteln gemäß § 40 Absatz 1 bis 3 und 5,
5. finanzielle Zuschüsse für Maßnahmen zur Verbesserung des individuellen oder gemeinsamen Wohnumfeldes gemäß § 40 Absatz 4,

6. zusätzliche Betreuung und Aktivierung in stationären Pflegeeinrichtungen gemäß § 43b,

7. Pflegekurse für Angehörige und ehrenamtliche Pflegepersonen gemäß § 45.

(2) Zudem gewährt die Pflegeversicherung den Entlastungsbetrag gemäß § 45b Absatz 1 Satz 1 in Höhe von 125 Euro monatlich. Dieser kann gemäß § 45b im Wege der Erstattung von Kosten eingesetzt werden, die dem Versicherten im Zusammenhang mit der Inanspruchnahme von Leistungen der Tages- und Nachtpflege sowie der Kurzzeitpflege, von Leistungen der ambulanten Pflegedienste im Sinne des § 36 sowie von Leistungen der nach Landesrecht anerkannten Angebote zur Unterstützung im Alltag im Sinne des § 45a Absatz 1 und 2 entstehen.

(3) Wählen Pflegebedürftige des Pflegegrades 1 vollstationäre Pflege, gewährt die Pflegeversicherung gemäß § 43 Absatz 3 einen Zuschuss in Höhe von 125 Euro monatlich.

12 § 36 Pflegesachleistung

12.1 Was ist neu?

Die Sachleistung ist sprachlich an die Definition des § 14 angepasst worden und umfasst nun auch die pflegerischen Betreuungsmaßnahmen (bisher Häusliche Betreuung nach § 124), die im Gesetzestext weiter ausgeführt werden (Abs. 2). Die weiteren Leistungsbereiche sind die körperbezogenen Pflegemaßnahmen (bisher Grundpflege) sowie die Hilfen bei der Haushaltsführung (gemäß § 18). Ausdrücklich wird auf die Leistungsdefinition in § 14 verwiesen. Bestandteil der (wie bisher zusammenfassend so bezeichneten) häuslichen Pflegehilfe ist die pflegefachliche Anleitung von Pflegebedürftigen und Pflegepersonen. Die Sachleistungen umfassen Leistungsbeträge für die Pflegegrade 2 bis 5. Alle anderen Regelungen bleiben unverändert zur jetzigen Fassung.

12.2 Kritik und Praxis

Inhalte und Ausweitung der Leistungskataloge

Die Sachleistungen umfassen nicht nur die in § 14 definierten Inhalte der 6 Module, sondern auch die in § 18, Abs. 5a Nr. 2 aufgeführten Tätigkeiten der Haushaltsführung (s.o.). Ausdrücklich weist der Gesetzgeber darauf hin, dass die Haushaltsführung hier weiter gefasst ist als der bisherige abschließende Begriff der hauswirtschaftlichen Leistungen gemäß § 14 Abs. 4 Nr 4 alte Fassung (hauswirtschaftliche Verrichtungen). So sollen auch beispielsweise die Nutzung von Dienstleistungen, Umgang mit finanziellen Angelegenheiten oder Umgang mit Behördenangelegenheiten dazugehören.

Im Bereich der pflegerischen Betreuungsleistungen führt der Gesetzestext explizit Unterstützungsleistungen zur Bewältigung und Gestaltung des alltäglichen Lebens im häuslichen Umfeld auf, die durch Leistungen abzudecken sind, insbesondere

- Unterstützungsleistungen bei der Bewältigung psychosozialer Problemlagen oder von Gefährdungen,
- Unterstützungsleistungen bei der Orientierung, bei der Tagesstrukturierung, bei der Kommunikation, bei der Aufrechterhaltung sozialer Kontakte und bei bedürfnisgerechten Beschäftigungen im Alltag sowie
- Maßnahmen zur kognitiven Aktivierung.

Für die Praxis bedeutet diese Klarstellung, dass die Leistungskataloge in allen Bundesländern an mehreren Stellen erweitert werden müssen:

– Die bisherigen Leistungskataloge umfassen zunächst die Grundpflege. Zu ergänzen wären hier möglicherweise separate Leistungen zur Anleitung bei der Grundpflege. Praktisch enthalten alle jetzigen Grundpflegeleistungen immer auch die Elemente der Anleitung und Beaufsichtigung (aufgrund des Hilfebegriffs nach § 14 a.F.). Weitergehende Anleitung würde sich vor allem in einem anders zu definierenden Zeitbedarf darstellen. Daher stellt sich erneut die Frage, ob nicht in Ergänzung der Leistungskomplexkataloge auch eine Zeitabrechnung für die körperbezogenen Pflegemaßnahmen zu vereinbaren ist. Einige Bundesländer haben dies im Rahmen der Gesetzesänderung durch das PNG 2013 umgesetzt, die Mehrzahl der Bundesländer hat dies nicht realisiert und abgewartet. Durch die Gesetzesänderung mit dem PSG 1 gibt es zwar weiterhin die Möglichkeit, aber nicht mehr den Zwang, zur Umsetzung einer ergänzenden Zeitabrechnung für die Grundpflege. Weiterhin sprechen einige Aspekte für die Ergänzung der Kataloge mit einer Zeitleistung Grundpflege: Manche Inhalte könnten flexibler erbracht werden, als die öfter sehr starren Kataloge dies ermöglichen. Auch könnten so die individuellen Wünsche der Kunden besser berücksichtigt werden. Ansonsten müsste man alternativ prüfen, wie man eine Leistung im Sinne der Anleitung als Sachleistung definieren könnte. Insbesondere auch in Abgrenzung/Ergänzung zur eigenständigen Schulungsleistung nach § 45!

– Auf jeden Fall sind die Leistungen der pflegerischen Betreuungsmaßnahmen nach Zeit zu definieren und zu vereinbaren. Obwohl die Vorläuferleistung (Häusliche Betreuung) seit 2013 verbindlich anzubieten ist, gibt es immer noch zwei Bundesländer (NRW und BW), die dafür noch keine Leistungen definiert und vereinbart haben. In einigen Bundesländern ist die Betreuung nicht nach Zeit, sondern als Pauschale und damit verbunden mit einem Punktwert definiert, ohne hier eine konkrete Zeiteinheit zu benennen (Schleswig-Holstein, Sachsen-Anhalt, Sachsen, Thüringen). Damit kann kein Kunde wissen, welche Zeit er konkret pro Einheit erhält (und ist damit theoretisch der Willkür des Dienstes ausgeliefert). Auch hier müsste eine konkrete Zeiteinheit anstelle der undefinierten Punktmenge treten, zumal in den drei süd-/östlichen Bundesländern auch die Wegekosten in der Pauschale enthalten sein müssen.

– Offen ist auch, ob es für bestimmte, im Gesetz definierte Betreuungsleistungen unterschiedlicher Qualifikationen bedarf? Denn für eine Beschäftigung wird sicherlich ein anderes Anforderungsprofil ausreichen als für eine Unterstützung bei der Bewältigung von psychosozialen Problemlagen. Dazu kommt, dass ausdrücklich auch die Anleitung Bestandteil der Sachleistung ist.

– Unklar ist, welche Auswirkungen die umfassenden Module nach § 14 noch auf die Sachleistungen haben. Insbesondere beim Modul 5 (Bewältigung von und selbständiger Umgang mit krankheits- oder therapiebedingten Anforderungen und Belastungen) stellt sich die Frage, ob hier neue Sachleistungen zu definieren sind. Eigentlich wird das Modul nur deshalb so umfassend aufgeführt und in der Einstufung berücksichtigt, weil die Inhalte relevant für die Einstufung sind. Ambulant gehören diese Leistungen aber zur Behandlungspflege nach § 37 SGB V und sind deshalb keine Leistungen der Pflegeversicherung. Umso kritischer muss man hier aufpassen, dass es nicht doch zu Verschiebungen kommen kann.

– Auch die bisherigen hauswirtschaftlichen Leistungen müssen erweitert werden, denn der Katalog in § 18 Abs. 5, Nr. 2 ist weiter gefasst als die enge Hauswirtschaft der regelmäßig wiederkehrenden Verrichtungen. Nicht verändert ist allerdings die Festlegung, dass die hauswirtschaftlichen Leistungen sich (nur) auf den Pflegebedürftigen beziehen, nicht aber auch auf andere im Haushalt lebende Personen. Insbesondere bei Leistungen wie Wäschepflege oder Einkaufen ist weiterhin auf diese Abgrenzung zu achten.

– Sinnvoll wäre es (wie in einigen Bundesländern schon seit langer Zeit üblich), die hauswirtschaftliche Leistung generell nach Zeit zu definieren und alle damit zusammenhängenden Tätigkeiten zusammenzufassen (siehe z.B. Leistungskatalog Niedersachsen: LK 19 Hauswirtschaftliche Versorgung). Denn pauschale Leistungskomplexe in der Hauswirtschaft berücksichtigen weder die individuellen Besonderheiten, die nichts mit der Pflegebedürftigkeit zu tun haben (wie Wohnungsgröße, Ansprüche an Hygiene etc.) noch sind sie oftmals leistungsgerecht finanziert (z.B. Pauschalen zum Einkaufen können nicht den realen Aufwand berücksichtigen, der sich aus der Verteilung von Geschäften etc. ergibt).

In jedem Fall müssen zunächst die Landesverbände auf der Ebene der Rahmenverträge nach § 75 die sprachlichen und definitorischen Anpassungen vornehmen und die Vertragsparteien dann die Ergänzungen der Leistungskataloge aushandeln. Hilfreich wäre hier eine schnelle Rahmenvertragsempfehlung auf Bundesebene, die nach § 75 Abs. 6 auf Bundesebene möglich ist. Das würde dafür sorgen (können), dass sich zumindest in den neuen Leistungen eine bundesweit einheitlichere Leistungsstruktur etablieren könnte (bei der Grundpflege und Hauswirtschaft ist das bisher nicht gelungen, hier gibt es weiterhin 19 verschiedene Kataloge bei 16 Bundesländern).

Bei der Definition von Zeitleistungen muss berücksichtigt werden, wie die Leistungen zu erbringen sind. Gemäß den Vorgaben der Qualitätsvereinbarungen nach § 113 soll die Leistung von einem möglichst überschaubaren Pflegeteam erbracht werden; lt. Prüfanleitung soll es möglichst Bezugspflege geben. Werden für die drei Leistungsbereiche körperbezogene Pflegemaßnahmen, pflegerische Betreuungsmaßnahmen und Hilfen bei der Haushaltsführung drei verschiedene Stundenpreise vereinbart (unterschiedlicher Qualifikationsgrad, so z.B. in Niedersachsen umgesetzt), ist der Pflegedienst faktisch gezwungen, auch drei Mitarbeiter unterschiedlicher Qualifikation (und daher unterschiedlicher Kosten) hinzuschicken. Das erhöht nicht nur den Wegekostenanteil, der je nach Katalog dann dreimal anfallen würde, sondern widerspricht auch den Qualitätsvorgaben sowie einer sinnvollen Arbeitsorganisation. Daher sollten Preissysteme definiert werden, bei denen die höherwertige Leistung die Erbringung der anderen Leistungen auch zulassen würde: Beispielsweise das die Zeitleistung: „Körperbezogene Pflegemaßnahmen" auch Leistungen der Betreuung und Hauswirtschaft mit umfassen kann. Diese wäre zwar für die Kunden (bezogen auf den Stundensatz) teurer, aber der Kunde kann dann frei entscheiden, ob er beispielsweise morgens drei Mitarbeiter haben möchte (Morgentoilette; Frühstück machen und Aufräumen; Zeitung vorlesen) oder einen. Im Regelfall kommt eine Ersparnis bei den Wegepauschalen dazu. Auch darf nicht vom Vergütungskatalog ausgeschlossen werden, dass die Pflegefachkraft mit dem Pflegebedürftigen spazieren gehen kann. Der Pflegebedürftige hat das Wahlrecht, er allein sollte bestimmen können, ob er die teurere (aber aus der täglichen Grundpflege bekannte) Pflegefachkraft oder eine günstigere (andere) Pflegekraft für den Spaziergang wählt bzw. wie er sein Budget der Sachleistungen einsetzt.

Anleitung/Schulung als Sachleistung?

Auch wenn der Sachleistungsanspruch ausdrücklich die pflegefachliche Anleitung umfasst, weist der Gesundheitsausschuss, der diese Änderung ins Gesetz gebracht hat, darauf hin, dass die pflegefachliche Anleitung immer ergänzt wird (und werden kann) durch die neuerdings möglichen Beratungsbesuche nach § 37.3 bei Sachleistungskunden (s. § 37.3) sowie die individuellen und Gruppenschulungen nach § 45. Die Formulierung in der Begründung macht deutlich, dass eigentlich eher die zusätzlichen Schulungen gemeint sein müssen: *„Das Konzept des neuen Pflegebedürftigkeitsbegriffes berücksichtigt Beeinträchtigungen der Selbständigkeit, die Hilfen bei der Anleitung, Motivation und Schulung von Pflegebedürftigen und Pflegepersonen erfordern. Vor diesem Hintergrund wird nunmehr auch ausdrücklich vorgesehen, dass auch die fachliche Anleitung von Pflegebedürftigen und in die Pflege eingebundenen Pflegepersonen einschließlich einer vorhergehenden Problem- und Bedarfseinschätzung Bestandteil der häuslichen Pflegehilfe ist. Pflegekräfte im Rahmen der häuslichen Pflegehilfe sind in aller Regel nur zu bestimmten Tages- oder Nachtzeiten beim Pflegebedürftigen. Situationen beim Pflegebedürftigen, die ein Handeln der an der Pflege Beteiligten erfordern, treten aber häufig auch außerhalb der Anwesenheitszeiten der Pflegekräfte auf. Daher ist es Bestandteil der Leistung, durch pflegefachliche Anleitung der Pflegebedürftigen und der Pflegepersonen diese darin zu unterstützen, auch während Zeiten der Abwesenheit pflegerelevante Situationen gut bewältigen zu können. Diese Art der pflegefachlichen Anleitung findet laufend und situationsbezogen im Rahmen der häuslichen Pflegehilfe statt. Sie wird ergänzt und vertieft durch die Möglichkeit zur Beratung im Rahmen der Beratungseinsätze nach § 37 Absatz 3 und durch die Möglichkeit zur Inanspruchnahme von individuellen und Gruppenschulungen nach § 45."* (Gesundheitsausschuss zur Änderung § 36). Zu fragen ist eher, wie die Schulungskonzepte insbesondere zur individuellen Schulung zuhause aussehen und weiterentwickelt werden müssen.

Aus Sicht des Versicherten sind Schulungs- und Beratungsangebote, die nicht über die Sachleistungen abgerechnet werden, natürlich attraktiver (weil außerhalb des Sachleistungsbudgets).

Pflegestufen und Leistungshöhen

Die Sachleistungen sind für die Pflegegrade 2 bis 5 mit Leistungsbeträgen definiert: Pflegegrad 1 ist keine Sachleistung im Sinne § 36. Auch aus diesem Grunde ist es nicht nachvollziehbar, wenn die Politik immer von einer Überleitung der 3 Pflegestufen in 5 Pflegegrade spricht. Es werden 3 Pflegestufen + Härtefall in vier Pflegegrade mit Sachleistungen (Grad 2 bis 5) übergeleitet (siehe auch § 140)

In den Pflegegraden 2 und 3 gibt es, wenn man es so formulieren will, eine deutliche Leistungssteigerung. Sie haben jetzt die Höhe der bisherigen Pflegestufen 1 und 2 einschließlich des Zuschlags nach § 123 erreicht. Andererseits werden die Sachleistungen in Pflegegrad 4 und 5 (Pflegestufe 3 und Härtefall) nicht erhöht. Für die schon eingestuften Pflegebedürftigen spielt das alles keine Rolle, da sie durch die sehr komfortable Überleitung in fast jedem Fall mehr Leistungen als bisher erhalten (nur nicht bei Versicherten mit Einstufung Pflegestufe 3, Härtefall).

Zum ersten Mal entwickeln sich ambulant die Leistungen im Pflegegrad 4 und 5 anders als im stationären Bereich. Bisher waren in den letzten beiden Stufen die Beträge ambulant wie stationär immer gleich hoch, nun bleiben sie ambulant in der bekannten Höhe (Pflegestufe 3 = Pflegegrad 4 = 1.612 €; Härtefall = Pflegegrad 5 = 1.995 €), während sie stationär weiter steigen (Pflegegrad 4 = 1.775 €, Pflegegrad 5 = 2.005 €). Die Relationen für den stationären Bereich beruhen auch auf der EViS-Studie zu den Versorgungsaufwänden im stationären Bereich, für den ambulanten Bereich gibt es dazu keine Studie. Der Gesetzgeber übernimmt nur die erhöhten Leistungsbeträge als neue Standardhöhe.

Bisher waren die Sachleistungsbeträge deutlich weiter differenziert als dies zukünftig der Fall sein wird, wie die Tabelle darstellt:

Leistungsrelationen und Differenzierungsgrad Ambulant							
Pflegestufensystem (§§ 36/123) bis 2016				**Pflegegrade ab 2017**			
		Betrag	Verhältnis			Betrag	Verhältnis
ohne Pflegestufe	mit eAR	**231 €**	12%				
Pflegestufe1		**468 €**	23%	Pflegegrad 2		**698 €**	35%
	mit eAR	**698 €**	35%				
Pflegestufe 2		**1.140 €**	57%	Pflegegrad 3		**1.298 €**	65%
	mit EA	**1.298 €**	65%				
Pflegestufe 3	ohne/mit eAR	**1.612 €**	81%	Pflegegrad 4		**1.612 €**	81%
Härtefall	ohne/mit eAR	**1.995 €**	100%	Pflegegrad 5		**1.995 €**	100%

Das Pflegegradesystem bringt zwar (theoretisch) mehr Leistungen, aber den bisher differenzierteren Einstieg in Leistungen (ohne Pflegestufe oder Pflegestufe 1) gibt es nicht mehr (siehe auch § 15).

12.3 Gesetzestext § 36 Pflegesachleistung

§ (1) Pflegebedürftige der Pflegegrade 2 bis 5 haben bei häuslicher Pflege Anspruch auf körperbezogene Pflegemaßnahmen und pflegerische Betreuungsmaßnahmen sowie auf Hilfen bei der Haushaltsführung als Sachleistung (häusliche Pflegehilfe). Der Anspruch umfasst pflegerische Maßnahmen in den in § 14 Absatz 2 genannten Bereichen Mobilität, kognitive und kommunikative Fähigkeiten, Verhaltensweisen und psychische Problemlagen, Selbstversorgung, Bewältigung von und selbständiger Umgang mit krankheits- oder therapiebedingten Anforderungen und Belastungen sowie Gestaltung des Alltagslebens und sozialer Kontakte.

(2) Häusliche Pflegehilfe wird erbracht, um Beeinträchtigungen der Selbständigkeit oder der Fähigkeiten des Pflegebedürftigen so weit wie möglich durch pflegerische Maßnahmen zu beseitigen oder zu mindern und eine Verschlimmerung der Pflegebedürftigkeit zu verhindern. Bestandteil der häuslichen Pflegehilfe ist auch die pflegefachliche Anleitung von Pflegebedürftigen und Pflegepersonen. Pflegerische Betreuungsmaßnahmen umfassen Unterstützungsleistungen zur Bewältigung und Gestaltung des alltäglichen Lebens im häuslichen Umfeld, insbesondere

1. bei der Bewältigung psychosozialer Problemlagen oder von Gefährdungen,
2. bei der Orientierung, bei der Tagesstrukturierung, bei der Kommunikation, bei der Aufrechterhaltung sozialer Kontakte und bei bedürfnisgerechten Beschäftigungen im Alltag sowie
3. durch Maßnahmen zur kognitiven Aktivierung.

(3) Der Anspruch auf häusliche Pflegehilfe umfasst je Kalendermonat
– für Pflegebedürftige des Pflegegrades 2 Leistungen bis zu einem Gesamtwert von 689 Euro,
– für Pflegebedürftige des Pflegegrades 3 Leistungen bis zu einem Gesamtwert von 1 298 Euro,
– für Pflegebedürftige des Pflegegrades 4 Leistungen bis zu einem Gesamtwert von 1 612 Euro,

– für Pflegebedürftige des Pflegegrades 5 Leistungen bis zu einem Gesamtwert von 1 995 Euro.

(4) Häusliche Pflegehilfe ist auch zulässig, wenn Pflegebedürftige nicht in ihrem
eigenen Haushalt gepflegt werden; sie ist nicht zulässig, wenn Pflegebedürftige
in einer stationären Pflegeeinrichtung oder in einer Einrichtung im Sinne des
§ 71 Absatz 4 gepflegt werden. Häusliche Pflegehilfe wird durch geeignete Pflegekräfte erbracht, die entweder von der Pflegekasse oder bei ambulanten Pflegeeinrichtungen, mit denen die Pflegekasse einen Versorgungsvertrag abgeschlossen hat, angestellt sind. Auch durch Einzelpersonen, mit denen die Pflegekasse
einen Vertrag nach § 77 Absatz 1 abgeschlossen hat, kann häusliche Pflegehilfe
als Sachleistung erbracht werden. Mehrere Pflegebedürftige können häusliche
Pflegehilfe gemeinsam in Anspruch nehmen.

13 § 37 Pflegegeld

13.1 Was ist neu?

Ab 2016: der Pflegegeldbezug wird analog den Regelungen für die Verhinderungspflege auf bis zu 6 Wochen und für die Kurzzeitpflege auf bis zu 8 Wochen verlängert.

Ab 2017: Der Paragraf ist sprachlich an den neuen Pflegebedürftigkeitsbegriff angepasst worden: zu den mit dem Pflegegeld sicherzustellenden Maßnahmen gehören neben den je nach Pflegegrad erforderlichen körperbezogenen Pflegemaßnahmen (bisher Grundpflege) auch die pflegerischen Betreuungsmaßnahmen (vergleichbar der Häuslichen Betreuung nach § 124 a. F.; bisher nicht im Rahmen des Pflegegeldes sicherzustellen) sowie die Hilfen bei der Haushaltsführung (bisher hauswirtschaftliche Versorgung). Das Pflegegeld gibt es für Pflegebedürftige von Pflegegrad 2 bis 5.

Der Abruf von Beratungseinsätzen für Pflegegrad 2 und 3 hat halbjährlich, der für Pflegegrad 4 und 5 hat vierteljährlich zu erfolgen. Die Vergütung ist auf bis zu 23 € (bei Pflegegrad 2 und 3) bzw. 33 € (bei Pflegegrad 4 und 5) angehoben worden. Neu ist, dass Kombinations- und/oder Sachleistungskunden, die bisher weder freiwillig noch verpflichtend Beratungsbesuche abrufen mussten/durften, nun das (freiwillige) Recht auf den Abruf eines Beratungsbesuchs nach § 37.3 einmal im Halbjahr haben, die Vergütung folgt nach dem Muster der Pflegegradeinteilung. Die Vertragsparteien nach § 113 beschließen nach den Regelungen des § 113b verbindliche Empfehlungen zur Qualitätssicherung bis zum 01. Januar 2018.

Die bisher zur Durchführung von Beratungseinsätzen auch berechtigten anderen geeigneten Beratungsstellen ohne pflegefachliche Kompetenz (Abs. 3, Satz 7 sowie Absatz 7, Satz 4 a. F.) sind ab 01.01.2017 nicht mehr zugelassen.

13.2 Kritik und Praxis

Zu 2016: Der Gesetzgeber hatte mit dem PSG 1 zwar die Verhinderungspflege grundsätzlich auf 6 Wochen (42 Tage) ausgeweitet, aber offensichtlich vergessen, dass die entsprechende Regelung zur Weiterzahlung des Pflegegeldes, die bisher 28 Tage umfasste, auch anzupassen ist. Dies wird nun nachgeholt. Gleiches gilt für die Weiterzahlung des Pflegegeldes in der Kurzzeitpflege, das ebenfalls auf maximal 28 Tage beschränkt war.

Zu 2017: Die sprachliche Anpassung an den neuen Pflegebedürftigkeitsbegriff geht auch mit einer Leistungsausweitung oder besser gesagt Leistungseinschränkung einher: denn wer Pflegegeld bezieht, muss damit nun auch noch seine pflegerischen Betreuungsmaßnahmen im Rahmen des jeweiligen Pflegegrades sicherstellen. Das ist insbesondere in Zusammenhang mit nachrangigen Sozialhilfeleistungen von Bedeutung: Nach alter Rechtslage konnten bedürftige Pflegebedürftige mit Pflegegeldbezug bei Bedarf und Notwendigkeit trotzdem weitergehende Leistungen der Betreuung über die Sozialhilfe beziehen. Denn mit dem Pflegegeld war nur die Grundpflege und Hauswirtschaft sicherzustellen, nicht aber beispielsweise weitere notwendige tagesstrukturierende Maßnahmen. Durch die Erweiterung des Einstufungsbegriffs ist dies nun ausgeschlossen. Wer als Sozialhilfeempfänger Pflegegeld bezieht, hat damit kaum noch Möglichkeiten auf den Bezug weiterer Leistungen zur Hilfe zur Pflege über die Sozialhilfe. Beim Bezug von Sachleistungen ist das anders, wenn die Sachleistungen ausgeschöpft und noch weitere Leistungen nötig sind. Unabhängig davon muss auch das SGB XII an die neue Rechtslage angepasst werden, denn hier ist zurzeit noch der alte Pflegebedürftigkeitsbegriff definiert, während ab 2017 im SGB XI der neue Pflegegradbegriff gelten wird. Geplant und von den Ländern angemahnt ist diese Leistungsänderung über ein sogenanntes PSG 3-Gesetz noch für 2016.

Pflegegeld gibt es nur von Pflegegrad 2 bis Pflegegrad 5. Die Einstufung nach Pflegegrad 1 berechtigt nicht zum Bezug von Pflegegeld, sondern nur zu Leistungen gemäß § 28a. Die Leistungshöhe entspricht den erhöhten Beträgen, die bisher Versicherte mit erheblich eingeschränkter Alltagskompetenz erhalten haben. Allerdings ist nun erstmals ein Pflegegeldanspruch für Pflegegrad 5 definiert: Die bisher vergleichbare Leistung (Pflegestufe 3 mit Härtefall) hatte keinen höheren Pflegegeldbetrag als die (normale) Pflegestufe 3. Allerdings ist die Nutzerzahl wahrscheinlich auch sehr gering.

Neu ist der Rechtsanspruch auf eine halbjährliche Beratung auch bei Sachleistungsbezug (also schon bei Kombileistungen). Der Gesetzgeber sieht in der Beratung nach § 37.3 eine wichtige Aufgabe zur Aufklärung und Verbesserung der Versorgungssituation. Aufgrund des neuen Pflegebedürftigkeitsbegriff muss die Beratung nun nicht mehr nur primär somatisch ausgerichtet sein, sondern auch alle Einschränkungen der Selbständigkeit oder der Fähigkeiten, die nach § 14 zum Pflegebegriff gehören, zum Inhalt haben. Die Beratung soll auch ausdrücklich auf die weiteren Schulungsangebote nach § 45, insbesondere in der Häuslichkeit, hinweisen.

Inhaltlich ist in § 37 Abs. 5 schon lange festgelegt, dass eine Empfehlung zur Qualitätssicherung der Beratungsbesuche vom Bund der Pflegekassen mit den entsprechenden anderen Partnern zu erlassen ist. Zwar gibt es seit 2003 dazu einen Entwurf, der aber nicht rechtsverbindlich beschlossen worden ist. Daher hat der Gesetzgeber diesen Bereich in Absatz 5 neu geregelt und mit konkreten Zieldaten versehen. Auch ist der Qualitätsausschuss als erweiterter Qualitätsausschuss nach § 113b in der Lage, mit Mehrheit Beschlüsse zu fassen, so dass hier immer zeitnah eine Entscheidung getroffen werden kann. Die neu und verbindlich zu fassende Empfehlung hat unter anderem konkrete Festlegungen zur Strukturqualität, einschließlich des einzusetzenden Personals, zu treffen (wie es auch in Absatz 4 schon festgelegt ist), zur Prozessqualität wie die Durchführung und die Dokumentation sowie zur Ergebnisqualität (Wirkung der Beratung). Dazu gehört auch die Feststellung der Pflegequalität beim Pflegebedürftigen, insbesondere, welche Schritte zur Sicherung erforderlich sind und wie die Pflegekasse hier einzubinden ist.

Inhaltlich sind diese Konkretisierung und die Wichtigkeit der Beratungsbesuche, die der Gesetzgeber im PSG 2 betont, zu begrüßen. Denn die seit Beginn der Pflegeversicherung gedachte Funktion der Qualitätssicherung kann nur greifen, wenn dafür auch ein verbindlicher Rahmen festgelegt wird. Allerdings ergeben sich daraus zwei Probleme:

1. Schon immer war es für die Pflegedienstmitarbeiter ein Balanceakt, einerseits beratend und unterstützend tätig zu sein und andererseits quasi eine Kontrollfunktion auszuüben. Denn diese Aufgaben haben die Beratungsbesuche eben auch, das wird in der Gesetzesbegründung zum PSG 2 nochmal deutlich. Wie kann man neutral beraten, wenn von der Beratung auch der weitere Pflegegeldbezug abhängt. Diesen Konflikt hat der Gesetzgeber weder benannt noch gelöst. Es ist zu hoffen, dass die zu erarbeitende und verabschiedende Empfehlung nach Abs. 5 hier mehr Klarheit schafft.

2. Die im Gesetzestext festgelegte maximale Vergütungshöhe ist nicht in Einklang zu bringen mit den anderen Vergütungsregelungen in diesem Gesetz (§§ 84/89). Um diese Festlegung zu verstehen, muss man sich die Entstehungsgeschichte dieser Regelung vergegenwärtigen:

–   Ursprünglich war im Pflegeversicherungsgesetz von 1994 geregelt, dass die Beratungsbesuche die Pflegebedürftigen selbst mit dem Pflegegeld zu finanzieren hatten. In der Gesetzesbegründung im Gesetzentwurf von 1994 zum damaligen § 33, Abs. 3 hieß es dazu: *„Der Pflegebedürftige hat den entsprechenden Pflegeeinsatz nachzuweisen, indem er der Pflegekasse eine Rechnung über die Kosten des Einsatzes vorlegt. Kommt er seiner Nachweispflicht nicht nach, wird das Pflegegeld gekürzt. Auf den Nachweis hin erhält der Pflegebedürftige die Kosten des Einsatzes insoweit erstattet, als ihm wieder das volle Pflegegeld ausgezahlt wird.“* (siehe BR-Drucks. 505/93/S. 112/113) Im ersten Gesetz war auch noch kein Kostenhöchstsatz für die Einsätze definiert.

–   Mit dem Ersten SGB XI-Änderungsgesetz zum 01.07.1996 wurde eine Vergütungshöhe von 30 DM bzw. 50 DM festgelegt. Begründet wurde dies folgendermaßen: *„Um sicherzustellen, dass Pflegebedürftige nicht mit überhöhten Kosten belastet werden, legt das Gesetz eine Höchstgrenze für die Vergütung fest, die die Pflegeeinrichtung für den Einsatz fordern kann. Die Beträge von 30 DM und 50 DM sind mit Rücksicht auf die Leistungen, die im Rahmen des Pflege-Pflichteinsatzes zu erbringen sind, angemessen festgesetzt.“* (BT-Drucks. 13/3696, S. 13, zu Abs. 3).

–   Erst mit dem Vierten SGB-XI-Änderungsgesetz zum 01. August 1999 wurde die Finanzierung direkt durch die Pflegekassen übernommen: *„Mit dieser Regelung wird die*

Finanzierung der Pflege-Pflichteinsätze auf die Pflegekassen und die privaten Versicherungsunternehmen übertragen. Damit soll eine höhere Akzeptanz der Pflege-Pflichteinsätze erreicht werden, die als Instrument der Kontrolle und Qualitätssicherung bei der häuslichen Pflege sowie zur Beratung und Hilfestellung der häuslich Pflegenden uneingeschränkt erhalten bleiben müssen." (BR-Drucks. 103/99, S. 4 zu § 37, Abs.2, Satz 2 neu)

Zusammengefasst: Ursprünglich wurden die Beratungsbesuche vom Pflegebedürftigen mit einem Teil seines Pflegegeldes finanziert. Um diesen vor finanzieller Überforderung zu schützen, wurden 1996 Höchstbeträge festgelegt. Seit August 1999 wurden die Pflegegeldbezieher von dieser Finanzierung entlastet, nun sind die Pflegekassen direkt zur Zahlung neben dem Pflegegeld verpflichtet. Die ursprüngliche Schutzfunktion der Preisfestlegung ist seit 1999 nicht mehr gegeben. Trotzdem wurde diese Sonderregelung nicht aufgehoben und diese Vergütung nicht in den Verhandlungsumfang des § 89 aufgenommen. Andererseits hat der Gesetzgeber (und tut dies aktuell weiter) die Wichtigkeit und die Anforderungen an diese Einsätze immer weiter erhöht und betont, aber die Vergütung weiterhin losgelöst vom realen Aufwand festgeschrieben. Systematisch ist dies weder zu begründen noch nachvollziehbar. Wenn der Gesetzgeber über den (erweiterten) Qualitätsausschuss verbindliche Personalstandards und Inhalte und damit indirekt dann auch eine Leistungszeit für diese Leistung festlegt, muss auch geklärt werden, wie diese Standards finanziert werden sollen. Es wäre angeraten, diese Leistung in die Vergütungsregelungen des § 89 zu überführen. Denn die historisch entstandene Sonderregelung entbehrt schon seit 1999 einer inhaltlichen Grundlage.

Auch wenn die Pflegedienste unabhängig von der konkreten Vergütung für den Einsatz ein Eigeninteresse haben können, weil sie nicht nur über weitere Leistungen beraten müssen, sondern im Einzelfall diese auch erbringen können, sollte dies nicht die Begründung für die fixierte niedrige Vergütungshöhe liefern können. Falls der Gesetzgeber dies so sieht, sollte er es auch deutlicher formulieren, ansonsten ist die Vergütungshöhe nur willkürlich und entspricht nicht den anderen im Gesetz definierten Vergütungsstandards (einschließlich der Verpflichtung zur Vergütung der Mitarbeiter nach § 72 Abs. 3).

Bisher gab es für sogenannten andere Beratungsstellen ohne pflegefachliche Kompetenz eine Sonderregelung, die sich aus dem bisherigen Pflegebedürftigkeitsbegriff sowie den Ergänzungen nach § 45a sowie § 123 ergeben haben: Seit 2013 (PNG) wurde für Versicherte ohne Pflegestufe aber mit erheblich eingeschränkter Alltagskompetenz ein Anspruch auf Sachleistungen bzw. Pflegegeld eingeführt, der durch das PSG 1 noch ausgeweitet wurde. Für diese Gruppe der sogenannten „Pflegestufe 0", insbesondere für Versicherte mit Demenz, konnten auch andere Einrichtungen wie beispielsweise Dienste oder Vereine, die sich auf die Versorgung und Betreuung von Dementen spezialisiert haben, die Beratungsbesuche erbringen (wenn sie entsprechend von Landesverbänden der Pflegekassen nach § 37, Abs. 7 anerkannt waren). Durch den Wegfall der Sonderregelung nach § 45a/§ 123 und die Ausweitung des Einstufungsbegriffs nach § 14 ergibt sich aus Sicht des Gesetzgebers eine neue Grundlage: Da im neuen Einstufungsbegriff nicht mehr zwischen somatischen und anderen Einschränkungen unterschieden wird, kann man in der Praxis auch keine Leistungsgruppe mehr definieren, die nur allein kognitive, geistige oder psychische Einschränkungen hat. Daher wird diese Sonderzulassung zum 01.01.2017 aufgehoben. Ab dann dürfen nur noch Pflege- und/oder Beratungseinrichtungen mit pflegefachlicher Kompetenz oder entsprechend qualifizierte Pflegeberater der Pflegekassen diese Einsätze durchführen.

Die Beratungsbesuche sollen in erster Linie durch zugelassene Pflegedienste durchgeführt werden, da lt. Gesetzesbegründung von ihnen flächendeckend pflegefachlicher Sachverstand vorgehalten wird.

Allerdings muss kritisch hinterfragt werden, warum zwar der umfassende pflegefachliche Sachverstand gefordert wird (und als Begründung für diese Beschränkung gilt), aber Pflegeberater nach § 7a, Abs. 3 generell zugelassen sind. Denn lt. Abs. 3 können die Pflegekassen als Pflegeberater nicht nur Pflegefachkräfte, sondern auch „Sozialversicherungsfachangestellte oder Sozialarbeiter mit der jeweils erforderlichen Zusatzqualifikation" einsetzen. Aber die von den Pflegekassen nach Abs. 3 festgelegten Qualifikationsanforderungen können nicht eine pflegefachliche Grundausbildung ersetzen. Insofern müsste der Gesetzgeber auch bei den Pflegeberatern, die Beratungsbesuche nach § 37.3 durchführen sollen, konsequenterweise eine pflegefachliche Grundausbildung fordern.

13.3 Gesetzestext § 37 Pflegegeld

(1) Pflegebedürftige der Pflegegrade 2 bis 5 können anstelle der häuslichen Pflegehilfe ein Pflegegeld beantragen. Der Anspruch setzt voraus, dass der Pflegebedürftige mit dem Pflegegeld dessen Umfang entsprechend die erforderlichen körperbezogenen Pflegemaßnahmen und pflegerischen Betreuungsmaßnahmen sowie Hilfen bei der Haushaltsführung in geeigneter Weise selbst sicherstellt. Das Pflegegeld beträgt je Kalendermonat
– 316 Euro für Pflegebedürftige des Pflegegrades 2,
– 545 Euro für Pflegebedürftige des Pflegegrades 3,
– 728 Euro für Pflegebedürftige des Pflegegrades 4,
– 901 Euro für Pflegebedürftige des Pflegegrades 5.

(2) Besteht der Anspruch nach Absatz 1 nicht für den vollen Kalendermonat, ist der Geldbetrag entsprechend zu kürzen; dabei ist der Kalendermonat mit 30 Tagen anzuset-

zen. [ab 2016] Die Hälfte des bisher bezogenen Pflegegeldes wird während einer Kurzzeitpflege nach § 42 für bis zu acht Wochen und während einer Verhinderungspflege nach § 39 für bis zu sechs Wochen je Kalenderjahr fortgewährt.

Das Pflegegeld wird bis zum Ende des Kalendermonats geleistet, in dem der Pflegebedürftige gestorben ist. § 118 Abs. 3 und 4 des Sechsten Buches gilt entsprechend, wenn für die Zeit nach dem Monat, in dem der Pflegebedürftige verstorben ist, Pflegegeld überwiesen wurde.

(3) Pflegebedürftige, die Pflegegeld nach Absatz 1 beziehen, haben

1. bei **Pflegegrad 2 und 3** halbjährlich einmal,

2. bei **Pflegegrad 4 und 5** vierteljährlich einmal

eine Beratung in der eigenen Häuslichkeit durch eine zugelassene Pflegeeinrichtung, durch eine von den Landesverbänden der Pflegekassen nach Absatz 7 anerkannte Beratungsstelle mit nachgewiesener pflegefachlicher Kompetenz oder, sofern dies durch eine zugelassene Pflegeeinrichtung vor Ort oder eine von den Landesverbänden der Pflegekassen anerkannte Beratungsstelle mit nachgewiesener pflegefachlicher Kompetenz nicht gewährleistet werden kann, durch eine von der Pflegekasse beauftragte, jedoch von ihr nicht beschäftigte Pflegefachkraft abzurufen. Die Beratung dient der Sicherung der Qualität der häuslichen Pflege und der regelmäßigen Hilfestellung und praktischen pflegefachlichen Unterstützung der häuslich Pflegenden. **Die Vergütung für die Beratung ist von der zuständigen Pflegekasse, bei privat Pflegeversicherten von dem zuständigen privaten Versicherungsunternehmen zu tragen, im Fall der Beihilfeberechtigung anteilig von den Beihilfefestsetzungsstellen. Sie beträgt in den Pflegegraden 2 und 3 bis zu 23 Euro und in den Pflegegraden 4 und 5 bis zu 33 Euro. Pflegebedürftige des Pflegegrades 1 haben Anspruch, halbjährlich einmal einen Beratungsbesuch abzurufen; die Vergütung für die Beratung entspricht der für die Pflegegrade 2 und 3 nach Satz 4. Beziehen Pflegebedürftige von einem ambulanten Pflegedienst Pflegesachleistungen, können sie ebenfalls halbjährlich einmal einen Beratungsbesuch in Anspruch nehmen; für die Vergütung der Beratung gelten die Sätze 3 bis 5.**

(4) Die Pflegedienste und die anerkannten Beratungsstellen sowie die beauftragten Pflegefachkräfte haben die Durchführung der Beratungseinsätze gegenüber der Pflegekasse oder dem privaten Versicherungsunternehmen zu bestätigen sowie die bei dem Beratungsbesuch gewonnenen Erkenntnisse über die Möglichkeiten der Verbesserung der häuslichen Pflegesituation dem Pflegebedürftigen und mit dessen Einwilligung der Pflegekasse oder dem privaten Versicherungsunternehmen mitzuteilen, im Fall der Beihilfeberechtigung auch der zuständigen Beihilfefestsetzungsstelle.

Der Spitzenverband Bund der Pflegekassen und die privaten Versicherungsunternehmen stellen ihnen für diese Mitteilung ein einheitliches Formular zur Verfügung. Der beauftragte Pflegedienst und die anerkannte Beratungsstelle haben dafür Sorge zu tragen, dass für einen Beratungsbesuch im häuslichen Bereich Pflegekräfte eingesetzt werden, die spezifisches Wissen zu dem Krankheits- und Behinderungsbild sowie des sich daraus ergebenden Hilfebedarfs des Pflegebedürftigen mitbringen und über besondere Beratungskompetenz verfügen. Zudem soll bei der Planung für die Beratungsbesuche weitestgehend sichergestellt werden, dass der Beratungsbesuch bei einem Pflegebedürftigen möglichst auf Dauer von derselben Pflegekraft durchgeführt wird.

(5) Die Vertragsparteien nach § 113 beschließen gemäß § 113b bis zum 1. Januar 2018 unter Beachtung der in Absatz 4 festgelegten Anforderungen Empfehlungen zur Qualitätssicherung der Beratungsbesuche nach Absatz 3. Fordert das Bundesministerium für Gesundheit oder eine Vertragspartei nach § 113 im Einvernehmen mit dem Bundesministerium für Gesundheit die Vertragsparteien schriftlich zum Beschluss neuer Empfehlungen nach Satz 1 auf, sind diese innerhalb von sechs Monaten nach Eingang der Aufforderung neu zu beschließen. Die Empfehlungen gelten für die anerkannten Beratungsstellen entsprechend.

(6) Rufen Pflegebedürftige die Beratung nach Absatz 3 Satz 1 nicht ab, hat die Pflegekasse oder das private Versicherungsunternehmen das Pflegegeld angemessen zu kürzen und im Wiederholungsfall zu entziehen.

(7) Die Landesverbände der Pflegekassen haben neutrale und unabhängige Beratungsstellen zur Durchführung der Beratung nach den Absätzen 3 und 4 anzuerkennen. Dem Antrag auf Anerkennung ist ein Nachweis über die erforderliche pflegefachliche Kompetenz der Beratungsstelle und ein Konzept zur Qualitätssicherung des Beratungsangebotes beizufügen. Die Landesverbände der Pflegekassen regeln das Nähere zur Anerkennung der Beratungsstellen.

(8) Der Pflegeberater oder die Pflegeberaterin (§ 7a) kann die vorgeschriebenen Beratungseinsätze durchführen und diese bescheinigen.

14 § 38 Kombination von Geldleistung und Sachleistung (Kombinationsleistung)

14.1 Was ist neu?

Analog der Regelung beim Pflegegeld gilt ab 2016 auch bei Bezug von Verhinderungspflege die Fortzahlung der Kombinationsleistung von bis zu 6 Wochen, bei Kurzzeitpflege bis zu 8 Wochen.

14.2 Kritik und Praxis

Hier wird nur die Korrektur in § 37 auch für die Kombinationsleistung nachvollzogen.

14.3 Gesetzestext § 38 Kombination von Geldleistung und Sachleistung (Kombinationsleistung)

Nimmt der Pflegebedürftige die ihm nach § 36 Abs. 3 und 4 zustehende Sachleistung nur teilweise in Anspruch, erhält er daneben ein anteiliges Pflegegeld im Sinne des § 37. Das Pflegegeld wird um den Vomhundertsatz vermindert, in dem der Pflegebedürftige Sachleistungen in Anspruch genommen hat. An die Entscheidung, in welchem Verhältnis er Geld- und Sachleistung in Anspruch nehmen will, ist der Pflegebedürftige für die Dauer von sechs Monaten gebunden. **[Ab 2016] Anteiliges Pflegegeld wird während einer Kurzzeitpflege nach § 42 für bis zu acht Wochen und während einer Verhinderungspflege nach § 39 für bis zu sechs Wochen je Kalenderjahr in Höhe der Hälfte der vor Beginn der Kurzzeit- oder Verhinderungspflege geleisteten Höhe fortgewährt.**

15 § 38a Zusätzliche Leistungen für Pflegebedürftige in ambulant betreuten Wohngruppen

15.1 Was ist neu?

Der Leistungsbetrag wird von bisher 205 € auf 214 € erhöht (im Sinne eines Inflationsausgleichs).

Es erfolgt eine sprachliche Anpassung an den neuen Pflegebedürftigkeitsbegriff: Die Leistung nach § 38a ist für alle Pflegegrade, auch für Pflegegrad 1 verfügbar. Sprachlich klarer gefasst ist auch der Punkt drei der Aufzählung: Die Mitglieder selbst müssen gemeinsam eine Person für allgemeine, verwaltende, betreuende oder hauswirtschaftliche Leistungen beauftragen. Neu geklärt ist, dass Leistungen der (teilstationären) Tagespflege nicht zeitgleich mit dem Zuschuss nach § 38a zur Verfügung stehen. Nur im Einzelfall kann nach Prüfung durch einen Gutachter (MDK, Mediproof) auch Tagespflege zusätzlich zum Zuschuss nach § 38a finanziert werden.

15.2 Kritik und Praxis

Der Wohngruppenzuschlag, der mit dem PNG 2013 eingeführt worden ist, bleibt in seiner Struktur und Ausrichtung erhalten. Er wird sprachlich nur klarer gefasst: so muss in Abs. 1 Punkt 3 eine Person „durch die Mitglieder" und nicht nur „von den Mitgliedern" beauftragt werden. Leider hat der Gesetzgeber dann nicht auch den Begriff der „Person" verändert, denn es ist schlicht praxisfremd, hier weiterhin von einer Person zu sprechen, die zu beauftragen ist. Es sind im Regelfall mehrere Personen (und sei es auch wegen der notwendigen Krankheits- und/oder Urlaubsvertretung), die meist bei einem Dienstleister wie einem Pflegedienst angestellt sind.

Weiterhin hat der Gesetzgeber klargestellt, dass Wohngruppen keine Tagespflegen sein können (§ 1 Nr. 4). Dabei ergibt es sich schon aus der Definition der teilstationären Einrichtung: nach § 71 muss sie eine selbständig wirtschaftende Einrichtung sein: schon damit kann sie nicht in einer Privatwohnung betrieben werden, wie sie eine Wohngemeinschaft nun einmal darstellt.

Eine weitere Klarstellung hat der Gesetzgeber eingeführt: Einen Zuschuss gemäß § 38a gibt es nur, wenn Pflegedürftige nicht parallel (oder nur in Ausnahmefällen nach Prüfung durch den MDK) eine Tagespflege nach § 41 besuchen. Die Begründung dazu ist als eher merkwürdig zu bezeichnen und hat in der Branche eine deutliche Diskussion ausgelöst (siehe z.B. Klie in CAREkonkret vom 23.07.2015, Heiber in CAREkonkret vom 31.07.2015). Der Gesetzgeber schreibt hierzu wörtlich in seiner Begründung: *„Es wird immer wieder beklagt, dass Anbieter Leistungen für Mitglieder von ambulant betreuten Wohngruppen mit Angeboten der teilstationären Pflege in einer Weise verknüpfen, die nicht der Zwecksetzung des Gesetzgebers entsprechen. Primäre Zielsetzung sei dabei, alle möglichen Leistungstatbestände zu kombinieren, ohne dass damit ein erkennbarer Zusatznutzen in der pflegerischen Versorgung erreicht werde. Mit der Änderung soll derartigen Kombinationsmöglichkeiten der Boden entzogen werden, ohne den Mitgliedern von ambulant betreuten Wohngruppen den Zugang zu Leistungen der teilstationären Pflege zu verschließen."*

Diese nebulöse Begründung entspricht nicht der tatsächlichen Sachlage und stellt allein die Anbieter an einen Pranger:

– Ambulante Wohngruppen bzw. Wohngemeinschaften sind eigentlich so konzipiert (oder sollten es sein), dass die Mitglieder sich die Versorgung so zusammenstellen, wie sie es wünschen und benötigen. Ein oder verschiedene Anbieter übernehmen dann die Leistungen. Aufgrund der Föderalismusreform 2006 gibt es in Deutschland nicht eine einheitliche gesetzliche Regelung für Wohngemeinschaften, sondern 16 zum Teil sehr verschiedene Vorgaben. Normalerweise setzen sich die Leistungen und Kosten aus vier Blöcken zusammen: die Miete (und Nebenkosten), die individuellen Pflegekosten jedes einzelnen Mieters, die gemeinschaftlich beauftragte Leistung der Hauswirtschaft und Betreuung (Betreuungspauschale, für die es den Zuschuss nach § 38a gibt) sowie die gemeinschaftliche Haushaltskasse. Die Höhe der Betreuungspauschale aller Mieter hängt natürlich vom beauftragen Aufwand (beispielsweise ohne oder mit Präsenz in der Nacht) ab.

– Wenn die Mitglieder der Wohngruppen als Gesamtheit beschließen, tagsüber in die Tagespflege zu gehen, würden alle Mitglieder bei der Betreuungspauschale sparen, denn tagsüber müsste keine Betreuung oder/und hauswirtschaftliche Versorgung eingekauft werden. Es wäre also deutlich günstiger. Zwar kann dann der entsprechende Dienstleister auch weniger Dienstleistungen ‚verkaufen', aber richtig sparen vor allem die Mieter, ihre Angehörigen oder der Sozialhilfeträger. Denn der Gang in die Tagespflege spart Geld (auch deshalb ist die einseitige Kritik an den Anbietern zu kurz gegriffen).

– Die Mitglieder der Wohngruppen können aber nur durch die Tagespflege sparen, wenn sie tagsüber alle konsequent in die Tagespflege gehen und es selbst regeln, dass bei Krankheit usw. der Kranke für seine Betreuung tagsüber allein bezahlen muss. Und auch wenn es baulich möglich wäre (Tagespflege im gleichen Haus), können die Mieter der Wohngruppe nicht etwa mittags zum Schlafen nach Hause gehen, sondern sie

müssen in der teilstationären Einrichtung bleiben. Denn umgekehrt kann das Tages-
pflegepersonal nicht in der Wohngruppe arbeiten (z.B. dort jemand zu Bett bringen).

– Inhaltlich kann man sich fragen, ob eine Wohngruppe bzw. besser Wohngemeinschaft,
die konzeptionell tagsüber immer ihre Wohnung verlässt, sinnvoll ist. Aber es spart
tatsächlich Geld. Der Gesetzgeber verbietet auch nicht diese Konzeption, er schränkt
dann nur den Leistungsbezug des § 38a ein: Das heißt praktisch: Die einzelnen Mieter
einer Wohngemeinschaft oder auch alle Mieter zusammen, die tagsüber immer die
Tagespflege aufsuchen, können weiterhin die ambulanten Sachleistungen nach § 36
sowie die Tagespflegeleistungen nach § 41 nebeneinander nutzen, nur der Zuschuss von
dann 214 € ist dem Einzelnen oder der Gruppe verwehrt (Ausnahme: Feststellung durch
MDK).

Die Kürzung des Zuschusses erscheint aus meiner Sicht legitim, da man im Regelfall ca.
8 Stunden am Tag in der Tagespflege ist und daher weniger Leistungen im Sinne Abs. 1,
Satz 3 § 38a bedarf als jemand, der den ganzen Tag in der Wohngemeinschaft lebt. Nur
die Begründung des Gesetzgebers geht in die falsche Richtung; er hat die Tagespflege mit
dem PSG 1 als Leistung parallel zu den Sachleistungen gestellt, die beide gleichzeitig ohne
Einschränkungen genutzt werden können. Dann ist es auch legitim, dies zu tun. Und wenn
man sich die Finanzierungssummen in der Kombination ansieht (siehe § 41), dann dürften
auch viele Sozialhilfeträger ein großes Interesse an dieser Doppelnutzung haben, um Kosten zu sparen, die in der vollstationären Einrichtung höher wären.

Im Einzelfall hat der MDK zu prüfen, ob die „Pflege" ohne die Tagespflege nicht sichergestellt wäre. Dabei sind unter „Pflege" nicht (nur) die körperbezogenen Pflegemaßnahmen zu verstehen, sondern insbesondere die pflegerischen Betreuungsmaßnahmen (siehe Begründung Gesetzentwurf). Denn die individuelle körperbezogene Pflege ist nicht
Bestandteil der Betreuungspauschale bzw. der Leistung nach § 38a, sondern individuell im
Pflegevertrag zu vereinbaren.

15.3 Gesetzestext § 38a Zusätzliche Leistungen für Pflegebedürftige in ambulant betreuten Wohngruppen

§ (1) Pflegebedürftige haben Anspruch auf einen pauschalen Zuschlag in Höhe von 214
Euro monatlich, wenn

1. sie mit mindestens zwei und höchstens elf weiteren Personen in einer ambulant
betreuten Wohngruppe in einer gemeinsamen Wohnung zum Zweck der gemein-

schaftlich organisierten pflegerischen Versorgung leben und davon mindestens **zwei weitere Personen pflegebedürftig im Sinne der §§ 14, 15 sind**,

2. sie Leistungen nach den §§ 36, 37, 38, **45a oder 45b**,

3. eine Person **durch die Mitgliedern** der Wohngruppe gemeinschaftlich beauftragt ist, unabhängig von der individuellen pflegerischen Versorgung allgemeine organisatorische, verwaltende, betreuende oder das Gemeinschaftsleben fördernde Tätigkeiten zu verrichten oder hauswirtschaftliche Unterstützung zu leisten, und

4. keine Versorgungsform einschließlich **teilstationärer Pflege** vorliegt, in der ein Anbieter der Wohngruppe oder ein Dritter den Pflegebedürftigen Leistungen anbietet oder gewährleistet, die dem im jeweiligen Rahmenvertrag nach § 75 Absatz 1 für vollstationäre Pflege vereinbarten Leistungsumfang weitgehend entsprechen; der Anbieter einer ambulant betreuten Wohngruppe hat die Pflegebedürftigen vor deren Einzug in die Wohngruppe in geeigneter Weise darauf hinzuweisen, dass dieser Leistungsumfang von ihm oder einem Dritten nicht erbracht wird, sondern die Versorgung in der Wohngruppe auch durch die aktive Einbindung ihrer eigenen Ressourcen und ihres sozialen Umfeldes sichergestellt werden kann. **Leistungen der Tages- und Nachtpflege gemäß § 41 können neben den Leistungen nach dieser Vorschrift nur in Anspruch genommen werden, wenn gegenüber der zuständigen Pflegekasse durch eine Prüfung des Medizinischen Dienstes der Krankenversicherung nachgewiesen ist, dass die Pflege in der ambulant betreuten Wohngruppe ohne teilstationäre Pflege nicht in ausreichendem Umfang sichergestellt ist; dies gilt entsprechend für die Versicherten der privaten Pflege-Pflichtversicherung.**

(2) Die Pflegekassen sind berechtigt, zur Feststellung der Anspruchsvoraussetzungen bei dem Antragsteller folgende Daten zu erheben, zu verarbeiten und zu nutzen und folgende Unterlagen anzufordern:

1. eine formlose Bestätigung des Antragstellers, dass die Voraussetzungen nach Absatz 1 Nummer 1 erfüllt sind,

2. die Adresse und das Gründungsdatum der Wohngruppe,

3. den Mietvertrag einschließlich eines Grundrisses der Wohnung und den Pflegevertrag nach § 120,

4. Vorname, Name, Anschrift und Telefonnummer sowie Unterschrift der Person nach Absatz 1 Nummer 3 und

5. die vereinbarten Aufgaben der Person nach Absatz 1 Nummer 3.

16 § 39 Häusliche Pflege bei Verhinderung der Pflegeperson

16.1 Was ist neu?

Im Kern ist diese Vorschrift unverändert, nur redaktionell überarbeitet: Neu ab 2016 ist nur, dass die Mitnutzung der Leistungen der Kurzzeitpflege allen Leistungserbringern der Verhinderungspflege offen steht, also auch den Pflegepersonen für die Erstattung von notwendigen Aufwendungen im Sinne des Absatz 3.

Die Leistungsbeträge der Verhinderungspflege steigen 2017 nicht, hier findet kein Inflationsausgleich statt. Es wird auch klargestellt, dass in Bezug auf die Vorpflegezeit (mindestens 6 Monate in häuslicher Umgebung) auch die Pflege unterhalb des Pflegegrades 2 einzubeziehen ist. Nur für den Zeitpunkt des Leistungsbezugs ist der Pflegegrad 2 Voraussetzung.

16.2 Kritik und Praxis

Der Gesetzgeber stellt für 2017 klar, dass zwar der Leistungsbezug erst mit der Einstufung in Pflegegrad 2 möglich ist, denn bei Pflegegrad 1 gibt es kein Recht auf Verhinderungspflegeleistungen. Aber für die sechsmonatige Vorpflegezeit sind auch pflegerische Zeiten zu berücksichtigen, in denen der Versicherte noch nicht nach Pflegegrad 2 eingestuft war. Geändert wird nur die Möglichkeit, dass auch Pflegepersonen zur Erstattung weiterer Aufwendungen den um 50 % erhöhten Leistungsbetrag (aus der Kurzzeitpflege) nutzen können. Kritisch bleibt anzumerken, dass die Pflegekassen schon in der Vergangenheit oftmals Rechnungen oder Quittungen bezahlt haben, bei denen nicht nachweisbar war, dass diese Kosten tatsächlich im Rahmen der Verhinderungspflege angefallen sind. Dazu gehören auch Rechnungen von erwerbsmäßig Tätigen, bei denen nicht klar ist, ob sie tatsächlich diesen Status haben (und damit verbunden auch entsprechend eigenständig versichert sind und soweit zutreffend Sozialabgaben abführen) oder ob dies eher verdeckte Schwarzarbeit ist (siehe auch Heiber 2014 in PSG 1, § 39).

Wichtig ist hier nochmals die Änderung über § 19 Definition der Pflegeperson sowie § 44 Soziale Sicherung der Pflegepersonen zu erwähnen: Denn die Nutzung von Leistungen der Verhinderungspflege kann bei der Verhinderung jeder Pflegeperson genutzt werden, also auch bei solchen, die nicht 10 Stunden die Woche an mindestens zwei Tagen die Pflege übernehmen. Allerdings steht zu befürchten, dass hier einzelne Pflegekassen noch genauer den Status der Pflegepersonen hinterfragen werden. Deshalb sollten auch die Hinweise zur Überleitung nach § 141 beachtet werden.

16.3 Gesetzestext § 39 Häusliche Pflege bei Verhinderung der Pflegeperson

§ (1) Ist eine Pflegeperson wegen Erholungsurlaubs, Krankheit oder aus anderen Gründen an der Pflege gehindert, übernimmt die Pflegekasse die nachgewiesenen Kosten einer notwendigen Ersatzpflege für längstens sechs Wochen je Kalenderjahr; § 34 Absatz 2 Satz 1 gilt nicht. Voraussetzung ist, dass die Pflegeperson den Pflegebedürftigen vor der erstmaligen Verhinderung mindestens sechs Monate in seiner häuslichen Umgebung gepflegt hat [ab 2017: und der Pflegebedürftige zum Zeitpunkt der Verhinderung mindestens in Pflegegrad 2 eingestuft ist.] Die Aufwendungen der Pflegekasse können sich im Kalenderjahr auf bis zu 1 612 Euro belaufen, wenn die Ersatzpflege durch andere Pflegepersonen sichergestellt wird als solche, die mit dem Pflegebedürftigen bis zum zweiten Grade verwandt oder verschwägert sind oder die mit ihm in häuslicher Gemeinschaft leben.

(2) Der Leistungsbetrag nach Absatz 1 Satz 3 kann um bis zu 806 Euro aus noch nicht in Anspruch genommenen Mitteln der Kurzzeitpflege nach § 42 Absatz 2 Satz 2 auf insgesamt bis zu 2 418 Euro im Kalenderjahr erhöht werden. Der für die Verhinderungspflege in Anspruch genommene Erhöhungsbetrag wird auf den Leistungsbetrag für eine Kurzzeitpflege nach § 42 Absatz 2 Satz 2 angerechnet.

(3) Bei einer Ersatzpflege durch Pflegepersonen, die mit dem Pflegebedürftigen bis zum zweiten Grade verwandt oder verschwägert sind oder mit ihm in häuslicher Gemeinschaft leben, dürfen die Aufwendungen der Pflegekasse regelmäßig den Betrag des Pflegegeldes nach § 37 Absatz 1 Satz 3 für bis zu sechs Wochen nicht überschreiten. Wird die Ersatzpflege von den in Satz 1 genannten Personen erwerbsmäßig ausgeübt, können sich die Aufwendungen der Pflegekasse abweichend von Satz 1 auf den Leistungsbetrag nach Absatz 1 Satz 3 belaufen; Absatz 2 findet Anwendung. Bei Bezug der Leistung in Höhe des Pflegegeldes für eine Ersatzpflege durch Pflegepersonen, die mit dem Pflegebedürftigen bis zum zweiten Grade verwandt oder verschwägert sind oder mit ihm in häuslicher Gemeinschaft leben, können von der Pflegekasse auf Nachweis notwendige Aufwendungen, die der Pflegeperson im Zusammenhang mit der Ersatzpflege entstanden sind, übernommen werden. Die Aufwendungen der Pflegekasse nach den Sätzen 1 und 3 dürfen zusammen den Leistungsbetrag nach Absatz 1 Satz 3 nicht übersteigen; Absatz 2 findet Anwendung.

17 § 41 Tagespflege und Nachtpflege

17.1 Was ist neu?

Die Tagespflegeleistung nach § 41 ist auf die Pflegegrade 2 bis 5 beschränkt. Ansonsten sind alle Regelungen gleichgeblieben. Da für die Tagespflege die formalen Vertragsstrukturen der stationären Einrichtungen gelten, gelten hier auch die entsprechenden Regelungen des neuen § 43b „Zusätzliche Betreuung und Aktivierung in stationären Pflegeeinrichtungen", die vorher unter § 87b geregelt waren. Die Vergütung ist neu in § 84, Abs. 8 in Verbindung mit § 85 Abs. 8 geregelt. Auch für die Tagespflege gilt die Regelung zum einrichtungseinheitlichen Eigenanteil, der neu in § 84, Absatz 2 aufgenommen wurde, einschließlich der mit der Einführung des Pflegebedürftigkeitsbegriff verbundenen Übergangsregelungen des § 92c bis f in der Fassung des Artikel 1 PSG 2.

17.2 Kritik und Praxis

Die Einführung der Pflegegrade führt zu einer faktischen Ausweitung der Leistungen der Tagespflege, da neben den einheitlich höheren Beträgen (siehe § 36) nun auch der Pflegegrad 5 höhere Leistungen bekommt. Die vergleichbare Pflegestufe 3, Härtefall war in der Tagespflege nicht mit höheren Leistungen ausgestattet.

Durch die Kombination von ambulanten Leistungen und Tagespflege ergibt sich ein sehr hohes Versorgungsbudget, das deutlich über den Finanzierungsmöglichkeiten der stationären Pflege liegt, insbesondere im Pflegegrad 2, da hier stationär die Leistungen dauerhaft abgesenkt sind.

Diese Änderungen werden den Ausbau der Tagespflege und die Nutzung noch weiter stärken. Angestoßen durch die eigenständige Finanzierung (PSG 1) werden zurzeit viele Tagespflegeeinrichtungen geplant, gebaut bzw. eröffnet. Aus politischer Sicht ist das gewollt, ob die dahinter liegende Finanzierungskalkulation dauerhaft aufgehen kann, ist fraglich. In 2013 gab es lt. Bundespflegestatistik 43.562 Tages- und Nachtpflegeplätze, das entspricht bei 1.958.932 Pflegebedürftigen bzw. Versicherten mit erheblich eingeschränkter Alltagskompetenz gerade einmal einem Platzangebot von 2,22 % . Auch diese Zahl spricht dafür, dass ein größeres Platzangebot gebraucht bzw. genutzt werden kann. Angesichts der Doppelfinanzierung und der gleichzeitigen Absenkung der Leistungen im Pflegegrad 2 im Pflegeheim wird dauerhaft der Versorgungsmix aus ambulanten Angeboten und Tagespflege noch interessanter werden.

Finanzierungsmöglichkeiten der Tagespflege PSG 2

Darstellung pro Monat	PSG 2 ab 01.01.2017				

Für die Finanzierung der Tagespflege stehen folgende Budgets zur Verfügung

1.Pflegebedingte Aufwendungen (inkl. Fahrtkosten)

	Pflege-grad 1	Pflege-grad 2	Pflege-gerad 3	Pflege-grad 4	Pflege-grad 5
Tagespflege § 42	**0,00**	**689,00**	**1.298,00**	**1.612,00**	**1.995,00**
Verhinderungspflege § 39	0,00	201,50	201,50	201,50	201,50

2. Unterkunft, Verpflegung, Investkosten

Entlastungsleistung § 45b	**125,00**	**125,00**	**125,00**	**125,00**	**125,00**

3. Gesamt verfügbar Tagespflege (ohne einsetzbares Pflegegeld)

	125,00	**1.015,50**	**1.624,50**	**1.938,50**	**2.321,50**

Darüber hinaus stehen folgende Leistungen für die Häusliche Pflege zur Verfügung

Versorgung zuhause					
Pflegesachleistung	**0,00**	**689,00**	**1.298,00**	**1.612,00**	**1.995,00**
einsetzbares Pflegegeld	0,00	316,00	545,00	728,00	901,00

Gesamtbudget für die Versorgung in der Tagespflege und zuhause

Tagespflege und Pflegesachleistung ambulant für Versorgung zuhause					
	125,00	**1.704,50**	**2.922,50**	**3.550,50**	**4.316,50**

Für vollstationäre Pflege verfügbares Budget

	125,00	**770,00**	**1.262,00**	**1.775,00**	**2.005,00**
Unterschied zu ambulant in Prozent					
	-	**221,4%**	**231,6%**	**200,0%**	**215,3%**

Trotzdem sei hier kritisch angemerkt, dass die seit 2015 gültige Doppelfinanzierung im ambulanten Bereich (Sachleistungen und Tagespflege ohne gegenseitige Anrechnung) ambulant versorgte Pflegebedürftige gegenüber Heimbewohnern deutlich bevorteilt. Und wegen des massiv angestiegenen Ausbaus dürften auch die Ausgaben für die Tagespflege sehr viel höher steigen, als der Gesetzgeber 2015 kalkuliert hat. Ob sich durch die deutlich bessere finanzielle Ausstattung und die damit verbundenen Mehrleistungen auch das Verhalten der Pflegepersonen ändert, ist eine offene Frage; denn wenn die Pflegebedürftigen nicht mehr (so früh) ins Heim gehen, sondern in die Tagespflege, bleibt immer noch ein ambulantes Hilfe- und Unterstützungssystem notwendig, dass nicht allein durch die Pflegedienste erbracht werden kann. Und wenn diese Pflegepersonen nicht (mehr) vorhanden sind, ist die Tagespflege keine Alternative.

Die sich aus dem stationären System ergebenden Umstellungsschritte (einrichtungseinheitlicher Eigenanteil etc.) werden hier wegen des ambulanten Schwerpunkts nicht ausgeführt.

Gesetzestext § 41 Tagespflege und Nachtpflege

§ (1) Pflegebedürftige **der Pflegegrade 2 bis 5** haben Anspruch auf teilstationäre Pflege in Einrichtungen der Tages- oder Nachtpflege, wenn häusliche Pflege nicht in ausreichendem Umfang sichergestellt werden kann oder wenn dies zur Ergänzung oder Stärkung der häuslichen Pflege erforderlich ist. Die teilstationäre Pflege umfaßt auch die notwendige Beförderung des Pflegebedürftigen von der Wohnung zur Einrichtung der Tagespflege oder der Nachtpflege und zurück.

(2) Die Pflegekasse übernimmt im Rahmen der Leistungsbeträge nach Satz 2 die pflegebedingten Aufwendungen der teilstationären Pflege einschließlich der Aufwendungen für Betreuung und die Aufwendungen für die in der Einrichtung notwendigen Leistungen der medizinischen Behandlungspflege.
Der Anspruch auf teilstationäre Pflege umfasst je Kalendermonat
- **für Pflegebedürftige des Pflegegrades 2 einen Gesamtwert bis zu 689 Euro,**
- **für Pflegebedürftige des Pflegegrades 3 einen Gesamtwert bis zu 1 298 Euro,**
- **für Pflegebedürftige des Pflegegrades 4 einen Gesamtwert bis zu 1 612 Euro,**
- **für Pflegebedürftige des Pflegegrades 5 einen Gesamtwert bis zu 1 995 Euro.**

(3) Pflegebedürftige der Pflegegrade 2 bis 5 können teilstationäre Tages- und Nachtpflege zusätzlich zu ambulanten Pflegesachleistungen, Pflegegeld oder der Kombinationsleistung nach § 38 in Anspruch nehmen, ohne dass eine Anrechnung auf diese Ansprüche erfolgt.

18 § 42 Kurzzeitpflege

18.1 Was ist neu?

Der Anspruch auf Kurzzeitpflege besteht nun generell acht Wochen. Ansonsten erfolgt nur eine sprachliche Anpassung.

Da für die Kurzzeitpflege die formalen Vertragsstrukturen der stationären Einrichtungen gelten, gelten hier auch die entsprechenden Regelungen des neuen § 43b „Zusätzliche Betreuung und Aktivierung in stationären Pflegeeinrichtungen", die vorher unter § 87b geregelt waren. Die Vergütung ist neu in § 84, Abs. 8 in Verbindung mit § 85 Abs. 8 geregelt. Auch gilt für die Kurzzeitpflege die Regelung zum einrichtungseinheitlichen Eigenanteil, der neu in § 84, Absatz 2 aufgenommen wurde, einschließlich der mit der Einführung des Pflegebedürftigkeitsbegriff verbundenen Übergangsregelungen des § 92c bis f in der Fassung des Artikel 1 PSG 2,

18.2 Kritik und Praxis

Es wird die Verknüpfung zur Verhinderungspflege sprachlich klarer gefasst.

Die sich aus dem stationären System ergebenden Umstellungsschritte (einrichtungseinheitlicher Eigenanteil, etc.) werden hier wegen des ambulanten Schwerpunkts nicht ausgeführt.

18.3 Gesetzestext § 42 Kurzzeitpflege

§ (1) Kann die häusliche Pflege zeitweise nicht, noch nicht oder nicht im erforderlichen Umfang erbracht werden und reicht auch teilstationäre Pflege nicht aus, besteht für Pflegebedürftige der Pflegegrade 2 bis 5 Anspruch auf Pflege in einer vollstationären Einrichtung.
Dies gilt:
1. für eine Übergangszeit im Anschluß an eine stationäre Behandlung des Pflegebedürftigen oder
2. in sonstigen Krisensituationen, in denen vorübergehend häusliche oder teilstationäre Pflege nicht möglich oder nicht ausreichend ist.
(2) Der Anspruch auf Kurzzeitpflege ist auf **[ab 2016] acht Wochen pro Kalenderjahr beschränkt. Die Pflegekasse übernimmt die pflegebedingten Aufwendungen**

einschließlich der Aufwendungen für Betreuung sowie die Aufwendungen für Leistungen der medizinischen Behandlungspflege bis zu dem Gesamtbetrag von 1 612 Euro im Kalenderjahr. Der Leistungsbetrag nach Satz 2 kann um bis zu 1 612 Euro aus noch nicht in Anspruch genommenen Mitteln der Verhinderungspflege nach § 39 Absatz 1 Satz 3 auf insgesamt bis zu 3 224 Euro im Kalenderjahr erhöht werden. Der für die Kurzzeitpflege in Anspruch genommene Erhöhungsbetrag wird auf den Leistungsbetrag für eine Verhinderungspflege nach § 39 Absatz 1 Satz 3 angerechnet.

(3) Abweichend von den Absätzen 1 und 2 besteht der Anspruch auf Kurzzeitpflege in begründeten Einzelfällen bei zu Hause gepflegten Pflegebedürftigen auch in geeigneten Einrichtungen der Hilfe für behinderte Menschen und anderen geeigneten Einrichtungen, wenn die Pflege in einer von den Pflegekassen zur Kurzzeitpflege zugelassenen Pflegeeinrichtung nicht möglich ist oder nicht zumutbar erscheint. § 34 Abs. 2 Satz 1 findet keine Anwendung. Sind in dem Entgelt für die Einrichtung Kosten für Unterkunft und Verpflegung sowie Aufwendungen für Investitionen enthalten, ohne gesondert ausgewiesen zu sein, so sind 60 vom Hundert des Entgelts zuschussfähig. In begründeten Einzelfällen kann die Pflegekasse in Ansehung der Kosten für Unterkunft und Verpflegung sowie der Aufwendungen für Investitionen davon abweichende pauschale Abschläge vornehmen.

(4) Abweichend von den Absätzen 1 und 2 besteht der Anspruch auf Kurzzeitpflege auch in Einrichtungen, die stationäre Leistungen zur medizinischen Vorsorge oder Rehabilitation erbringen, wenn während einer Maßnahme der medizinischen Vorsorge oder Rehabilitation für eine Pflegeperson eine gleichzeitige Unterbringung und Pflege des Pflegebedürftigen erforderlich ist.

19 § 44 Leistungen zur sozialen Sicherung der Pflegepersonen

19.1 Was ist neu?

Ab 2017 wird der Anspruch auf Soziale Sicherungsleistungen der neuen Gesetzgebung angepasst und verändert: Voraussetzung ist die Pflege eines Pflegebedürftigen ab Pflegegrad 2. Die Untergrenze an Pflegezeit, die eine Pflegeperson benötigt, um in den Genuss sozialer Sicherungsleistungen zu kommen, wird auf 10 Stunden wöchentlich reduziert, die auf 2 Tage verteilt sein muss. Leistungen zur Rentenversicherung sind nur möglich, wenn die eigene Erwerbstätigkeit unter 30 Stunden pro Woche liegt; Leistungen zur Rentenversicherung und aus der Arbeitslosenversicherung kann es nur geben, solange die Pflegeperson nicht Vollrente bezieht. Teilen sich mehrere Pflegepersonen die Versorgung eines Pflegebedürftigen, so ist der entsprechende zeitliche Anteil zu ermitteln. Dabei werden die Angaben der beteiligten Pflegepersonen zugrunde gelegt, ansonsten erfolgt eine Aufteilung zu gleichen Teilen.

Die Leistungsbeiträge zur Rentenversicherung werden nicht mehr nach Zeitaufwand und Pflegestufe gestaffelt, sondern nach Pflegegrad sowie der Art des Leistungsbezugs (Pflegegeld, Kombinationsleistung oder Sachleistung).

Der Versicherungsschutz der Gesetzlichen Unfallversicherung (SGB VII) wird auf die Pflegepersonen beschränkt, die mindestens 10 Stunden an 2 Tagen pro Woche die Pflege gemäß den Kriterien (Inhalten) nach § 14 übernehmen (siehe Änderung § 2 Abs. 1, Nr. 17 SGB XII). Der Unfallversicherungsschutz umfasst dann auch die Leistungen zur Haushaltsführung nach § 18 5a, Nr.2.

Der Leistungsumfang der sozialen Sicherung wird um den Versicherungsschutz der Arbeitsförderung (SGB III) erweitert, der entsprechende § 26, Abs. 2b wird zum 01.01.2017 geändert. Allerdings gilt dieser Anspruch nur, soweit die Personen vor Aufnahme der Pflegetätigkeit zu dem durch die Arbeitslosenversicherung geschützten Personenkreis gehört hat, entweder durch Pflicht- oder freiwillige Versicherung oder wegen Anspruchs auf Entgeltersatzleistungen nach dem Dritten Buch.

19.2 Kritik und Praxis

Aufgrund des bisher geltenden Pflegestufenbegriffs war es einfach, den Pflege-Zeitaufwand der Pflegepersonen (für die weiteren Sozialleistungen) zu bestimmen und die Plausibilität zu prüfen. Im ersten Schritt der Einstufung nach Pflegestufen hat der Gutachter nach der Versorgungszeit durch Pflegepersonen gefragt. Aufgrund der Zeitermittlung bei den regelmäßig wiederkehrenden Verrichtungen konnten diese Angaben dann überprüft und die plausible Pflegezeit der Pflegepersonen für die weiteren Leistungen der sozialen Sicherung dokumentiert werden.

Ab 2017 steht mit dem neuen Pflegebedürftigkeitsbegriff diese Prüfmöglichkeit nicht mehr zur Verfügung, daher muss dieser Bereich neu geregelt werden. Für die Feststellung, dass eine Pflegeperson in der Woche 10 Stunden an mindestens zwei Wochentagen leistet, reicht zunächst die Aussage der Pflegeperson aus, wie in § 44 festgelegt ist. Dazu kommt, dass zur möglichen Pflegezeit der Pflegeperson nun alle Kriterien (Inhalte) zählen, die in § 14 Abs. 2 in den 6 Modulen definiert sind, also auch Betreuungsleistungen sowie die Hilfen bei der Haushaltsführung, wie sie in § 18 definiert sind.

Die Grenze von 10 Stunden einschließlich der Einbeziehung der Betreuungsleistungen ermöglicht theoretisch mehr Pflegepersonen den Zugang zu Leistungen der sozialen Sicherung, insbesondere Rentenleistungen.

Generell gilt der Zugriff auf Leistungen der sozialen Sicherung erst für die Versorgung der Pflegebedürftigen ab Pflegegrad 2. Zwar ist nachvollziehbar, dass bei der Versorgung von Pflegebedürftigen des Pflegegrades 1 noch keine Rentenversicherungsleistungen nötig sind, allerdings gilt diese Einschränkung auch für die Unfallversicherung. Bisher (Pflegestufen) konnten Leistungen zur Rentenversicherung zwar auch erst ab Pflegestufe 1 realisiert werden, aber zumindest die Unfallversicherung galt für alle Pflegepersonen unabhängig vom tatsächlichen Zeitaufwand in der Versorgung.

Zur sozialen Sicherung im Einzelnen:

19.3 Rentenversicherung

Vorab zur Erklärung: Die für die Rentenversicherungsbeiträge wichtige „Bezugsgröße" ist der durchschnittliche Verdienst aller Rentenversicherten im jeweils vorvergangenen Jahr. Sie dient als Maßstab für die Bemessung der Beitragshöhen, die in diesem Zusammenhang die Pflegekassen für die berechtigten Pflegepersonen zu leisten haben. Aus den gezahlten Beiträgen ergeben sich dann die zusätzlich erworbenen Rentenansprüche.

Die Höhe der Rentenversicherungsbeiträge ist nun an den ambulanten Leistungsbezug gekoppelt (siehe Tabelle). Das ist zwar technisch einfacher zu ermitteln (als jeweils den Zeitaufwand), hat aber, anders als der Gesetzgeber dies begründet, oft wenig mit der realen Versorgungssituation zu tun. Gerade der Bezug von Kombinationsleistungen ist häufig dann schon nötig, wenn die Körperpflege, insbesondere das Duschen, nur mit mehreren Personen möglich ist. Trotzdem kann der Pflegeaufwand, den die Pflegeperson hat, immer noch beträchtlich sein.

Nach bisherigem Recht (Pflegestufen) wurde unabhängig von anderen Leistungen nur der Zeitaufwand der Pflegeperson berücksichtigt. Zukünftig kommt es je nach Art des Leistungsbezuges zu prozentualen Abschlägen (von 15 % bei Kombileistungen und von 30 % bei Sachleistungsbezug) von der jeweiligen Bezugsgröße bei reinem Pflegegeldbezug. Die vom Gesetzgeber aufgestellte Behauptung, dass Pflegepersonen bei der Versorgung von Pflegebedürftigen im Pflegegrad 5 auch 100 % der Bezugsgrenze erhalten können, erweist sich als doppelt schönfärberische Darstellung: Ähnlich wie bei der bisherigen Härtefallregelung wird auch der Pflegegrad 5 nur eine sehr überschaubare Gruppe von Pflegebedürftigen umfassen, die zumeist vollstationär versorgt werden dürften. Und sobald hier, was bei dem Pflegegrad zu erwarten ist, auch der Pflegedienst unterstützend tätig wird, reduziert sich die Beitragszahlung schnell auf 70 % . Nach altem Recht, bei 28 Stunden pro Woche Pflegetätigkeit wären hier immerhin Beitragsleistungen in Höhe von 80 % der Bemessungsgrenze zu zahlen gewesen.

Die neue Regelung zur Rentenversicherung der Pflegepersonen führt in fast allen Fällen (vergleicht man Pflegestufe zu Pflegegrad) sogar zu deutlich niedrigeren Beiträgen und damit auch Rentenansprüchen. Nur die Absenkung der Mindestpflegezeit von nun 10 statt wie bisher 14 Stunden relativiert einiges, weil gleichzeitig ein größerer Personenkreis mögliche Leistungen beziehen kann.

Gesetzliche Rentenversicherung für Pflegepersonen

Beitragszahlung in % der Bezugsgröße
Bemessung bis Ende 2016

Maßstab	Pflegestufe 1	Pflegestufe 2	Pflegestufe 3	Härtefall
28 Stunden			80,00%	80,00%
21 Stunden		53,333%	60,00%	60,00%
14 Stunden	26,667%	35,556%	40,00%	40,00%

Bemessung ab Anfang 2017

Maßstab	Pflegegrad 2	Pflegegrad 3	Pflegegrad 4	Pflegegrad 5
nur Pflegegeld	27,00%	43,00%	70,00%	100,00%
Kombileistung	22,95%	36,55%	59,50%	85,00%
Sachleistung	18,90%	30,10%	49,00%	70,00%

Warum der Gesetzgeber den Rentenanspruch so (subtil) reduziert, ist nicht nachvollziehbar, eine Begründung dazu fehlt in der Gesetzesbegründung. Ob durch die Absenkung des Stundenumfangs tatsächlich mehr Pflegepersonen Leistungen in Anspruch nehmen, muss sich noch herausstellen.

19.4 SGB VII: Gesetzliche Unfallversicherung

Ab 2017 wird der Versicherungsschutz der Pflegepersonen deutlich eingeschränkt. Nach bisherigem Recht sind alle Pflegepersonen nach § 19 unabhängig vom zeitlichen Umfang der Pflegeleistungen unfallversichert bei der Übernahme/Hilfe von Tätigkeiten nach § 14 alter Fassung. Das ändert sich 2017, weil der Gesetzgeber den Unfallversicherungsschutz ausdrücklich nur noch auf die Pflegepersonen konzentriert, die mindestens 10 Stunden an 2 Tagen pflegen (einschließlich Betreuung und Hauswirtschaft). In der Gesetzesbegründung wird dies ausdrücklich nochmal erwähnt, aber nicht inhaltlich begründet. Es wird auch klargestellt, dass Pflegepersonen, die zum Umstellungszeitpunkt nach altem Recht unfallversichert waren, dies auch zukünftig sind, wenn sich aus neuem Recht keine günstigeren Ansprüche ergeben (siehe Besitzstandsregelungen in § 141).

Damit kann man allen Pflegepersonen, die 2016 als solche aktiv sind, nur empfehlen, sich bei der Pflegekasse als Pflegepersonen zu melden, damit sie auf jeden Fall weiterhin in der Gesetzlichen Unfallversicherung abgesichert sind, auch wenn sie weniger als 10 Stunden pro Woche nach neuem Recht pflegen. Denn nach neuem Recht wären sie dann ab 2017 nicht mehr versichert, wenn sie nicht aus dem Vorjahr (namentlich) gemeldet sind.

19.5 SGB III: Arbeitslosenversicherung

Nach bis 2016 geltendem Recht waren Pflegepersonen während der Pflege nicht arbeitslosenversichert, es sei denn, sie haben diese Beiträge freiwillig gezahlt. Nur im Falle der Pflegezeit nach dem Pflegezeitgesetz war ein Versicherungsschutz geregelt (§ 44a Abs. 2 SGB XI, entfällt ab 2017). Ansonsten gab es nur die Möglichkeit der beruflichen Weiterbildung über das SGB III.

Erstmals wird der Versicherungsschutz nun auf die umfassende Arbeitslosenversicherung ausgeweitet, aber nur dann, falls die Pflegepersonen vor Beginn der Pflegetätigkeit diese Leistungsansprüche schon hatten, beispielsweise weil sie ihre bisherige Arbeit aufgeben, im Sinne einer Pflegezeit pausieren oder selbst im Bezug von Entgeltersatzleistungen sind. Wer bei Pflegebeginn keine Ansprüche gegenüber der Arbeitslosenversicherung hat, ist auch weiterhin hierüber nicht versichert. Das gilt für alle, die nicht gesetzlich oder freiwillig arbeitslosenversichert sind, wie beispielsweise Freiberufler, Selbstständige etc.

Bisher war es so, dass beispielsweise die Tochter, die für die Pflege der Mutter den Arbeitsplatz aufgegeben hat, sich allenfalls freiwillig (und damit privat) weiter in der Arbeitslosenversicherung versichern konnte. Ansonsten verfielen ihre bisher erworbenen Ansprüche nach der entsprechenden Zeit. Nun wird die Pflege wie Arbeit abgesichert, die beispielhafte Tochter kann nach der Pflege wieder mit den gleichen Rechten auf Leistungen der Arbeitsförderung oder auch Entgeltersatzleistungen wie Arbeitslosengeld zurückgreifen, als hätte sie in dieser Zeit gearbeitet. Die Regelung dient nach der Begründung des Gesetzgebers auch arbeitsmarktpolitischen Interessen, denn damit werden die Übergänge von der Pflege zurück in das Erwerbsleben vereinfacht (Anspruch auf Arbeitslosengeld und Leistungen der aktiven Arbeitsförderung wie Weiterbildungen etc.), gleichzeitig wird die zwischenzeitliche Pflege sozial besser abgesichert.

Durch diese Regelung wird der zwischenzeitliche Ausstieg aus dem Arbeitsleben über das Pflegezeitgesetz hinaus und der spätere Einstieg in das Arbeitsleben etwas einfacher. Denn man behält seine durch Arbeitstätigkeit erworbenen Ansprüche während der Pflege.

19.6 Gesetzestext § 44 Leistungen zur sozialen Sicherung der Pflegepersonen

§ (1) Zur Verbesserung der sozialen Sicherung der Pflegepersonen im Sinne des § 19, die einen Pflegebedürftigen mit mindestens Pflegegrad 2 pflegen, entrichten die Pflegekassen und die privaten Versicherungsunternehmen, bei denen eine private Pflege-Pflichtversicherung durchgeführt wird, sowie die sonstigen in § 170 Absatz 1 Nummer 6 des Sechsten Buches genannten Stellen Beiträge nach Maßgabe des § 166 Absatz 2 des Sechsten Buches an den zuständigen Träger der gesetzlichen Rentenversicherung, wenn die Pflegeperson regelmäßig nicht mehr als 30 Stunden wöchentlich erwerbstätig ist. Der Medizinische Dienst der Krankenversicherung oder ein anderer von der Pflegekasse beauftragter unabhängiger Gutachter ermittelt im Einzelfall, ob die Pflegeperson eine oder mehrere pflegebedürftige Personen wenigstens zehn Stunden wöchentlich, verteilt auf regelmäßig mindestens zwei Tage in der Woche, pflegt. Wird die Pflege eines Pflegebedürftigen von mehreren Pflegepersonen erbracht (Mehrfachpflege), wird zudem der Umfang der jeweiligen Pflegetätigkeit je Pflegeperson im Verhältnis zum Umfang der von den Pflegepersonen zu leistenden Pflegetätigkeit insgesamt (Gesamtpflegeaufwand) ermittelt. Dabei werden die Angaben der beteiligten Pflegepersonen zugrunde gelegt. Werden keine oder keine übereinstimmenden Angaben gemacht, erfolgt eine Aufteilung zu gleichen Teilen. Die Feststellungen zu den Pflegezeiten und zum Pflegeaufwand der Pflegeperson sowie bei Mehrfachpflege zum Einzel- und Gesamtpflegeaufwand trifft die für die Pflegeleistungen nach diesem Buch zuständige Stelle. Diese Feststellungen sind der Pflegeperson auf Wunsch zu übermitteln.

(2) Für Pflegepersonen, die wegen einer Pflichtmitgliedschaft in einer berufsständischen Versorgungseinrichtung auch in ihrer Pflegetätigkeit von der Versicherungspflicht in der gesetzlichen Rentenversicherung befreit sind oder befreit wären, wenn sie in der gesetzlichen Rentenversicherung versicherungspflichtig wären und einen Befreiungsantrag gestellt hätten, werden die nach Absatz 1 zu entrichtenden Beiträge auf Antrag an die berufsständische Versorgungseinrichtung gezahlt.

(2a) Während der pflegerischen Tätigkeit sind Pflegepersonen im Sinne des § 19, die einen Pflegebedürftigen mit mindestens Pflegegrad 2 pflegen, nach Maßgabe des § 2 Absatz 1 Nummer 17 des Siebten Buches in den Versicherungsschutz der gesetzlichen Unfallversicherung einbezogen.

(2b) Während der pflegerischen Tätigkeit sind Pflegepersonen im Sinne des § 19, die einen Pflegebedürftigen mit mindestens Pflegegrad 2 pflegen, nach Maßgabe des § 26 Absatz 2b des Dritten Buches nach dem Recht der Arbeitsförderung versichert. Die Pflegekassen und die privaten Versicherungsunternehmen, bei denen eine private Pflege-Pflichtversicherung durchgeführt wird, sowie die sonstigen in § 347 Nummer 10 Buchstabe c des Dritten Buches genannten Stellen entrichten für die Pflegepersonen Beiträge an die Bundesagentur für Arbeit. Näheres zu den Beiträgen und zum Verfahren regeln die §§ 345, 347 und 349 des Dritten Buches.

(3) Die Pflegekasse und das private Versicherungsunternehmen haben die in der Renten- und Unfallversicherung sowie **nach dem Dritten Buch** zu versichernde Pflegeperson den zuständigen Renten- und Unfallversicherungsträgern **sowie der Bundesagentur für Arbeit** zu melden. Die Meldung für die Pflegeperson enthält:

1. ihre Versicherungsnummer, soweit bekannt,
2. ihren Familien- und Vornamen,
3. ihr Geburtsdatum,
4. ihre Staatsangehörigkeit,
5. ihre Anschrift,
6. Beginn und Ende der Pflegetätigkeit,
7. den Pflegegrad des Pflegebedürftigen und
8. die nach § 166 Absatz 2 des Sechsten Buches maßgeblichen beitragspflichtigen Einnahmen.

Der Spitzenverband Bund der Pflegekassen sowie der Verband der privaten Krankenversicherung e. V. können mit der Deutschen Rentenversicherung Bund und mit den Trägern der Unfallversicherung **sowie mit der Bundesagentur für Arbeit** Näheres über das Meldeverfahren vereinbaren.

(4) Der Inhalt der Meldung nach Absatz 3 Satz 2 Nr. 1 bis 6 und 8 ist der Pflegeperson, der Inhalt der Meldung nach Absatz 3 Satz 2 Nr. 7 dem Pflegebedürftigen schriftlich mitzuteilen.

(5) Die Pflegekasse und das private Versicherungsunternehmen haben in den Fällen, in denen eine nicht erwerbsmäßig tätige Pflegeperson einen Pflegebedürftigen mit mindestens Pflegegrad 2 pflegt, der Anspruch auf Beihilfeleistungen oder Leistungen der Heilfürsorge hat, und für die die Beiträge an die gesetzliche Rentenversicherung nach § 170 Absatz 1 Nummer 6 Buchstabe c des Sechsten Buches oder an die Bundesagentur für Arbeit nach § 347 Nummer 10 Buchstabe c des Dritten Buches anteilig getragen werden, im Antragsverfahren auf Leistungen der Pflegeversicherung von dem Pflegebedürftigen die zuständige Festsetzungsstelle für die Beihilfe oder den Dienstherrn unter Hinweis auf die beabsichtigte Weiterleitung der in Satz 2 genannten Angaben an diese Stelle zu erfragen. Der angegebenen Festsetzungsstelle für die Beihilfe oder dem Dienstherrn sind bei Feststellung der Beitragspflicht sowie bei Änderungen in den Verhältnissen des Pflegebedürftigen oder der Pflegeperson, insbesondere bei einer Änderung des Pflegegrades, einer Unterbrechung der Pflegetätigkeit oder einem Wechsel der Pflegeperson, die in Absatz 3 Satz 2 genannten Angaben mitzuteilen. Absatz 4 findet auf Satz 2 entsprechende Anwendung.

(6) Für Pflegepersonen, bei denen die Mindeststundenzahl von zehn Stunden wöchentlicher Pflege, verteilt auf regelmäßig mindestens zwei Tage in der Woche, nur durch die Pflege mehrerer Pflegebedürftiger erreicht wird, haben der Spitzenverband Bund der Pflegekassen, der Verband der privaten Krankenversicherung e. V., die Deutsche Rentenversicherung Bund und die Bundesagentur für Arbeit das Verfahren und die Mitteilungspflichten zwischen den an einer Addition von Pflegezeiten und Pflegeaufwänden beteiligten Pflegekassen und Versicherungsunternehmen durch Vereinbarung zu regeln. Die Pflegekassen und Versicherungsunternehmen dürfen die in Absatz 3 Satz 2 Nummer 1 bis 3 und 6 und, soweit dies für eine sichere Identifikation der Pflegeperson erforderlich ist, die in den Nummern 4 und 5 genannten Daten sowie die Angabe des Pflegeperson an andere Pflegekassen und Versicherungsunternehmen, die an einer Addition von Pflegezeiten und Pflegeaufwänden beteiligt sind, zur Überprüfung der Voraussetzungen der Rentenversicherungspflicht oder der Versicherungspflicht nach dem Dritten Buch der Pflegeperson übermitteln und ihnen übermittelte Daten verarbeiten und nutzen.

19.7 Gesetzestext SGB III Arbeitsförderung: § 26, Abs. 2b

(2b) Versicherungspflichtig sind Personen in der Zeit, in der sie als Pflegeperson einen Pflegebedürftigen mit mindestens Pflegegrad 2 im Sinne des Elften Buches, der Leistungen aus der Pflegeversicherung nach dem Elften Buch oder Hilfe zur Pflege nach dem Zwölften Buch oder gleichartige Leistungen nach anderen Vorschriften bezieht, nicht erwerbsmäßig wenigstens zehn Stunden wöchentlich, verteilt auf regelmäßig mindestens zwei Tage in der Woche, in seiner häuslichen Umgebung pflegen, wenn sie unmittelbar vor Beginn der Pflegetätigkeit versicherungspflichtig waren oder Anspruch auf eine laufende Entgeltersatzleistung nach diesem Buch hatten. Versicherungspflicht besteht auch, wenn die Voraussetzungen durch die Pflege mehrerer Pflegebedürftiger erfüllt werden.

19.8 Gesetzestext SGB VI Gesetzliche Rentenversicherung § 166, Abs. 2

(2) Beitragspflichtige Einnahmen sind bei nicht erwerbsmäßig tätigen Pflegepersonen bei Pflege einer

1. pflegebedürftigen Person des Pflegegrades 5 nach § 15 Absatz 3 Satz 4 Nummer 5 des Elften Buches

 a. 100 vom Hundert der Bezugsgröße, wenn die pflegebedürftige Person ausschließlich Pflegegeld nach § 37 des Elften Buches bezieht,

 b. 85 vom Hundert der Bezugsgröße, wenn die pflegebedürftige Person Kombinationsleistungen nach § 38 des Elften Buches bezieht,

 c. 70 vom Hundert der Bezugsgröße, wenn die pflegebedürftige Person ausschließlich Pflegesachleistungen nach § 36 des Elften Buches bezieht,

2. pflegebedürftigen Person des Pflegegrades 4 nach § 15 Absatz 3 Satz 4 Nummer 4 des Elften Buches

 a. 70 vom Hundert der Bezugsgröße, wenn die pflegebedürftige Person ausschließlich Pflegegeld nach § 37 des Elften Buches bezieht,

 b. 59,5 vom Hundert der Bezugsgröße, wenn die pflegebedürftige Person Kombinationsleistungen nach § 38 des Elften Buches bezieht,

 c. 49 vom Hundert der Bezugsgröße, wenn die pflegebedürftige Person ausschließlich Pflegesachleistungen nach § 36 des Elften Buches bezieht,

3. pflegebedürftigen Person des Pflegegrades 3 nach § 15 Absatz 3 Satz 4 Nummer 3 des Elften Buches

a. 43 vom Hundert der Bezugsgröße, wenn die pflegebedürftige Person ausschließlich Pflegegeld nach § 37 des Elften Buches bezieht,

b. 36,55 vom Hundert der Bezugsgröße, wenn die pflegebedürftige Person Kombinationsleistungen nach § 38 des Elften Buches bezieht,

c. 30,1 vom Hundert der Bezugsgröße, wenn die pflegebedürftige Person ausschließlich Pflegesachleistungen nach § 36 des Elften Buches bezieht,

4. pflegebedürftigen Person des Pflegegrades 2 nach § 15 Absatz 3 Satz 4 Nummer 2 des Elften Buches

a. 27 vom Hundert der Bezugsgröße, wenn die pflegebedürftige Person ausschließlich Pflegegeld nach § 37 des Elften Buches bezieht,

b. 22,95 vom Hundert der Bezugsgröße, wenn die pflegebedürftige Person Kombinationsleistungen nach § 38 des Elften Buches bezieht,

c. 18,9 vom Hundert der Bezugsgröße, wenn die pflegebedürftige Person ausschließlich Pflegesachleistungen nach § 36 des Elften Buches bezieht.

Üben mehrere nicht erwerbsmäßig tätige Pflegepersonen die Pflege gemeinsam aus (Mehrfachpflege), sind die beitragspflichtigen Einnahmen nach Satz 1 entsprechend dem nach § 44 Absatz 1 Satz 3 des Elften Buches festgestellten prozentualen Umfang der jeweiligen Pflegetätigkeit im Verhältnis zum Gesamtpflegeaufwand je pflegebedürftiger Person aufzuteilen. Werden mehrere Pflegebedürftige gepflegt, ergeben sich die beitragspflichtigen Einnahmen jeweils nach den Sätzen 1 und 2.

19.9 Gesetzestext SGB VII: Gesetzliche Unfallversicherung § 2, Abs. 1, Nr. 17

Pflegepersonen im Sinne des § 19 Satz 1 und 2 des Elften Buches bei der Pflege eines Pflegebedürftigen mit mindestens Pflegegrad 2 im Sinne der §§ 14 und 15 Absatz 3 des Elften Buches; die versicherte Tätigkeit umfasst pflegerische Maßnahmen in den in § 14 Absatz 2 des Elften Buches genannten Bereichen sowie Hilfen bei der Haushaltsführung nach § 18 Absatz 5a Satz 3 Nummer 2 des Elften Buches.

20 § 45 Pflegekurse für Angehörige und ehrenamtliche Pflegepersonen

20.1 Was ist neu?

Änderung ab 01.01.2016: Die Durchführung von Pflegekursen als Gruppen- oder Einzelschulungen wird nun Pflichtaufgabe (nicht mehr freiwillig) der Pflegekassen. Auch der Zugang zu Einzelschulungen in der Häuslichen Umgebung wird nun als verpflichtendes Angebot etabliert, wenn der Pflegebedürftige dies wünscht. Allerdings sind die Schulungen vor Ort nur mit dem Einverständnis des Pflegebedürftigen durchzuführen, da hier die grundgesetzlich geschützte Wohnung betreten wird.

20.2 Kritik und Praxis

Der Gesetzgeber versteht die Schulung von Angehörigen und anderen ehrenamtlichen Pflegepersonen vor allem präventiv: Wer geschult ist, wird mit der für ihn in der Regel fordernden Aufgabe der Versorgung eines Pflegebedürftigen besser zurechtkommen. Dabei sieht er diese Neuregelung auch im Zusammenhang mit dem Präventionsgesetz (von 2015), dass insbesondere im Bereich der Krankenversicherung präventive Angebote forciert (siehe Präventionsgesetz und die damit verbundenen Änderungen des § 20a bis 20i SGB V). Der durch die NBA-Einstufung vorhandene differenzierte Blick auf das Ausmaß der Selbstständigkeit soll ab 2017 die Basis insbesondere der individuellen Schulungen bilden, denn lt. Gesetzesbegründung soll das hier festgestellte Ausmaß der Abhängigkeit von Hilfe die Basis sein, an der Schulungen individuell ansetzen sollen. Dauerhaft wird also interessant sein, wie die Pflegekassen diese Verpflichtung gerade in Hinblick auf die Einzelschulungen umsetzen. Als Partner kommen hier natürlich (allein schon wegen der potenziellen Menge an Schulungen) die Pflegedienste in Frage. Wenn die Schulungen auf den Erkenntnissen aus dem Versorgungsplan (im Rahmen der NBA-Einstufung) zurückgreifen sollen, müssen auch hierfür Standards, Strukturen und entsprechende Vergütungen/Aufwand definiert werden.

Da auf die Schulungen auch ausdrücklich im Rahmen der Beratungsbesuche nach § 37.3 hingewiesen werden soll (siehe Gesetzesbegründung zu § 37.3), wird der Bedarf an Schulungen steigen (und zwar schon ab 2016, denn diese Vorschrift wird schon sofort verändert). Von daher sollten auch die Pflegedienste prüfen, wie weit sie mit den maßgeblichen Pflegekassen Verträge zu Schulungen abgeschlossen haben, bzw. ob sie die vertraglichen Anforderungen der Pflegekassen erfüllen können. In vielen Verträgen sind bestimmte (zusätzliche) Qualifikationsanforderungen an die Mitarbeiter definiert, die solche Schulungen durchführen dürfen.

Die Einzelschulung vor Ort kann nur durchgeführt werden, wenn die pflegebedürftige Person dieser Schulung auch zustimmt. Es kommt also nicht darauf an, was beispielsweise die Tochter als Pflegeperson wünscht, sondern, ob der pflegebedürftige Angehörige auch die Zustimmung dazu gibt, dass die Schulung in seiner Wohnung und mit ihm stattfinden kann.

20.3 Gesetzestext § 45 Pflegekurse für Angehörige und ehrenamtliche Pflegepersonen

(1) Die Pflegekassen haben für Angehörige und sonstige an einer ehrenamtlichen Pflegetätigkeit interessierte Personen unentgeltlich Schulungskurse durchzuführen, um soziales Engagement im Bereich der Pflege zu fördern und zu stärken, Pflege und Betreuung zu erleichtern und zu verbessern sowie pflegebedingte körperliche und seelische Belastungen zu mindern. Die Kurse sollen Fertigkeiten für eine eigenständige Durchführung der Pflege vermitteln. **Auf Wunsch der Pflegeperson und der pflegebedürftigen Person findet die Schulung auch in der häuslichen Umgebung des Pflegebedürftigen statt. § 114a Absatz 3a gilt entsprechend.**

(2) Die Pflegekasse kann die Kurse entweder selbst oder gemeinsam mit anderen Pflegekassen durchführen oder geeignete andere Einrichtungen mit der Durchführung beauftragen.

(3) Über die einheitliche Durchführung sowie über die inhaltliche Ausgestaltung der Kurse können die Landesverbände der Pflegekassen Rahmenvereinbarungen mit den Trägern der Einrichtungen schließen, die die Pflegekurse durchführen.

21 Neustrukturierung der Entlastungsleistungen im Rahmen der § 45a bis d

Die ab 2017 so genannten Entlastungsleistungen haben eine spezielle Geschichte hinter sich:

– Die Leistung nach **§ 45b ist 2002** eingeführt worden als **Zusätzliche Betreuungsleistung** im Rahmen des Pflege-Leistungsergänzungsgesetzes (PfleG): Voraussetzung war eine Einstufung nach § 45a in Bezug auf eine erheblich eingeschränkte Alltagskompetenz. Sie war mit 460 € als Jahresbetrag ausgestattet und diente damit der ‚Kompensation' von Bedarfen, die im somatisch ausgerichteten Einstufungsbegriff nicht berücksichtigt wurden (demenzbedingte Fähigkeitsstörungen, geistige Behinderungen, psychische Erkrankungen).

– Die Leistung wurde mit dem Pflege-Weiterentwicklungsgesetz (PfWG) zum **Juli 2008 finanziell** erweitert auf zwei Monatsbeträge von 100 € bzw. 200 € bei gleichen Voraussetzungen.

– Durch das Pflegestärkungsgesetz 1 im **Jahr 2015** erfolgte ein **Paradigmenwechsel** für diese Leistung: Durch den Zugang für alle Pflegebedürftige war sie nicht mehr als Kompensationsleistung für im Einstufungsbegriff nicht berücksichtigte Inhalte gedacht, sondern sollte nun für alle Pflegebedürftigen und ihre Pflegepersonen **eine generelle Entlastung anbieten**. Dabei steht hier nicht die finanzielle Entlastung im Vordergrund, sondern der Anreiz, tatsächlich andere Dienstleistungen (und damit Fremde) in Anspruch zu nehmen (siehe auch § 15). Die Anregung zu dieser weitergehenden Fassung entstammt den Empfehlungen des Expertenbeirates, ist aber eigentlich ein Vorgriff, denn der Expertenbeirat hat diese Leistungsänderung in Zusammenhang mit der Einführung des neuen Einstufungsbegriffs gesehen. Begrifflich spricht der Gesetzgeber nun von **Zusätzlichen Betreuungs- und Entlastungsleistungen**.

– Erst mit dem PSG 2 und der Umsetzung des neuen Einstufungsbegriffs 2017 wird diese Leistungsstruktur klarer definiert: Auch begrifflich spricht der Gesetzgeber nun von einem **Entlastungsbetrag**, der *„zweckgebunden einzusetzen ist für qualitätsgesicherte Leistungen zur Entlastung pflegender Angehöriger und vergleichbar Nahestehender in ihrer Eigenschaft als Pflegende sowie zur Förderung der Selbständigkeit und Selbstbestimmtheit der Pflegebedürftigen bei der Gestaltung des Alltags"* (§ 45b, Abs. 1).

Den bisherigen, bis 2016 geltenden gesetzlichen Regelungen sieht man diese wechselvolle Geschichte an. Mit dem PSG 2 ab 2017 schafft der Gesetzgeber nun sprachlich und systematisch mehr Klarheit in der Leistungsdefinition und Struktur.

– In § 45a war bisher der Einstufungsbegriff zur erheblich eingeschränkten Alltagskompetenz angesiedelt, der durch die Einführung des NBA überflüssig ist.

– § 45a enthält nun die Definition der Angebote zur Unterstützung im Alltag, die bisher in 45c angesiedelt waren, einschließlich der Anerkennungsregelungen, die für die Landesverordnungen zu gelten haben. Die Anerkennung nach Landesrecht ist nun unabhängig von einer möglichen Förderung nach § 45c formuliert.

– Die Möglichkeit der Umwandlung von Sachleistungen für die Finanzierung von Entlastungsleistungen, die bisher in § 45b, Abs. 3 angesiedelt war, wird ebenfalls in § 45a (Abs. 4) definiert.

– § 45b enthält neben einer klaren Definition der Entlastungsleistungen nur noch die formulierten Abrechnungsregeln für den Entlastungsbetrag.

– § 45c enthält nur noch die Regelungen zur Förderung von Modellprojekten zur Weiterentwicklung der Versorgungsstrukturen. Die Förderung ist jedoch nun getrennt von der Anerkennung der Leistungen.

Wesentliche Punkte in der Kommentierung des PSG 1 (Heiber 2014) gelten weiterhin unverändert, insbesondere

– zur hauswirtschaftlichen Versorgung (S. 68 ff.)

– zur Kostenerstattung (S. 73 ff.),

– zu den Preisen und der Preishöhe (S. 75 ff.)

und werden deshalb zur Vermeidung von Doppelungen hier nicht mehr ausführlich kommentiert.

22 § 45a Angebote zur Unterstützung im Alltag, Umwandlung des ambulanten Sachleistungsbetrags (Umwandlungsanspruch), Verordnungsermächtigung

22.1 Was ist neu?

Der Leistungsbereich wird neu benannt als „Angebote zur Unterstützung im Alltag". Der Gesetzestext definiert drei Gruppen von Angeboten: Betreuungsangebote, Angebote zur Entlastung der Pflegenden sowie Angebote zur Entlastung im Alltag, die im Gesetzestext weiter beschrieben sind. Dabei sind auch kombinierte Angebote aus mehreren Bereichen möglich.

Die Anbieter solcher Angebote benötigen eine Zulassung nach Landesrecht. Die möglichen Angebotsformen entsprechen der bisherigen Aufzählung in § 45c. Verbindlich darstellen müssen die Anbieter in ihrem Zulassungskonzept, sowie gegenüber den Leistungsnehmern Angaben zum Konzept, zur Qualitätssicherung des Angebotes und zur Übersicht der Leistungen, einschließlich der Kosten, zur zielgruppenorientierten Ausbildung der eingesetzten Kräfte, einschließlich des notwendigen Grund- und Notfallwissens sowie der fachlichen Anleitung und Betreuung der Kräfte. Bei wesentlichen Änderungen sowie bei Änderungen der Kosten sind die Konzepte entsprechend zu aktualisieren.

Die Pflegebedürftigen können zur Finanzierung der Entlastungsleistungen im Rahmen ihres Umwandlungsanspruchs auch (soweit noch verfügbar) Sachleistungen nach § 36 im Umfang von bis zu 40 % umwandeln. Vorrangig sind im jeweiligen Monat die Sachleistungen (durch den Pflegedienst) abzurechnen. Dabei erfolgt die Umwandlung losgelöst vom Budget des Entlastungsbetrags nach § 45b, das heißt: diese müssen nicht erst vorrangig aufgebraucht werden. Werden Sachleistungen umgewandelt, ist dies weiterhin mit der Pflicht zu Beratungseinsätzen gemäß § 37 Abs. 3 bis 7 verbunden.

22.2 Leistungen und Inhalte

Grundsätzlich hat der Gesetzgeber diese Vorschriften, die bisher teilweise in § 45b und c untergebracht waren, inhaltlich zusammengefasst und neu gegliedert. Auch die sprachliche Neufassung ist ein wesentlicher Fortschritt, denn nun wird klarer, was tatsächlich gemeint ist.

Vorweg: Alle Angebote sind dadurch gekennzeichnet, dass sie keine Leistungen der Selbstversorgung (insbesondere Körperpflege, Toilettengänge etc., siehe § 14, Abs. 2, Nr. 4) enthalten. Dieser Leistungsbereich ist weiterhin nur den zugelassenen Pflegeeinrichtungen vorbehalten. Es werden drei Angebotsgruppen unterschieden, die aber teilweise ineinander greifen können; von daher ist die Abgrenzung nicht abschließend gemeint, sondern soll lt. Gesetzesbegründung nur mehr Transparenz in das mögliche Leistungsangebot bringen:

Betreuungsangebote

Beschreibung im Gesetzestext: Betreuung von Pflegebedürftigen, insbesondere durch ehrenamtliche Helfer unter pflegefachlicher Anleitung, als Gruppenangebot oder im häuslichen Bereich.

Die eher einschränkende Formulierung und Hervorhebung ehrenamtlicher Helfer bedeutet nicht, dass diese Angebote nicht auch durch angestellte Mitarbeiter erbracht werden können. Es ist auch faktisch fraglich, ob in dem Maße ehrenamtliche Helfer gefunden werden können, wie sie tatsächlich notwendig wären. Erschwerend für die Wettbewerbssituation kommt hinzu, das zwar gemeinnützige Einrichtungen nebenberufliche Tätigkeiten mit der steuerbegünstigten „Übungsleiterpauschale" nach § 3 Nr. 26 Einkommenssteuergesetz „finanzieren" können, während private Träger diese Möglichkeit nicht haben und daher solche Angebote nur mit angestellten Mitarbeitern teurer erbringen können (siehe auch PSG 1, S. 78 ff.).

Angebote zur Entlastung der Pflegepersonen

Beschreibung im Gesetzestext: Angebote, die der gezielten Entlastung und beratenden Unterstützung von pflegenden Angehörigen und vergleichbar nahestehenden Pflegepersonen in ihrer Eigenschaft als Pflegende dienen.

Wie schon im PSG 1 beschrieben, meint der Gesetzgeber hier nicht konkrete Entlastungsangebote für Pflegepersonen wie beispielsweise die Verhinderungspflege, bei der Tätigkeiten der Pflegepersonen übernommen werden. Vielmehr geht es um Fragen zu ihrer eigenen Rolle im Umgang mit der Pflegebedürftigkeit des nahen Angehörigen, um ihre eigene Befindlichkeit. Der vom Gesetzgeber gemeinte Inhalt ist im Begriff: „Pflegebegleiter", der im Rahmen eines Modellversuchs aus dem Jahre 2003 bis 2008 entwickelt wurde, definiert (siehe Literatur). Es geht hier also eher um Inhalte, die typischerweise auch in Angehörigenstammtischen oder Gesprächskreisen für Pflegende Angehörige thematisiert werden.

Angebote zur Entlastung im Alltag

Beschreibung im Gesetzestext: Angebote zur Bewältigung von allgemeinen oder pflegebedingten Anforderungen des Alltags oder des Haushaltes, der Haushaltsführung oder der eigenverantwortlichen Organisation individuell benötigter Hilfeleistungen.

Unter diesem Punkt sind auch konkrete hauswirtschaftliche Leistungen oder die Organisation beispielsweise von Terminen etc. zu verstehen. Dieser Bereich wird deshalb für andere Anbieter am attraktivsten sein. Aber anders als im PSG 1 hat der Gesetzgeber nun klugerweise darauf verzichtet, im Gesetzeskommentar mögliche Leistungsangebote aufzuzählen. Die Begründung im PSG 1 führte in der Praxis eher zu Problemen, denn Formulierungen wie *„Blumenpflege, Fahrdienste, wartungsgerechte Reinigen einer Waschmaschine"* (Begründung zu § 45c PSG 1 Gesetzentwurf) wurden dahingehend missverstanden, dass die Entlastungsleistungen auch zur Finanzierung des Gärtners oder für den Fahrdienst (Taxi) genutzt werden könnten.

Aus der Genese der Leistung, insbesondere der Empfehlungen der Expertenkommission, wird aber deutlich, dass hiermit nicht allgemein übliche Kosten finanziert werden sollten, die auch sonst in Haushalten anfallen, sondern die Leistung dazu führen soll, dass Pflegepersonen tatsächlich entlastet werden sollen in *„Bezug auf die mit der Übernahme von Pflegeverantwortung einhergehenden Belastungen im Alltag."* (Gesetzesbegründung PSG 2, zu § 45b). Von der Pflegebedürftigkeit losgelöste Aufgaben und Fragestellungen, wie Gartenarbeiten, oder eben auch der Fahrtweg zum Arzt, sind nicht über die Pflegeversicherungsleistung zu lösen. Allerdings kann die Begleitung zum Arzt (bei der Nutzung eines Taxi, Bus etc.) ein Entlastungsangebot sein.

Durch die neuen Kategorien und die Veränderung der Begrifflichkeiten will der Gesetzgeber den möglichen Nutzern den Zugang erleichtern, da auch die Preisvergleichslisten nach § 7 die entsprechende Untergliederung aufnehmen sollen. Dabei ist aber nicht ausgeschlossen, dass bestimmte Angebote auch übergreifend angesiedelt sind.

Anbieter

Wie schon in § 45c (PSG 1) sind nun im § 45a die möglichen Anbieterformen (nicht abschließend) aufgelistet:

– Betreuungsgruppen für an Demenz erkrankte Menschen,
– Helferinnen und Helfer zur stundenweisen Entlastung pflegender Angehöriger im häuslichen Bereich,
– Tagesbetreuung in Kleingruppen,
– Einzelbetreuung durch anerkannte Helferinnen und Helfer,
– Agenturen zur Vermittlung von Betreuungs- und Entlastungsleistungen für Pflegebedürftige und Pflegepersonen,
– familienentlastende Dienste,
– Alltagsbegleiter,
– Pflegebegleiter,
– Serviceangebote für haushaltsnahe Dienstleistungen.

Diese Aufstellung ist weder abschließend noch in jedem Fall verständlich abgegrenzt. Allerdings hat diese Auflistung seit der Einführung der Leistung mit dem Pflegeleistungs-Ergänzungsgesetz im Jahre 2002 eine lange Geschichte. Damals ging der Gesetzgeber von insbesondere ehrenamtlichen Angeboten aus, die nach Landesrecht förderfähig wären und möglichst Fördermittel erhalten sollten. Die Einführung der Leistung nach § 45b war verbunden mit den Fördermitteln nach § 45c für den Aufbau eben solcher Versorgungsangebote. Da die Förderung der Pflegeversicherung immer auch einen gleich hohen Zuschuss des Bundeslandes voraussetzte, wurde den Ländern die konkrete Ausgestaltung der Anerkennungsvorschriften überlassen. Die Ausgestaltung wird nur durch den jeweils gültigen Gesetzestext eingeschränkt.

Aus heutiger Sicht sind einige aufgezählte Angebotsformen nicht mehr nachvollziehbar: Warum sollte eine Tagesbetreuung in Kleingruppen über die geringen Leistungen nach § 45b in Anspruch genommen werden, wenn es die ungleich höher ausgestattete Tagespflegeleistung gibt, die zudem keine anderen Leistungen kürzt.

Bei den Vermittlungsagenturen stellt sich die Frage, wie die rechtlichen Strukturen gegliedert sein sollen, damit die Helfer anerkannt sind, gleichzeitig ihre Arbeit aber nicht die Grenze zur Schwarzarbeit etc. überschreitet, sie also entsprechend versichert und abgesichert sind.

Auch der mit dem PSG 1 ergänzte Begriff der haushaltsnahen Dienstleistungen ist nicht eindeutig, denn der Begriff umfasst beispielsweise im Steuerrecht sehr viel mehr Leistungsbereiche und Inhalte, als mutmaßlich in der Pflegeversicherung möglich sind.

Andererseits ist dies nur eine Aufzählung, die nicht abschließend ist. Die Klarheit in der Abgrenzung müssen die jeweiligen Landesverordnungen schaffen.

22.3 Zulassung als Unterstützungsangebot nach Landesrecht

Formal wurden und werden die Entlastungsangebote, die nicht über Pflegeeinrichtungen erbracht werden, nach Landesrecht zugelassen: Ohne diese Zulassung ist keine Abrechnung gegenüber den Pflegekassen möglich. Während bis zum PSG 1 die Zulassung immer an eine mögliche Förderfähigkeit nach Landesrecht gekoppelt war (siehe oben zur Geschichte), hat der Gesetzgeber die Frage der Förderung/Förderfähigkeit und die Frage der Zulassung mit dem PSG 2 entkoppelt.

Die Zulassung zur Erbringung ist ein eigenständiger Vorgang, der nicht mehr mit den Fördertatbeständen nach Abs. 45c gekoppelt ist. Anders als noch im PSG 1 hat der Gesetzgeber nun schon im Gesetzestext selbst verbindliche Eckdaten für die Anerkennung (und

damit auch Vorgaben für die entsprechenden Landesverordnungen) erlassen: Anbieter, die solche Angebote erbringen wollen, müssen mindestens folgende Punkte erfüllen:
Erstellung (und Umsetzung) eines Konzeptes mit folgenden Punkten (Mindestinhalt)

– Darstellung und Konzeption der Leistungen einschließlich der konkreten Preise,
– Angaben zur Qualitätssicherung des Angebots,
– Angaben zur zielgruppen- und tätigkeitsgerechten Qualifikation der Helfer,
– Angaben zum Grund- und Notfallwissen, das die Helfer beherrschen,
– Angaben zur Schulung und Fortbildung der Helfer sowie zur fachlichen Begleitung und Unterstützung.

Bei Änderungen, insbesondere der Preise, sind die Angaben im Konzept entsprechend zu aktualisieren.

Auf dieser gesetzlich definierten Basis haben die Länder ihre entsprechenden Landesverordnungen zu überarbeiten und anzupassen.

Bisher (Stand Ende Dezember 2015) gibt es in allen Bundesländern zwar Verordnungen über niedrigschwellige Betreuungsangebote; diese basieren aber alle auf der Rechtslage vor dem PSG 1, sind also ausschließlich auf die Gruppe der Versicherten mit erheblich eingeschränkter Alltagskompetenz ausgerichtet. Erst mit Inkrafttreten des PSG 1 ist die Leistung nach § 45b für alle Pflegebedürftigen geöffnet worden. Allerdings hat bisher kein Bundesland die Richtlinie dahingehend neu gestaltet, auch weil schon im Frühjahr bekannt wurde, dass mit der nächsten Gesetzesänderung (PSG 2) viele Inhalte und Strukturen vom Bundesgesetzgeber überarbeitet werden, was dann auch eingetroffen ist. Mutmaßlich aus diesem Grund haben viele Bundesländer die Verabschiedung einer neuen Richtlinie hinausgezögert und werden diese nun gleich in der mit dem PSG 2 kompatiblen Fassung verabschieden.

Praktisch heißt das aber, dass bisher nur Pflegeeinrichtungen oder solche Anbieter, die schon bisher nach Landesrecht für die niedrigschwellige Betreuung von Versicherten/Pflegebedürftigen mit erheblich eingeschränkter Alltagskompetenz zugelassen waren, auch Leistungen erbringen konnten. Die große Gruppe der neuen Leistungsberechtigten, also die ca. 75 % der ambulant versorgten Pflegebedürftigen (die lt. Pflegestatistik 2013 keine Einstufung nach § 45a haben), konnte bisher nur auf Angebote der zugelassenen Pflegeeinrichtungen zurückgreifen. Die vom Gesetzgeber schon mit dem PSG 1 vorgesehene Ausweitung des Angebots hat praktisch noch nicht wirklich stattgefunden. Von daher sind Aussagen zur Weiterentwicklung dieses Angebots sowie zur neuen Wettbewerbssituation schwierig. Festzuhalten bleibt allerdings, dass der Gesetzgeber mit den Formulierungen im neuen § 45a die Vorgaben für die Länder wesentlich klarer und strikter gefasst hat, als das bisher der Fall war (und anders als das die Länder in der Stellungnahme des Bundesrates angeregt hatten). Auch wird in der Begründung des Gesundheitsausschusses ausdrücklich nochmals darauf hingewiesen, dass *„alle Angebote zur Unterstützung im Alltag (haben) ferner die für ihr Tätigwerden jeweils einschlägigen gesetzlichen Bestimmungen vollumfänglich einzuhalten (haben). Dies gilt insbesondere auch hinsichtlich der legalen und arbeits- sowie sozialversicherungsrechtlich einwandfreien Beschäftigung von einge- setzten ehrenamtlichen Helferinnen und Helfern oder eingesetztem Personal."* (Begrün- dung Gesundheitsausschuss zu § 45a). Dazu gehören insbesondere das Mindestlohnge- setz (hinsichtlich der Lohnhöhe), das Arbeitszeitgesetz (hinsichtlich der Arbeitszeiten), das Teilzeit-und Befristungsgesetz (hinsichtlich der Lohnhöhe und geringfügiger Beschäf- tigung), aber auch die einschlägigen Vorschriften zum Versicherungsschutz, zur Sozialver- sicherungs- und Steuerpflicht, die Einhaltung des Personenbeförderungsgesetzes, um die wesentlichen Rechtsvorschriften konkret zu benennen.

Festzuhalten bleibt: Einerseits will der Gesetzgeber einen zweiten Angebotsstrang an Unterstützungsleistungen aufbauen, jenseits der Pflegedienste. Andererseits sind die formal einzuhaltenden Qualitätsanforderungen (zumindest in der gesetzlichen Vor- gabe auf Bundesebene) nicht so niedrig, dass hier Schwarzarbeit und andere prekäre Beschäftigungsformen gefördert werden könnten. Grundsätzlich wird sich der Wettbe- werb viel mehr um die verfügbaren Mitarbeiter drehen als um die Frage der niedrigsten Preise. Denn nicht nur im Fachkraftbereich ist der Pflegenotstand angekommen, auch im Bereich der Pflegehilfskräfte wird der demografische Wandel massive Auswirkun- gen haben. Und wer in diesem Wettbewerb um Mitarbeiter das bessere (auch finanziell bessere) Angebot macht, wird die Mitarbeiter gewinnen und für die Kunden Angebote machen können.

22.4 Finanzierung und Umwandlungsanspruch

Zur Finanzierung der Angebote zur Unterstützung im Alltag gibt es im Prinzip drei Quel- len:
1. Entlastungsbetrag nach § 45b in Höhe von monatlich 125 €
sowie nur für Pflegebedürftige ab Pflegegrad 2:
2. Verhinderungspflege (§ 39; bei Vorliegen der Voraussetzungen); Budget im Jahr: bis 1.618 € zzgl. soweit verfügbare Kurzzeitpflegeleistung bis 806 €
3. Umwandlung von bis zu 40 % der Sachleistungsansprüche im jeweiligen Pflegegrad: gilt nur für Anbieter/Angebote, die eine Zulassung nach Landesrecht haben!

Um umzuwandeln, müssen folgende Bedingungen erfüllt sein:
– es muss sich um Angebote der Unterstützung im Alltag nach Landesrecht (mit Zulas- sung durch das Land) handeln

- es müssen im konkreten Monat Sachleistungen vorhanden sein (die nicht für Pflegeleistungen verbraucht wurden)
- es müssen dauerhaft Beratungseinsätze (zur Qualitätssicherung) im Sinne und
  Umfang § 37.3 nachgewiesen werden (auch bei Sachleistungsbeziehern!)

Umwandlungsbetrag und gekürztes Pflegegeld

Umwandlung bis zu 40 % der Sachleistung

	Pflegegrad 2	Pflegegrad 3	Pflegegrad 4	Pflegegrad 5
Sachleistungen	689 €	1.298 €	1.612 €	1.995 €
Umgewandelte Sachleistung	**276 €**	**519 €**	**645 €**	**798 €**
Pflegegeld	316 €	545 €	728 €	901 €
Dadurch reduziertes Pflegegeld	**126 €**	**218 €**	**291 €**	**360 €**

Da die Sachleistungen umgewandelt (also verbraucht) werden, reduziert sich durch die Umwandlung der entsprechende Pflegegeldanspruch (siehe Tabelle mit maximalen Grenzen).

Bisher war der Umwandlungsanspruch in § 45b angesiedelt und als „zusätzlich zu den in den Absätzen 1 und 1a genannten Beträgen" (also die bisherigen 104 € bzw. erhöht 208 €) formuliert. Dies hatte zur Folge, dass die Pflegekassen hieraus eine Rangfolge abgeleitet haben: Umgewandelt werden konnte nach Meinung der Pflegekassen nur, wenn das Budget der zusätzlichen Betreuungs- und Entlastungsleistungen bereits ausgeschöpft war (siehe auch Rundschreiben GKV zu § 45b in der Fassung vom 18.12.2015).

Mit der Gesetzesänderung 2017 hat der Gesetzgeber dies nun neu formuliert, d.h. der Entlastungsbetrag muss nicht vorrangig aufgebraucht werden; jeder kann sofort bis zu 40 % der Sachleistungen umwandeln und den Entlastungsbetrag bspw. ansparen.

Die Begründung zur Änderung stammt vom Gesundheitsausschuss:

„Durch die Änderung wird eine Auslegung mancher Pflegekassen korrigiert, die nach Inkrafttreten des Ersten Pflegestärkungsgesetzes aufgetreten ist und hinsichtlich des Entlastungsbetrags und des Umwandlungsanspruchs vom Bestehen eines Vorrang-Nachrang-Verhältnisses ausgeht. Der Gesetzentwurf der Bundesregierung entzieht einer entsprechenden, die Gestaltungsmöglichkeiten der Versicherten einschränkenden Auslegung bereits durch die Trennung des Regelungsortes von Umwandlungsanspruch und Entlastungsbetrag die Grundlage. Zur Rechtsklarheit wird durch die Änderung zusätzlich auch eine ausdrückliche Klarstellung im Gesetzeswortlaut ergänzt." (Gesundheitsausschuss Nr. 29, zu § 45a)

In der Praxis bedeutet dies, dass Pflegebedürftige beispielsweise das Budget des Entlastungsbetrags im ersten Halbjahr ‚ansparen' können, um im Sommer ein größeres Budget für die Ferien zu haben. In den ersten Monaten des Jahres würden dann Entlastungsleistungen durch die Umwandlung von Sachleistungsansprüchen finanziert.

In der Praxis werden die Pflegekassen bei jedem Antrag auf Kostenerstattung im Rahmen der Entlastungsleistungen beim Versicherten nachfragen müssen, ob die Erstattung durch das Budget der Entlastungsleistungen oder durch Umwandlung erfolgen soll. Im Einzelfall müsste die Pflegekasse auch über die Vor- und/oder Nachteile der jeweiligen Methode beraten:

– **Ansparen heißt:** Umwandlung von Sachleistungen = Reduzierung von Pflegegeld.
– **Entlastungsbetrag direkt nutzen heißt:** vollen Sachleistungs- und/oder Pflegegeldanspruch.

Schwierig wird es in der Praxis, wenn im Nachhinein umgewandelt werden soll: Im Mai wurden Entlastungsleistungen erbracht, die der Pflegebedürftige im Juni bei der Pflegekasse einreicht und die Umwandlungsmöglichkeit nutzen will. Wenn das (evtl. anteilige) Pflegegeld für den Monat Mai schon ausgezahlt wurde, ergeben sich dann praktische Fragestellungen in Bezug auf Kürzung für den Folgemonat oder Verrechnung im Folgemonat etc.

Im Rahmen der weit verbreiteten Abtretungserklärungen (Pflegedienst rechnet dann ‚direkt' mit der Pflegekasse ab) stellt sich die Frage, ob der Pflegedienst dann nicht klären muss, wie abzurechnen ist. Bei Kunden, die die Umwandlung und das Ansparmodell in Anspruch nehmen wollen, sollte der Pflegedienst möglichst auf eine Abtretung verzichten, die Rechnung direkt an den Kunden adressieren und dem Kunden bzw. seinen Angehörigen die weitere Klärung mit seiner Pflegekasse überlassen. Denn im Zweifelsfall hat der Pflegedienst dann den Kunden nicht ausreichend beraten (beispielsweise wenn für den nächsten Monat das Pflegegeld gekürzt wird, ohne dass dies dem Kunden bewusst war).

Wie schon im PSG 1 Kommentar angedeutet, muss gefragt werden, für welchen Kundenkreis die Umwandlung praktisch interessant sein wird. Im Regelfall werden viele Sachleistungskunden deshalb ausscheiden, weil sie nicht über genügend verfügbare (umwandelbare) Sachleistungen verfügen. Für Pflegegeldempfänger (lt. Pflegestatistik 2013 immerhin ca. 67 % der ambulant versorgten Pflegebedürftigen) ist die Umwandlung nur dann interessant, wenn sie mit der umgewandelten Leistung mehr Versorgung bekommen als bisher und gleichzeitig auf ihr Pflegegeld in der angestammten Höhe verzichten (können). Andererseits können für Entlastungsleistungen zunächst die beiden Budgets der Entlastungsleistung und der Verhinderungspflege eingesetzt werden, ohne dass das Pflegegeld gekürzt würde.

Es wird dauerhaft auch von den Angeboten zur Unterstützung im Alltag, den möglichen neuen Anbietern (die keine Pflegedienste sind) sowie von deren Beratung abhängen, wie die Umwandlung dauerhaft genutzt wird. Es kann gerade im Rahmen der Überleitung 2017 für viele Pflegebedürftige interessant werden: da diese aufgrund der Voreinstufung sehr hoch übergeleitet werden und dann wohlmöglich nicht alle verfügbaren Sachleistungen im vollen Umfang nutzen müssen/wollen, bleiben für sie genügend Sachleistungen übrig, die sie evtl. in Entlastungsleistungen umwandeln wollen.

Klar wird mit der Gesetzesänderung, dass die Politik diese Dienstleistungsangebote und die damit möglichen neuen Betreuungs- und Entlastungsangebote und -Anbieter will und die zusätzliche eigenständige Finanzierungsquelle so ins Gesetz geschrieben hat. Man kann aber wegen der Komplexität davon ausgehen, dass diese variantenreiche Möglichkeit nur von einem überschaubaren Kreis von Pflegebedürftigen genutzt werden wird.

22.5 Sollten Pflegedienste eine Zulassung nach Landesrecht beantragen?

Pflegedienste können ohne weitere Zulassung im Rahmen des § 45b Leistungen erbringen und mit dem Entlastungsbetrag abrechnen. Inhaltlich können sie alle die Inhalte erbringen, die auch nach § 45a als Angebote zur Unterstützung im Alltag definiert sind. Nur in einem Punkt unterscheiden sich die beiden Bereiche: Allein Anbieter, die nach Landesrecht zugelassen sind, können auch den Umwandlungsanspruch nutzen. Pflegedienste, die keine weitere (zweite) Zulassung haben, können für die Finanzierung der Inhalte nach § 45a keine Sachleistungen nutzen. Im Regelfall dürfte das deshalb auch kein Problem darstellen, weil man mit der ausgeweiteten Sachleistung nach § 36 ein viel weiteres Spektrum abdecken kann als bisher, daher der Bedarf einer anderen Leistungsart viel geringer sein dürfte. Ein Argument könnte sein, dass man Angebote nach § 45a mit anderem Personal und zu anderen Preisen erbringen könnte. Das führt zu mindestens zwei Problemlagen.

1. Einsatzplanung und Organisation: Wie schon bei den Sachleistungen § 36 beschrieben, führen zwei Preise und damit verschiedene Berufsgruppen zu zwei unabhängig voneinander zu planenden Leistungen. Die Kunden bekommen zwei verschiedene Mitarbeiter, eine Kombination ist in keiner Weise möglich.

2. Niedrigere Preise? Diese sind nur dann zu realisieren, wenn die Mitarbeiter, die nach § 45a Leistungen erbringen, schlechter bezahlt werden als andere Mitarbeiter. Lange Zeit wurden solche Outsourcing-Projekte auch betrieben, um das eigene Tarifwerk zu umgehen. Nur bei immer knapper werdenden Personalressourcen müssen Mitarbeiter nicht mehr jede Vergütungshöhe akzeptieren, vor allem dann nicht, wenn der Wettbewerber mehr zahlt. Und da die Leistungsinhalte

einschließlich der einzuhaltenden Bedingungen im § 45a nicht sehr viel niedriger sein können als im Bereich der Sachleistungen, stellt sich die Frage, wie man eine solche Zweiklassengesellschaft begründen kann. Insbesondere, wenn die Mitarbeiter faktisch im Rahmen der pflegerischen Betreuung (Sachleistung) nichts anderes machen als im Rahmen der Unterstützungsleistung im Alltag (§ 45a).

Ein zweiter Betriebsteil kann je nach Unternehmensform zu weiteren Problemen führen: insbesondere wenn für den Landesvertag ein neuer Betrieb gegründet wird, muss das Personal auch getrennt eingesetzt werden.

Ein weiterer Aspekt sollte für den Personaleinsatz dauerhaft eine wichtige Rolle spielen: Kann man mit den Kostenerstattungsleistungen (Entlastungsleistungen § 45b sowie Verhinderungspflege § 39) auch vorhandenes Personal besser auslasten oder sogar bessere weil längere Arbeitsverträge anbieten? Klassischerweise wird insbesondere im ambulanten Bereich viel mit Teilzeitverträgen gearbeitet, weil es eben nach der Morgenversorgung im Laufe des Tages viel weniger Arbeit gibt. Nur wird man am Arbeitsmarkt mit Teilzeitverträgen viel weniger Mitarbeiter für sich als Arbeitgeber begeistern können, insbesondere nicht junge Mitarbeiter, die noch Geld verdienen wollen und müssen. Wenn man aber nach der Grundpflegetour noch weitere Zeit mit Kostenerstattungs- oder anderen Betreuungsleistungen einplanen könnte, könnte man dann nahtlos an die Mittagseinsätze anschließen und zumindest für einzelne Mitarbeiter auch Vollzeitverträge anbieten. Das geht nur, wenn die Mitarbeiter auch fähig und bereit sind, Betreuung zu übernehmen und andererseits für die Betreuungsleistungen (sowohl als Sachleistung als auch im Rahmen der Kostenerstattung) die entsprechenden differenzierten Preise vereinbart wurden bzw. vom Pflegedienst (bei Kostenerstattung) festgelegt wurden. In der Praxis gibt es durchaus viele Kunden, die lieber mit „ihrer Schwester" spazieren gehen als mit einem anderen (fremden) Mitarbeiter. Auch wenn es dann etwas teurer ist. Und bei der faktisch hohen Arbeitsdichte im Tourenalltag könnte ein längerer Betreuungseinsatz am Vormittag auch ‚erholsam' sein.

Daher spricht vieles dafür, die Leistungen in Eigenregie durchzuführen. Ob ein zweiter Landesvertrag dazu sinnvoll ist, hängt auch stark von den speziellen Bedingungen im Bundesland (Zulassungsvoraussetzungen) und lokal (Personal, Wettbewerb) ab. Aber auf einen Preiswettbewerb sollte man sich keinesfalls einlassen. Denn (auch das ist ein alter ‚Hut') in der Pflege und Versorgung zuhause geht es nur vordergründig um den Preis, aber vor allem um Vertrauen! Wer das nicht glaubt, sollte ein Blick auf die Preisvergleichslisten der Sachleistungen riskieren und sich die Frage stellen, warum auch die teuren Pflegedienste alle am Markt sind? Weil es nicht nur um den Preis geht!

22.6 Gesetzestext § 45a Angebote zur Unterstützung im Alltag, Umwandlung des ambulanten Sachleistungsbetrags (Umwandlungsanspruch), Verordnungsermächtigung

(1) Angebote zur Unterstützung im Alltag tragen dazu bei, Pflegepersonen zu entlasten, und helfen Pflegebedürftigen, möglichst lange in ihrer häuslichen Umgebung zu bleiben, soziale Kontakte aufrechtzuerhalten und ihren Alltag weiterhin möglichst selbständig bewältigen zu können.

Angebote zur Unterstützung im Alltag sind

1. Angebote, in denen insbesondere ehrenamtliche Helferinnen und Helfer unter pflegefachlicher Anleitung die Betreuung von Pflegebedürftigen mit allgemeinem oder mit besonderem Betreuungsbedarf in Gruppen oder im häuslichen Bereich übernehmen (Betreuungsangebote),

2. Angebote, die der gezielten Entlastung und beratenden Unterstützung von pflegenden Angehörigen und vergleichbar nahestehenden Pflegepersonen in ihrer Eigenschaft als Pflegende dienen (Angebote zur Entlastung von Pflegenden),

3. Angebote, die dazu dienen, die Pflegebedürftigen bei der Bewältigung von allgemeinen oder pflegebedingten Anforderungen des Alltags oder im Haushalt, insbesondere bei der Haushaltsführung, oder bei der eigenverantwortlichen Organisation individuell benötigter Hilfeleistungen zu unterstützen (Angebote zur Entlastung im Alltag).

Die Angebote benötigen eine Anerkennung durch die zuständige Behörde nach Maßgabe des gemäß Absatz 3 erlassenen Landesrechts. Durch ein Angebot zur Unterstützung im Alltag können auch mehrere der in Satz 2 Nummer 1 bis 3 genannten Bereiche abgedeckt werden. In Betracht kommen als Angebote zur Unterstützung im Alltag insbesondere Betreuungsgruppen für an Demenz erkrankte Menschen, Helferinnen- und Helferkreise zur stundenweisen Entlastung pflegender Angehöriger im häuslichen Bereich, die Tagesbetreuung in Kleingruppen oder Einzelbetreuung durch anerkannte Helferinnen oder Helfer, Agenturen zur Vermittlung von Betreuungs- und Entlastungsleistungen für Pflegebedürftige und pflegende Angehörige sowie vergleichbar nahestehende Pflegepersonen, Familienentlastende Dienste, Alltagsbegleiter, Pflegebegleiter und Serviceangebote für haushaltsnahe Dienstleistungen.

(2) Angebote zur Unterstützung im Alltag beinhalten die Übernahme von Betreuung und allgemeiner Beaufsichtigung, eine die vorhandenen Ressourcen und

Fähigkeiten stärkende oder stabilisierende Alltagsbegleitung, Unterstützungsleistungen für Angehörige und vergleichbar Nahestehende in ihrer Eigenschaft als Pflegende zur besseren Bewältigung des Pflegealltags, die Erbringung von Dienstleistungen, organisatorische Hilfestellungen oder andere geeignete Maßnahmen. Die Angebote verfügen über ein Konzept, das Angaben zur Qualitätssicherung des Angebots sowie eine Übersicht über die Leistungen, die angeboten werden sollen, und die Höhe der den Pflegebedürftigen hierfür in Rechnung gestellten Kosten enthält. Das Konzept umfasst ferner Angaben zur zielgruppen- und tätigkeitsgerechten Qualifikation der Helfenden und zu dem Vorhandensein von Grund- und Notfallwissen im Umgang mit Pflegebedürftigen sowie dazu, wie eine angemessene Schulung und Fortbildung der Helfenden sowie eine kontinuierliche fachliche Begleitung und Unterstützung insbesondere von ehrenamtlich Helfenden in ihrer Arbeit gesichert werden. Bei wesentlichen Änderungen hinsichtlich der angebotenen Leistungen ist das Konzept entsprechend fortzuschreiben; bei Änderung der hierfür in Rechnung gestellten Kosten sind die entsprechenden Angaben zu aktualisieren.

(3) Die Landesregierungen werden ermächtigt, durch Rechtsverordnung das Nähere über die Anerkennung der Angebote zur Unterstützung im Alltag im Sinne der Absätze 1 und 2 einschließlich der Vorgaben zur regelmäßigen Qualitätssicherung der Angebote und zur regelmäßigen Übermittlung einer Übersicht über die aktuell angebotenen Leistungen und die Höhe der hierfür erhobenen Kosten zu bestimmen. Beim Erlass der Rechtsverordnung sollen sie die gemäß § 45c Absatz 7 beschlossenen Empfehlungen berücksichtigen.

(4) Pflegebedürftige in häuslicher Pflege mit mindestens Pflegegrad 2 können eine Kostenerstattung zum Ersatz von Aufwendungen für Leistungen der nach Landesrecht anerkannten Angebote zur Unterstützung im Alltag unter Anrechnung auf ihren Anspruch auf ambulante Pflegesachleistungen nach § 36 erhalten, soweit für den entsprechenden Leistungsbetrag nach § 36 in dem jeweiligen Kalendermonat keine ambulanten Pflegesachleistungen bezogen wurden. Der hierfür verwendete Betrag darf je Kalendermonat 40 Prozent des nach § 36 für den jeweiligen Pflegegrad vorgesehenen Höchstleistungsbetrags nicht überschreiten. Die Anspruchsberechtigten erhalten die Kostenerstattung nach Satz 1 auf Antrag von der zuständigen Pflegekasse oder dem zuständigen privaten Versicherungsunternehmen sowie im Fall der Beihilfeberechtigung anteilig von der Beihilfefestsetzungsstelle gegen Vorlage entsprechender Belege über Eigenbelastungen, die ihnen im Zusammenhang mit der Inanspruchnahme der in

Satz 1 genannten Leistungen entstanden sind. Die Vergütungen für ambulante Pflegesachleistungen nach § 36 sind vorrangig abzurechnen. Im Rahmen der Kombinationsleistung nach § 38 gilt die Erstattung der Aufwendungen nach Satz 1 als Inanspruchnahme der dem Anspruchsberechtigten nach § 36 Absatz 3 zustehenden Sachleistung. Beziehen Anspruchsberechtigte die Leistung nach Satz 1, findet § 37 Absatz 3 bis 5, 7 und 8 Anwendung; § 37 Absatz 6 findet mit der Maßgabe entsprechende Anwendung, dass eine Kürzung oder Entziehung in Bezug auf die Kostenerstattung nach Satz 1 erfolgt. Das Bundesministerium für Gesundheit evaluiert die Möglichkeit zur anteiligen Verwendung der in § 36 für den Bezug ambulanter Pflegesachleistungen vorgesehenen Leistungsbeträge auch für Leistungen nach Landesrecht anerkannter Angebote zur Unterstützung im Alltag nach den Sätzen 1 bis 6 spätestens bis zum 31. Dezember 2018. Die Inanspruchnahme der Umwandlung des ambulanten Sachleistungsbetrags nach Satz 1 und die Inanspruchnahme des Entlastungsbetrags nach § 45b erfolgen unabhängig voneinander.

23 § 45b Entlastungsbetrag

23.1 Was ist neu?

Die Vorschrift definiert den neu benannten Entlastungsbetrag und passt die Vorschrift sprachlich an. Inhaltlich gibt es gegenüber der Fassung des PSG 1 keine Änderungen. Die Vorschrift zur Umwandlung wird aus systematischen Gründen in § 45a verschoben.

24.1 Kritik und Praxis

Die Vereinfachungen und sprachlichen Anpassungen sind ein Fortschritt. Denn es war schwierig zu vermitteln, was der Unterschied zwischen „zusätzlichen Betreuungs- und Entlastungsangeboten" und „niedrigschwelligen Betreuungs- und Entlastungsangeboten" ist und warum zwar der Inhalt gleich ist, aber die Zugänge etc. unterschiedlich sind.

Wichtig ist ein Zitat aus der Gesetzesbegründung (mit Verweis auf die Empfehlung des Expertenbeirats, der diese Idee hatte), das noch einmal die Funktion des Entlastungsbetrags klarstellt: *„die Verankerung eines separaten Betrages solle einen Anreiz setzen, dass Angehörige und andere Pflegepersonen sich tatsächlich entlasten. Hiermit war nicht vorrangig eine finanzielle Entlastung beabsichtigt, sondern eine praktische Entlastung im Sinne einer tatsächlichen Reduzierung der mit der Übernahme von Pflegeverantwortung einhergehenden Belastungen im Alltag."* (Gesetzesbegründung zu § 45b).

Ambulante Leistungsstruktur nur Pflegegrad 2 bis 5		
Sachleistungen nach § 36	**Pflegegeld nach § 37**	**Weitere Leistungen:** Verhinderungspflege § 39, Tagespflege § 41, Kurzzeitpflege § 42
Entlastungsleistung (nur als Dienstleistung)		

Um die Funktion umgangssprachlich noch einmal deutlich zu machen: Wenn Pflegebedürftige akzeptieren, dass sie nicht mehr alles selbst können (oder wenn Pflegepersonen akzeptieren, dass sie nicht alles selbst machen müssen) und deshalb jemand Fremdes mit einer konkreten Dienstleistung (und sei es das Treppe putzen) beauftragen, dann ist der nächste Schritt (z.B. beim Duschen), sich auch bei weiteren Aufgaben und Arbeiten entlasten zu lassen, viel einfacher und naheliegender. Je eher fremde Hilfe ‚im Haus' ist, umso naheliegender ist auch die weitere Entlastung, was im Ergebnis zu einem ganz anderen Verlauf der Pflegesituation führen kann und damit klassisch präventiv wirkt. Aus diesem Grund ist der Entlastungsbetrag nur als Dienstleistung abzurufen. Die Leistung kann auch nicht in teilweise prekären Situationen (bis hin zu Schwarzarbeit) genutzt werden, wie es bei der Verhinderungspflege praktisch der Fall ist.

Der Entlastungsbetrag bildet also das strukturelle Leistungsfundament (siehe Grafik), auf dem die anderen Leistungen wie Pflegegeld oder Sachleistungen aufbauen.

Nur in Pflegegrad 1 spielt der Entlastungsbetrag nach § 45b eine völlig andere Rolle: hier ist er die einzige „Sachleistung", die für diese Leistung zur Verfügung steht.

Die sprachlichen Anpassungen bei der Überarbeitung klären auch den Leistungsinhalt, den Pflegedienste erbringen können: nun sind alle Leistungsinhalte der Sachleistung im Sinne § 36 möglich bis auf Leistungen der Selbstversorgung. Zwei Punkte sind hier zu verdeutlichen:

– **Leistungen im Sinne § 36:** Durch die Neudefinition der Einstufung ergeben sich für die Sachleistungen nach § 36 auch umfassendere Leistungen einschließlich der pflegerischen Betreuung und Hilfen bei der Haushaltsführung. Der Entlastungsbetrag kann für Leistungen im Sinne der Sachleistungen eingesetzt werden, ohne dass hier die abschließende Definition der Sachleistungen genau zu beachten ist. Eine ‚Grenze' bildet weiterhin der Pflegebedürftige selbst, denn nur sein Haushalt und seine Angelegenheiten können durch Leistungen entlastet werden. Um es mit einem Beispiel zu verdeutlichen: Bei der Hauswirtschaft geht es nur um den Haushalt des Pflegebedürftigen, auch wenn die Tochter als Pflegeperson dadurch entlastet wäre, wenn beispielsweise auch ihre (persönliche) Wäsche gebügelt würde. Die inhaltlichen Leistungsgrenzen, wie sie auch für die Unterstützungsleistungen im Alltag gelten (siehe § 45a) sind auch zu beachten, wenn der Pflegedienst die Leistungen erbringt.

– **Keine Selbstversorgung:** Der Begriff „Selbstversorgung" (§ 14 Abs. 2 Nr. 4) ergänzt die bisher gültige Abgrenzung keine „Grundpflege", lässt aber nun alle Hilfen zur Mobilität zu. Sonst wären Spaziergänge etc. formal mit dieser Leistung nicht möglich. Auch nicht dazu gehören Toilettengänge sowie alle Körperpflegeleistungen; diese sind nur als normale Sachleistungen über § 36 abrufbar.

Weiterhin kann (soweit die Voraussetzung dafür vorliegen) die Verhinderungspflege zur Finanzierung der Aufwendungen dieser Leistungen eingesetzt werden. Da der Gesetzgeber bei der Finanzierung die Formulierung: „Erstattung von Aufwendungen, die den Versicherten entstehen im Zusammenhang mit der Inanspruchnahme von" verwendet, können alle Aufwendungen in Zusammenhang mit den Leistungen refinanziert werden, also bei der Tagespflege beispielsweise auch die (eigentlich privat) zu finanzierenden Hotel- und Investitionskosten.

Nebenbei sei angemerkt, dass die im Gesetz verwendete Formulierung „Versicherten" nicht mehr sachgerecht ist, denn nur eingestufte „Pflegebedürftige" können diese Leistung nutzen.

Zu beachten ist auch noch die anders formulierte Leistung bei Pflegegrad 1: hier sind nicht die „Aufwendungen" zu erstatten, sondern nur die enger gefassten „Kosten" erstattungsfähig (siehe auch § 28a).

Hilfreich auch für die aktuelle Situation (Stichwort: DAK und ihr Umgang mit Anträgen 2015) ist eine nochmalige Kommentierung der Kostenerstattung in der Gesetzesbegründung: *„Der Antrag auf Kostenerstattung muss dabei wie bisher bei der Pflegekasse oder dem Versicherungsunternehmen nicht bereits vor Beginn des Bezugs von Leistungen nach § 45b gestellt werden. Ausreichend ist vielmehr eine Antragstellung zusammen mit der Einreichung der Belege zu den entstandenen Aufwendungen, auch wenn der Anfall der Kosten, deren Erstattung beantragt wird, in der Vergangenheit liegt und vor der (erstmaligen) Beantragung zunächst einige Belege gesammelt worden sind."* (Gesetzesbegründung zu § 45b). Auch jetzt ist die Rechtslage identisch: der Anspruch auf Leistungen entsteht seit 2015 mit der Zuordnung zu einer Pflegestufe (zukünftig Pflegegrad), nicht erst mit dem Stellen eines konkreten Antrags.

Auch wenn dies im Kommentar zum PSG 1 (siehe § 45b, S. 75 ff.) ausführlich beschrieben wurde, noch ein paar Hinweise zur Vergütungshöhe:

– Da es sich um eine Kostenerstattungsleistung handelt, ist es formal eine Privatleistung, für die es mit den Pflegekassen keine vertragliche Vereinbarung gibt. Das gilt nur für Leistungen, die der Pflegedienst (nach Abs. 1, Satz 3, Nr. 3) erbringt. Für Leistungen nach Landesrecht (Nr. 4) können in den Landesverordnungen andere Regelungen wie Preisobergrenzen etc. getroffen werden.

– Der Pflegedienst ist hier (theoretisch) frei in der Kalkulation; in manchen Fachzeitschriften sind deshalb Empfehlungen zu lesen, hier mit einem ordentlichen Gewinnzuschlag zu arbeiten, um andere Defizite aufzufangen. Andererseits werden/sind viele vergleichbare Leistungen über die Sachleistungen nach § 36 in Verbindung mit § 89 als leistungsgerechte Vergütung vereinbart (zumindest der Form halber): dann stellt sich für den Pflegebedürftigen berechtigterweise die Frage, warum er bei Sachleistungen für den gleichen Mitarbeiter beispielsweise 40 € die Stunde bezahlt, aber bei der Kostenerstattungsleistung 50 € bezahlen soll? Daher müssen die im Rahmen der Sachleistungen verhandelten Preise insbesondere für Betreuung und Hauswirtschaft als Orientierung dienen. Es spricht nichts dagegen, im Kostenerstattungsbereich Preisvariationen einzuführen, die im Sachleistungsbereich nicht verhandelt wurden wie „Betreuung durch Fachkraft" usw. Wenn aber mit der Begründung, die Sachleistungs-

preise wären zu niedrig, die Privatpreise deutlich höher sein sollen, dann liegt das Problem bei der dann nicht leistungsgerechten Vergütung der Sachleistungen. Hier sind die Preise zu erhöhen, nicht (allein) im Privatbereich! (siehe auch Kapitel 36 Strategie)
– Pflegebedürftige mit Pflegegrad 1 können für den Entlastungsbetrag alle Leistungsinhalte nach § 36 Sachleistungen einkaufen, auch Leistungen der Selbstversorgung.

23.1 Gesetzestext § 45b Entlastungsbetrag

§ (1) Pflegebedürftige in häuslicher Pflege haben Anspruch auf einen Entlastungsbetrag in Höhe von bis zu 125 Euro monatlich. Der Betrag ist zweckgebunden einzusetzen für qualitätsgesicherte Leistungen zur Entlastung pflegender Angehöriger und vergleichbar Nahestehender in ihrer Eigenschaft als Pflegende sowie zur Förderung der Selbständigkeit und Selbstbestimmtheit der Pflegebedürftigen bei der Gestaltung ihres Alltags. Er dient der Erstattung von Aufwendungen, die den Versicherten entstehen im Zusammenhang mit der Inanspruchnahme von

1. Leistungen der Tages- oder Nachtpflege,
2. Leistungen der Kurzzeitpflege,
3. Leistungen der ambulanten Pflegedienste im Sinne des § 36, in den Pflegegraden 2 bis 5 jedoch nicht von Leistungen im Bereich der Selbstversorgung,
4. Leistungen der nach Landesrecht anerkannten Angebote zur Unterstützung im Alltag im Sinne des § 45a.

Die Erstattung der Aufwendungen erfolgt auch, wenn für die Finanzierung der in Satz 3 genannten Leistungen Mittel der Verhinderungspflege gemäß § 39 eingesetzt werden.

(2) Die Pflegebedürftigen erhalten die Kostenerstattung in Höhe des Entlastungsbetrags nach Absatz 1 auf Antrag von der zuständigen Pflegekasse oder dem zuständigen privaten Versicherungsunternehmen sowie im Fall der Beihilfeberechtigung anteilig von der Beihilfefestsetzungsstelle gegen Vorlage entsprechender Belege über entstandene Eigenbelastungen im Zusammenhang mit der Inanspruchnahme der in Absatz 1 Satz 3 genannten Leistungen. Die Leistung nach Absatz 1 Satz 1 kann innerhalb des jeweiligen Kalenderjahres in Anspruch genommen werden; wird die Leistung in einem Kalenderjahr nicht ausgeschöpft, kann der nicht verbrauchte Betrag in das folgende Kalenderhalbjahr übertragen werden.

24 § 45c Förderung der Weiterentwicklung der Versorgungsstrukturen und des Ehrenamts, Verordnungsermächtigung

24.1 Was ist neu?

Durch die Änderungen und Verschiebungen insbesondere die Zulassung der nach Landesrecht zugelassenen Anbieter und Angebote (nach § 45a) wird auch der § 45c, der die Förderung von Projekten beschreibt, neu strukturiert und klarer gegliedert. Gefördert werden können mit der Anteilsfinanzierung der Pflegekasse Projekte zum Auf- und Ausbau von Angeboten zur Unterstützung im Alltag nach § 45a, zur Unterstützung von ehrenamtlichen Gruppen und Strukturen sowie Modellvorhaben zur Erprobung neuer Konzepte für bestimmte Gruppen. Auch die Förderung ehrenamtlich tätiger Personen und Gruppen (bisher § 45d) wird hier nun geregelt. Neu als förderfähig benannt sind regionale Netzwerke, die der strukturierten Zusammenarbeit verschiedenster Akteure in einer konkreten Region dienen (Abs. 9).

24.2 Kritik und Praxis

Die von den Pflegekassen jährlich zu finanzierenden 25 Millionen Euro Fördergelder sind nur abrufbar, wenn in entsprechender Höhe auch Landeszuschüsse oder Zuschüsse kommunaler Gebietskörperschaften vorhanden sind; Mittel der Arbeitsförderung werden hier den Landeszuschüssen gleichgestellt.

Neu als Förderzweck dazugekommen ist die Förderung von Netzwerkstrukturen, wie sie im Rahmen der „Zukunftswerkstatt Demenz" erprobt und vorgestellt wurden (siehe Literatur). Gefördert werden Netzwerkstrukturen mit einem Anteil von bis zu 20.000 € pro Netzwerk durch die Pflegekassen. Zwar ist der Förderzweck des § 45c ausgeweitet worden, allerdings hat der Gesetzgeber die Gesamtfördersumme gleichgelassen, obwohl gerade der Gesundheitsausschuss in seiner Begründung den Netzwerken einen hohen Stellenwert einräumt. Bei den Ausgaben für Modellvorhaben nach § 45c waren in 2014 von den verfügbaren Bundesmitteln nur 15,73 Mill. € abgerufen worden; dabei ist der Ausschöpfungsgrad (nach dem Bericht des Bundesversicherungsamtes 2014) je nach Bundesland sehr unterschiedlich hoch: einige Länder haben die Leistungen komplett abgerufen (wie Berlin oder Baden-Württemberg), andere Länder kaum (wie Bayern oder Bremen). Da diese Mittel aber ohne Kofinanzierung durch die Bundesländer nicht genutzt werden können, hängt es maßgeblich von der Politik der jeweiligen Länder ab, wie diese Mittel der Pflegeversicherung genutzt werden können.

Gesetzestext § 45c Förderung der Weiterentwicklung der Versorgungsstrukturen und des Ehrenamts, Verordnungsermächtigung

(1) Zur Weiterentwicklung der Versorgungsstrukturen und Versorgungskonzepte und zur Förderung ehrenamtlicher Strukturen fördert der Spitzenverband Bund der Pflegekassen im Wege der Anteilsfinanzierung aus Mitteln des Ausgleichsfonds mit 25 Millionen Euro je Kalenderjahr

1. den Auf- und Ausbau von Angeboten zur Unterstützung im Alltag im Sinne des § 45a,
2. den Auf- und Ausbau und die Unterstützung von Gruppen ehrenamtlich tätiger sowie sonstiger zum bürgerschaftlichen Engagement bereiter Personen und entsprechender ehrenamtlicher Strukturen sowie
3. Modellvorhaben zur Erprobung neuer Versorgungskonzepte und Versorgungsstrukturen insbesondere für an Demenz erkrankte Pflegebedürftige sowie andere Gruppen von Pflegebedürftigen, deren Versorgung in besonderem Maße der strukturellen Weiterentwicklung bedarf.

Die privaten Versicherungsunternehmen, die die private Pflege-Pflichtversicherung durchführen, beteiligen sich an dieser Förderung mit insgesamt 10 Prozent des in Satz 1 genannten Fördervolumens.

(2) Der Zuschuss aus Mitteln der sozialen und privaten Pflegeversicherung ergänzt eine Förderung der in Absatz 1 genannten Zwecke durch das jeweilige Land oder die jeweilige kommunale in gleicher Höhe gewährt wie der Zuschuss, der vom Land oder von der kommunalen Gebietskörperschaft für die einzelne Fördermaßnahme geleistet wird, so dass insgesamt ein Fördervolumen von 50 Millionen Euro im Kalenderjahr erreicht wird. Soweit Mittel der Arbeitsförderung bei einem Projekt eingesetzt werden, sind diese einem vom Land oder von der Kommune geleisteten Zuschuss gleichgestellt.

(3) Die Förderung des Auf- und Ausbaus von Angeboten zur Unterstützung im Alltag im Sinne des § 45a nach Absatz 1 Satz 1 Nummer 1 erfolgt als Projektförderung und dient insbesondere dazu, Aufwandsentschädigungen für die ehren-

amtlich tätigen Helfenden zu finanzieren sowie notwendige Personal- und Sachkosten, die mit der Koordination und Organisation der Hilfen und der fachlichen Anleitung und Schulung der Helfenden durch Fachkräfte verbunden sind. Dem Antrag auf Förderung ist ein Konzept zur Qualitätssicherung des Angebots beizufügen. Aus dem Konzept muss sich ergeben, dass eine angemessene Schulung und Fortbildung der Helfenden sowie eine kontinuierliche fachliche Begleitung und Unterstützung der ehrenamtlich Helfenden in ihrer Arbeit gesichert sind.

(4) Die Förderung des Auf- und Ausbaus und der Unterstützung von Gruppen ehrenamtlich tätiger sowie sonstiger zum bürgerschaftlichen Engagement bereiter Personen und entsprechender ehrenamtlicher Strukturen nach Absatz 1 Satz 1 Nummer 2 erfolgt zur Förderung von Initiativen, die sich die Unterstützung, allgemeine Betreuung und Entlastung von Pflegebedürftigen und deren Angehörigen sowie vergleichbar nahestehenden Pflegepersonen zum Ziel gesetzt haben.

(5) Im Rahmen der Modellförderung nach Absatz 1 Satz 1 Nummer 3 sollen insbesondere modellhaft Möglichkeiten einer wirksamen Vernetzung der erforderlichen Hilfen für an Demenz erkrankte Pflegebedürftige und andere Gruppen von Pflegebedürftigen, deren Versorgung in besonderem Maße der strukturellen Weiterentwicklung bedarf, in einzelnen Regionen erprobt werden. Dabei können auch stationäre Versorgungsangebote berücksichtigt werden. Die Modellvorhaben sind auf längstens fünf Jahre zu befristen. Bei der Vereinbarung und Durchführung von Modellvorhaben kann im Einzelfall von den Regelungen des Siebten Kapitels abgewichen werden. Für die Modellvorhaben sind eine wissenschaftliche Begleitung und Auswertung vorzusehen. Soweit im Rahmen der Modellvorhaben personenbezogene Daten benötigt werden, können diese nur mit Einwilligung des Pflegebedürftigen erhoben, verarbeitet und genutzt werden.

(6) Um eine gerechte Verteilung der Fördermittel der Pflegeversicherung auf die Länder zu gewährleisten, werden die Fördermittel der sozialen und privaten Pflegeversicherung nach dem Königsteiner Schlüssel aufgeteilt. Mittel, die in einem Land im jeweiligen Haushaltsjahr nicht in Anspruch genommen werden, können in das Folgejahr übertragen werden.

(7) Der Spitzenverband Bund der Pflegekassen beschließt mit dem Verband der privaten Krankenversicherung e. V. nach Anhörung der Verbände der Behinder-

ten und Pflegebedürftigen auf Bundesebene Empfehlungen über die Vorausset-
zungen, Ziele, Dauer, Inhalte und Durchführung der Förderung sowie zu dem
Verfahren zur Vergabe der Fördermittel für die in Absatz 1 genannten Zwecke.
In den Empfehlungen ist unter anderem auch festzulegen, dass jeweils im Ein-
zelfall zu prüfen ist, ob im Rahmen der in Absatz 1 Satz 1 genannten Zwecke
Mittel und Möglichkeiten der Arbeitsförderung genutzt werden können. Die
Empfehlungen bedürfen der Zustimmung des Bundesministeriums für Gesund-
heit und der Länder. Soweit Belange des Ehrenamts betroffen sind, erteilt das
Bundesministerium für Gesundheit seine Zustimmung im Benehmen mit dem
Bundesministerium für Familie, Senioren, Frauen und Jugend. Die Landesre-
gierungen werden ermächtigt, durch Rechtsverordnung das Nähere über die
Umsetzung der Empfehlungen zu bestimmen.

(8) Der Finanzierungsanteil, der auf die privaten Versicherungsunternehmen
entfällt, kann von dem Verband der privaten Krankenversicherung e. V. unmittelbar an das Bundesversicherungsamt zugunsten des Ausgleichsfonds der
Pflegeversicherung (§ 65) überwiesen werden. Näheres über das Verfahren der
Auszahlung der Fördermittel, die aus dem Ausgleichsfonds zu finanzieren sind,
sowie über die Zahlung und Abrechnung des Finanzierungsanteils der privaten
Versicherungsunternehmen regeln das Bundesversicherungsamt, der Spitzenverband Bund der Pflegekassen und der Verband der privaten Krankenversicherung e. V. durch Vereinbarung.

(9) Zur Verbesserung der Versorgung und Unterstützung von Pflegebedürftigen
und deren Angehörigen sowie vergleichbar nahestehenden Pflegepersonen können die in Absatz 1 genannten Mittel auch für die Beteiligung von Pflegekassen
an regionalen Netzwerken verwendet werden, die der strukturierten Zusammenarbeit von Akteuren dienen, die an der Versorgung Pflegebedürftiger beteiligt sind und die sich im Rahmen einer freiwilligen Vereinbarung vernetzen. Die
Förderung der strukturierten regionalen Zusammenarbeit erfolgt, indem sich
die Pflegekassen einzeln oder gemeinsam im Wege einer Anteilsfinanzierung
an den netzwerkbedingten Kosten beteiligen. Je Kreis oder kreisfreier Stadt
darf der Förderbetrag dabei 20 000 Euro je Kalenderjahr nicht überschreiten.
Den Kreisen und kreisfreien Städten, Selbsthilfegruppen, -organisationen und
-kontaktstellen im Sinne des § 45d sowie organisierten Gruppen ehrenamtlich
tätiger sowie sonstiger zum bürgerschaftlichen Engagement bereiter Personen
im Sinne des Absatzes 4 ist in ihrem jeweiligen Einzugsgebiet die Teilnahme an
der geförderten strukturierten regionalen Zusammenarbeit zu ermöglichen. Für

private Versicherungsunternehmen, die die private Pflege-Pflichtversicherung durchführen, gelten die Sätze 1 bis 4 entsprechend. Absatz 7 Satz 1 bis 4 und Absatz 8 finden entsprechende Anwendung. Die Absätze 2 und 6 finden keine Anwendung.

25 § 45d Förderung der Selbsthilfe Verordnungsermächtigung

25.1 Was ist neu?

Dieser Paragraf enthält die Förderbedingungen für die Selbsthilfe, die die Pflegekassen mit 0,10 € pro Versicherten zu fördern haben. Aufgrund der generellen Umstrukturierung von §§ 45a bis d ist dieser Abschnitt nun auf die Selbsthilfe beschränkt.

Die Teilüberschrift: „Verordnungsermächtigung" ist irreführend und vermutlich falsch, sie gehört zu § 45c: hier war und ist eine Verordnungsermächtigung der Länder vorgesehen.

25.2 Kritik und Praxis

Diese eigenständige Förderung der Selbsthilfe mit möglichen 7,944 Mill. Euro in 2014 wurde nur sehr zaghaft genutzt, denn in diesem Jahr wurden davon gerade einmal 808.200 € abgerufen (Bundesversicherungsamt 2014). Da aber auch hier die Vorgaben des § 45c gelten (komplementäre Förderung durch die Länder in gleicher Höhe), erklärt sich vermutlich die geringe Auszahlungssumme.

25.3 Gesetzestext: § 45d Förderung der Selbsthilfe, Verordnungsermächtigung

(1) Je Versichertem werden 0,10 Euro je Kalenderjahr verwendet zur Förderung und zum Auf- und Ausbau von Selbsthilfegruppen, -organisationen und -kontaktstellen, die sich die Unterstützung von Pflegebedürftigen sowie von deren Angehörigen und vergleichbar Nahestehenden zum Ziel gesetzt haben. Dabei werden die Vorgaben des § 45c und das dortige Verfahren entsprechend angewendet. Selbsthilfegruppen sind freiwillige, neutrale, unabhängige und nicht gewinnorientierte Zusammenschlüsse von Personen, die entweder auf Grund eigener Betroffenheit oder als Angehörige das Ziel verfolgen, durch persönliche, wechselseitige Unterstützung, auch unter Zuhilfenahme von Angeboten ehrenamtlicher und sonstiger zum bürgerschaftlichen Engagement bereiter Personen, die Lebenssituation von Pflegebedürftigen sowie von deren Angehörigen und vergleichbar Nahestehenden zu verbessern. Selbsthilfeorganisationen sind

die Zusammenschlüsse von Selbsthilfegruppen in Verbänden. Selbsthilfekontaktstellen sind örtlich oder regional arbeitende professionelle Beratungseinrichtungen mit hauptamtlichem Personal, die das Ziel verfolgen, die Lebenssituation von Pflegebedürftigen sowie von deren Angehörigen und vergleichbar Nahestehenden zu verbessern. Eine Förderung der Selbsthilfe nach dieser Vorschrift ist ausgeschlossen, soweit für dieselbe Zweckbestimmung eine Förderung nach § 20h des Fünften Buches erfolgt. § 45c Absatz 7 Satz 5 gilt entsprechend."

26 § 113 Maßstäbe und Grundsätze zur Sicherung und Weiterentwicklung der Pflegequalität

26.1 Was ist neu?

Ab 2016

In die Qualitätsvereinbarungen neu aufgenommen wird die Festlegung der Qualitätsdarstellung. Die neuen Vereinbarungen müssen stationär bis zum 30. Juni 2017, ambulant bis zum 30. Juni 2018 vereinbart werden. Es wird ausdrücklich auf ein wirtschaftliches Dokumentationssystem als Bestandteil der Maßstäbe verwiesen. Hier wird auch festgelegt, dass Einsparungen durch eine wirtschaftlichere Pflegedokumentation nicht zu Personalabsenkungen führen dürfen, sondern der Arbeitsverdichtung entgegenwirken sollen.

Das schon im alten Gesetzestext aufgenommene indikatorengestützte Verfahren zur vergleichenden Messung und Darstellung von Ergebnisqualität im stationären Bereich ist als Standard einzuführen. Um beim Vergleich die datenschutzrechtlichen Belange einzuhalten, wird eine beauftragte, fachlich unabhängige Institution die Ergebnisse des Vergleichs auswerten und die ausgewerteten Daten an die Landesverbände der Pflegekassen bzw. den beauftragten Prüfer weiterleiten.

26.2 Kritik und Praxis

Die bisher im Gesetz immer genutzte Formulierung, dass die Maßstäbe „gemeinsam und einheitlich" zu vereinbaren seien, hat der Gesetzgeber aufgegeben mit dem Hinweis auf den Qualitätsausschuss nach § 113b. Auch wenn im bisherigen Verfahren schon die Anrufung einer Schiedsstelle und deren Entscheidung vorgesehen war, streicht der Gesetzgeber diese Formulierung (siehe auch Kommentar zu § 113b).

Indirekt wird hier nochmals die Einführung des Strukturmodells zur vereinfachten Pflegedokumentation forciert, allerdings auch (auf Intervention des Gesundheitsausschusses) festgelegt, das damit gewonnene Einsparungen nicht zu einer Personalreduzierung führen dürfen. Mit der vereinfachten Pflegedokumentation kommt es vor allem im stationären Bereich zu einer zeitlichen Entlastung, ambulant dürfte diese sehr viel geringer ausfallen, weil hier viele Elemente insbesondere die Durchführungsdokumentation kaum verändert werden. Unabhängig davon sollen mögliche Zeitgewinne nicht zu einer Veränderung der Vergütung (oder des Personalschlüssels) führen. Systematisch ist dieser Hinweis hier im Gesetz überraschend, denn die Vergütungsregelungen sind im 8. Kapitel angesiedelt. Andererseits ergibt sich hiermit noch ein Zusatzanreiz, die vereinfachte Pflegedokumentation zeitnah umzusetzen, denn mögliche Einsparungen sind dann sofort für die Einrichtung verfügbar, ohne dass eine Vergütungskürzung möglich ist.

Das im Rahmen eines Modellprojektes entwickelte indikatorengestützte Instrument zur Beurteilung der Ergebnisqualität in stationären Einrichtungen (siehe Literatur) wird zum stationären Standard erhoben und ist umzusetzen. Zwar ist der Hinweis auf das Indikatorenmodell schon mit dem PNG 2012 ins Gesetz eingeführt worden, eine konkrete Umsetzung (außer in Modellversuchen) fand bisher nicht statt. Ambulant wird das noch nicht gefordert, aber in § 113b ist ein entsprechender Entwicklungsauftrag vorgesehen.

Was die Einführung bedeutet, ist dem Gesetzgeber klar: *„Mit der Einführung des indikatorengestützten Qualitätsmanagements geht eine Umstrukturierung der Prüfinhalte und des Prüfgeschehens einher, denn die Indikatoren und die Gewinnung von bewertbaren Informationen sind in den gegenwärtigen Erhebungsbögen der Qualitätsprüfungs-Richtlinien nicht ohne Weiteres integrierbar. Die Vorschrift konkretisiert daher, dass in den Maßstäben und Grundsätzen für den stationären Bereich Inhalte und Verfahren dieses Modells umfassend zu beschreiben sind."* (Gesetzesbegründung zu § 113).

Für die Auswertung und zum Vergleich der Daten muss eine fachlich unabhängige Institution gefunden und beauftragt werden, die dann die Daten sammelt, auswertet und die Ergebnisse an die Auftraggeber der Prüfungen weiterleitet. Hier bedarf es einer Aufbauarbeit, insbesondere auch angesichts der Menge der zu verarbeitenden Daten von später über 25.000 Einrichtungen (ambulant und stationär) jährlich.

Auch müssen die so neu strukturierten Qualitätsmaßstäbe zeitnah entwickelt und verabschiedet werden. Hier macht der Gesetzgeber zeitlich massiven Druck. Man darf nicht vergessen, dass parallel das NBA eingeführt und damit alle Rahmenbedingungen neu zu justieren sind. Das führt auch zu Anpassungen aller Rahmenverträge und Rahmenvertragsempfehlungen und zu vielen Vergütungsverhandlungen. Faktisch sind in den Gremien oft die gleichen Personen betroffen, so dass hier sehr viel Arbeit auf alle zukommt. Fraglich ist, ob dieser massive zeitliche Druck sinnvoll ist. Denn, das wird über die Neustruktur in § 113b noch deutlicher, es wird neben dem völlig neuen Einstufungsbegriff und der damit umzusetzenden massiven Änderung im Leistungsrecht auch das gesamte Qualitätssystem neu aufgestellt. Und beides muss zeitgleich umgesetzt werden.

Die ambulante Pflege sollte sich frühzeitig mit dem bisher stationären Indikatorenmodell beschäftigen, denn ein vergleichbares System wird nach dem Willen des Gesetzgebers auch ambulant umgesetzt, auch wenn bisher hier nur die stationäre Rechtsgrundlage geschaffen wird.

26.3 Gesetzestext: § 113 Maßstäbe und Grundsätze zur Sicherung und Weiterentwicklung der Pflegequalität

§ (1) Der Spitzenverband Bund der Pflegekassen, die Bundesarbeitsgemeinschaft der überörtlichen Träger der Sozialhilfe, die kommunalen Spitzenverbände auf Bundesebene und die Vereinigungen der Träger der Pflegeeinrichtungen auf Bundesebene vereinbaren unter Beteiligung des Medizinischen Dienstes des Spitzenverbandes Bund der Krankenkassen, des Verbandes der privaten Krankenversicherung e. V., der Verbände der Pflegeberufe auf Bundesebene, der maßgeblichen Organisationen für die Wahrnehmung der Interessen und der Selbsthilfe der pflegebedürftigen und behinderten Menschen nach **Maßgabe von § 118** sowie unabhängiger Sachverständiger Maßstäbe und Grundsätze für die Qualität, **Qualitätssicherung und Qualitätsdarstellung** in der ambulanten und stationären Pflege sowie für die Entwicklung eines einrichtungsinternen Qualitätsmanagements, das auf eine stetige Sicherung und Weiterentwicklung der Pflegequalität ausgerichtet ist. **In den Vereinbarungen sind insbesondere auch Anforderungen an eine praxistaugliche, den Pflegeprozess unterstützende und die Pflegequalität fördernde Pflegedokumentation zu regeln. Die Anforderungen dürfen über ein für die Pflegeeinrichtungen vertretbares und wirtschaftliches Maß nicht hinausgehen und sollen den Aufwand für Pflegedokumentation in ein angemessenes Verhältnis zu den Aufgaben der pflegerischen Versorgung setzen. Die Maßstäbe und Grundsätze für die stationäre Pflege sind bis zum 30. Juni 2017, die Maßstäbe und Grundsätze für die ambulante Pflege bis zum 30. Juni 2018 zu vereinbaren. Sie sind in regelmäßigen Abständen an den medizinisch-pflegefachlichen Fortschritt anzupassen. Soweit sich in den Pflegeeinrichtungen zeitliche Einsparungen ergeben, die Ergebnis der Weiterentwicklung der Pflegedokumentation auf Grundlage des pflegefachlichen Fortschritts durch neue, den Anforderungen nach Satz 3 entsprechende Pflegedokumentationsmodelle sind, führen diese nicht zu einer Absenkung der Pflegevergütung, sondern wirken der Arbeitsverdichtung entgegen.** Die Vereinbarungen sind im Bundesanzeiger zu veröffentlichen und gelten vom ersten Tag des auf die Veröffentlichung folgenden Monats. Sie sind für alle Pflegekassen und deren Verbände sowie für die zugelassenen Pflegeeinrichtungen unmittelbar verbindlich.

(1a) In den Maßstäben und Grundsätzen für die stationäre Pflege nach Absatz 1 ist insbesondere das indikatorengestützte Verfahren zur vergleichenden Messung und Darstellung von Ergebnisqualität im stationären Bereich, das auf der Grundlage einer strukturierten Datenerhebung im Rahmen des internen Qualitätsmanagements eine Qualitätsberichterstattung und die externe Qualitätsprüfung ermöglicht, zu beschreiben. Insbesondere sind die Indikatoren, das Daten-erhebungsinstrument sowie die bundesweiten Verfahren für die Übermittlung, Auswertung und Bewertung der Daten sowie die von Externen durchzuführen-de Prüfung der Daten festzulegen. Die datenschutzrechtlichen Bestimmungen sind zu beachten, insbesondere sind personenbezogene Daten von Versicherten vor der Übermittlung an die fachlich unabhängige Institution nach Absatz 1b zu pseudonymisieren. Eine Wiederherstellung des Personenbezugs durch die fachlich unabhängige Institution nach Absatz 1b ist ausgeschlossen. Ein Daten-schutzkonzept ist mit den zuständigen Datenschutzaufsichtsbehörden abzustim-men. Zur Sicherstellung der Wissenschaftlichkeit beschließen die Vertragspar-teien nach Absatz 1 Satz 1 unverzüglich die Vergabe der Aufträge nach § 113b Absatz 4 Satz 2 Nummer 1 und 2.

(1b) Die Vertragsparteien nach Absatz 1 Satz 1 beauftragen im Rahmen eines Vergabeverfahrens eine fachlich unabhängige Institution, die entsprechend den Festlegungen nach Absatz 1a erhobenen Daten zusammenzuführen sowie leis-tungserbringerbeziehbar und fallbeziehbar nach Maßgabe von Absatz 1a auszu-werten. Zum Zweck der Prüfung der von den Pflegeeinrichtungen erbrachten Leistungen und deren Qualität nach den §§ 114 und 114a sowie zum Zweck der Qualitätsdarstellung nach § 115 Absatz 1a leitet die beauftragte Institution die Ergebnisse der nach Absatz 1a ausgewerteten Daten an die Landesverbände der Pflegekassen und die von ihnen beauftragten Prüfinstitutionen und Sachver-ständigen weiter; diese dürfen die übermittelten Daten zu den genannten Zwe-cken verarbeiten und nutzen. Die Vertragsparteien nach Absatz 1 Satz 1 verein-baren diesbezüglich entsprechende Verfahren zur Weiterleitung der Daten. Die datenschutzrechtlichen Bestimmungen sind jeweils zu beachten.

(2) Die Vereinbarungen nach Absatz 1 können von jeder Partei mit einer Frist von einem Jahr ganz oder teilweise gekündigt werden. Nach Ablauf des Vereinbarungszeit-raums oder der Kündigungsfrist gilt die Vereinbarung bis zum Abschluss einer neuen Vereinbarung weiter. Die am 1. Januar 2016 bestehenden Maßstäbe und Grundsätze zur Sicherung und Weiterentwicklung der Pflege gelten bis zum Abschluss der Vereinba-rungen nach Absatz 1 fort.

27 § 113b Qualitätsausschuss

27.1 Was ist neu?

Aus der „Schiedsstelle Qualität" wird der „Qualitätsausschuss", der alle Beschlüsse nach § 37. 5 (Maßstäbe für Beratungsbesuche) § 113, 113a (Expertenstandards), § 115 und 115a zu treffen hat. Jede Gruppe (Leistungsanbieter und Kostenträger) hat maximal 10 Vertreter. Kommen keine einvernehmlichen Entscheidungen zustande, kann der Qualitätsausschuss erweitert werden durch einen unparteiischen Vorsitzenden und zwei unparteiische Beisitzer (sowie deren Stellvertreter). Die Erweiterung kann auch auf Verlangen einer Vertragspartei, aber auch des zuständigen Bundesministeriums verlangt werden. Der unparteiische Vorsitzende wird vom Ministerium benannt, die unparteiischen Beisitzer von den Vertragsparteien, ersatzweise auch vom Ministerium.

Die Vertragsparteien richten zunächst für 5 Jahre eine unabhängige qualifizierte Geschäftsstelle des Qualitätsausschusses ein, die die Koordination der Aufgaben sowie die wissenschaftliche Beratung wahrnimmt. Es können auch weitere fachwissenschaftliche Expertisen oder Sachverständige zugezogen werden. Diese beauftragten Einrichtungen und Sachverständigen haben folgende, im Gesetz explizit benannten Projekte zu entwickeln/vorzulegen:

– Bis zum 31. März 2017 Instrumente zur stationären Qualitätsprüfung und Berichterstattung auf der Basis des indikatorengestützten Modells einschließlich der praktischen Abwicklung entwickeln.
– Ein vergleichbares ambulantes Modell bis 30. Juni 2017 entwickeln und bis zum 31. März 2018 erproben.
– Ergänzende Instrumente zur Ermittlung und Bewertung von Lebensqualität entwickeln.
– Die Umsetzung der indikatorengestützten Qualitätsberichterstattung wissenschaftlich evaluieren und notwendige Anpassungen empfehlen.
– Ein Konzept zur Qualitätssicherung in neuen Wohnformen entwickeln.

Die Bearbeitungsaufträge haben auch immer die finanziellen Auswirkungen ihrer Empfehlungen mit darzustellen.

Die Vertragsparteien erstellen bis zum 29. Februar 2016 eine Geschäftsordnung, die der Zustimmung des zuständigen Bundesministeriums bedarf.

Jede Entscheidung des Qualitätsausschusses bedarf der Zustimmung des Bundesministeriums und kann von diesem hinterfragt werden. Werden Fristen aus diesem Gesetz nicht eingehalten, kann das Ministerium die Inhalte selbst festlegen.

27.2 Kritik und Praxis

Der Qualitätsausschuss soll keine neue Institution sein, sondern nach Ansicht des Gesetzgebers nur die Weiterentwicklung der bisherigen Schiedsstelle Qualitätssicherung. Es soll nun ein *„effizientes Verhandlungs- und Entscheidungsgremium"* sein. Aus der gesamten Regelung spricht der „Frust" des Gesetzgebers über die bisherigen Abläufe und die Arbeit auf Bundesebene. Denn nur so ist die komplette Umgestaltung zu verstehen. Bei allen Punkten sind enge zeitliche Vorgaben gesetzlich vorgesehen, jederzeit kann das Bundesministerium für Gesundheit intervenieren oder/und selbst entscheiden. Damit werden die Selbstverwaltung und ihre bisherigen Entscheidungskompetenzen massiv beschnitten.

Sehr positiv zu bewerten ist die Einrichtung einer unabhängigen und wissenschaftlich ausgestatteten Geschäftsstelle des Qualitätsausschusses. Denn in der Praxis sind insbesondere die unabhängigen Beisitzer und Vorsitzenden (aller Schiedsstellen auf Landes und Bundesebene) oftmals überfordert, die detaillierten Zusammenhänge der zu regelnden Sachverhalte zu durchschauen und fachlich zu bewerten. Mit einer Geschäftsstelle an ihrer Seite wird sich dies in jedem Fall ändern. Der Gesetzgeber hat die Finanzierung über die Mittel nach § 8 Abs. 3 (neu ergänzt um Absatz 4) vorgesehen. Da für die hier geförderten Modellprojekte zur Weiterentwicklung der Pflegeversicherung von den jährlich 5 Millionen Euro nach Feststellung des Ministeriums in den letzten Jahren immer nur 2,5 Millionen Euro ausgegeben wurden, sind hier finanzielle Mittel vorhanden, die genutzt werden können. Kritisch ist anzumerken, dass gerade mit der Einführung des NBA und der damit verbundenen strukturellen Umwälzungen der Bedarf nach Modellvorhaben etc. steigen müsse, aber die Geldmittel so indirekt reduziert wurden. Allerdings wurden auch diese Mittel, die anders als die Mittel nach § 45 c und § 45 d nicht von einer ergänzenden Finanzierung der Länder abhängig sind, 2014 nach dem Bericht des Bundesversicherungsamtes nur im Umfang von 2.007.000 € abgerufen.

Für die ambulante Pflege ist damit abzusehen, dass sich zukünftig die Qualitätsprüfungen am stationären Indikatorenmodell orientieren werden. Daher sollte man genau beobachten, wann und durch welche Institution die ambulanten Instrumente entwickelt und evaluiert werden, auch wenn für den ambulanten Bereich hier noch etwas mehr Zeit vorgesehen ist.

Es soll auch ein Konzept zur Qualitätssicherung in neuen Wohnformen entwickelt werden. Anders als bei Einrichtungen im Sinne des SGB XI (ambulant, teilstationär, vollstationär) gibt es bei Wohnformen weder klar definierte Normen noch eindeutige Begriffe. Selbst bei Wohngemeinschaften gibt es mindestens 16 verschiedene Definitionen (Landeskompetenz), teilweise sogar noch mehr (selbstbestimmt; trägerabhängig, usw.). Wie hier bundeseinheitliche Konzepte zur Qualitätssicherung entwickelt werden sollen, ist mehr als schleierhaft. Auch hier erweist sich dieser Teil der Föderalismusreform (Heimgesetze als Landeskompetenz) mehr als hinderlich.

27.3 Gesetzestext § 113b Qualitätsausschuss

§ (1) Die von den Vertragsparteien nach § 113 im Jahr 2008 eingerichtete Schiedsstelle Qualitätssicherung entscheidet als Qualitätsausschuss nach Maßgabe der Absätze 2 bis 8. Die Vertragsparteien nach § 113 treffen die Vereinbarungen und erlassen die Beschlüsse nach § 37 Absatz 5 in der ab dem 1. Januar 2017 geltenden Fassung, den §§ 113, 113a, 115 Absatz 1a und § 115a Absatz 1 und 2 durch diesen Qualitätsausschuss.

(2) Der Qualitätsausschuss besteht aus Vertretern des Spitzenverbandes Bund der Pflegekassen (Leistungsträger) und aus Vertretern der Vereinigungen der Träger der Pflegeeinrichtungen auf Bundesebene (Leistungserbringer) in gleicher Zahl; Leistungsträger und Leistungserbringer können jeweils höchstens zehn Mitglieder entsenden. Dem Qualitätsausschuss gehören auch ein Vertreter der Bundesarbeitsgemeinschaft der überörtlichen Träger der Sozialhilfe und ein Vertreter der kommunalen Spitzenverbände auf Bundesebene an; sie werden auf die Zahl der Leistungsträger angerechnet. Dem Qualitätsausschuss kann auch ein Vertreter des Verbandes der privaten Krankenversicherung e. V. angehören; die Entscheidung hierüber obliegt dem Verband der privaten Krankenversicherung e. V. Sofern der Verband der privaten Krankenversicherung e. V. ein Mitglied entsendet, wird dieses Mitglied auf die Zahl der Leistungsträger angerechnet. Dem Qualitätsausschuss soll auch ein Vertreter der Verbände der Pflegeberufe angehören; er wird auf die Zahl der Leistungserbringer angerechnet. Eine Organisation kann nicht gleichzeitig der Leistungsträgerseite und der Leistungserbringerseite zugerechnet werden. Jedes Mitglied erhält eine Stimme; die Stimmen sind gleich zu gewichten. Der Medizinische Dienst des Spitzenverban des Bund der Krankenkassen wirkt in den Sitzungen und an den Beschlussfassungen im Qualitätsausschuss, auch in seiner erweiterten Form nach Absatz 3, beratend mit. Die auf Bundesebene maßgeblichen Organisationen für die Wahrnehmung der Interessen und der Selbsthilfe pflegebedürftiger und behinderter Menschen wirken in den Sitzungen und an den Beschlussfassungen im Qualitätsausschuss, auch in seiner erweiterten Form nach Absatz 3, nach Maßgabe von § 118 beratend mit.

(3) Kommt im Qualitätsausschuss eine Vereinbarung oder ein Beschluss nach Absatz 1 Satz 2 ganz oder teilweise nicht durch einvernehmliche Einigung zustande, so wird der Qualitätsausschuss auf Verlangen von mindestens einer Vertragspartei nach § 113, eines Mitglieds des Qualitätsausschusses oder des

Bundesministeriums für Gesundheit um einen unparteiischen Vorsitzenden und zwei weitere unparteiische Mitglieder erweitert (erweiterter Qualitätsausschuss). Sofern die Organisationen, die Mitglieder in den Qualitätsausschuss entsenden, nicht bis zum 31. März 2016 die Mitglieder nach Maßgabe von Absatz 2 Satz 1 benannt haben, wird der Qualitätsausschuss durch die drei unparteiischen Mitglieder gebildet. Der unparteiische Vorsitzende und die weiteren unparteiischen Mitglieder sowie deren Stellvertreter führen ihr Amt als Ehrenamt. Der unparteiische Vorsitzende wird vom Bundesministerium für Gesundheit benannt; der Stellvertreter des unparteiischen Vorsitzenden und die weiteren unparteiischen Mitglieder sowie deren Stellvertreter werden von den Vertragsparteien nach § 113 gemeinsam benannt. Mitglieder des Qualitätsausschusses können nicht als Stellvertreter des unparteiischen Vorsitzenden oder der weiteren unparteiischen Mitglieder benannt werden. Kommt eine Einigung über die Benennung der unparteiischen Mitglieder nicht innerhalb einer vom Bundesministerium für Gesundheit gesetzten Frist zustande, erfolgt die Benennung durch das Bundesministerium für Gesundheit. Der erweiterte Qualitätsausschuss setzt mit der Mehrheit seiner Mitglieder den Inhalt der Vereinbarungen oder der Beschlüsse der Vertragsparteien nach § 113 fest. Die Festsetzungen des erweiterten Qualitätsausschusses haben die Rechtswirkung einer vertraglichen Vereinbarung oder Beschlussfassung im Sinne von § 37 Absatz 5 in der ab dem 1. Januar 2017 geltenden Fassung, von den §§ 113, 113a und 115 Absatz 1a.

(4) Die Vertragsparteien nach § 113 beauftragen zur Sicherstellung der Wissenschaftlichkeit bei der Wahrnehmung ihrer Aufgaben durch den Qualitätsausschuss mit Unterstützung der qualifizierten Geschäftsstelle nach Absatz 6 fachlich unabhängige wissenschaftliche Einrichtungen oder Sachverständige. Diese wissenschaftlichen Einrichtungen oder Sachverständigen werden beauftragt, insbesondere

1. bis zum 31. März 2017 die Instrumente für die Prüfung der Qualität der Leistungen, die von den stationären Pflegeeinrichtungen erbracht werden, und für die Qualitätsberichterstattung in der stationären Pflege zu entwickeln, wobei

a. insbesondere die 2011 vorgelegten Ergebnisse des vom Bundesministerium für Gesundheit und vom Bundesministerium für Familie, Senioren, Frauen und Jugend geförderten Projektes Entwicklung und Erprobung von Instrumenten zur Beurteilung der Ergebnisqualität in der stationären Altenhilfe und die Ergebnisse der dazu durchgeführten Umsetzungsprojekte

b. Aspekte der Prozess- und Strukturqualität zu berücksichtigen sind;

2. bis zum 31. März 2017 auf der Grundlage der Ergebnisse nach Nummer 1 unter Beachtung des Prinzips der Datensparsamkeit ein bundesweites Datenerhebungsinstrument, bundesweite Verfahren für die Übermittlung und Auswertung der Daten einschließlich einer Bewertungssystematik sowie für die von Externen durchzuführende Prüfung der Daten zu entwickeln;

3. bis zum 30. Juni 2017 die Instrumente für die Prüfung der Qualität der von den ambulanten Pflegeeinrichtungen erbrachten Leistungen und für die Qualitätsberichterstattung in der ambulanten Pflege zu entwickeln, eine anschließende Pilotierung durchzuführen und einen Abschlussbericht bis zum 31. März 2018 vorzulegen;

4. ergänzende Instrumente für die Ermittlung und Bewertung von Lebensqualität zu entwickeln;

5. die Umsetzung der nach den Nummern 1 bis 3 entwickelten Verfahren zur Qualitätsmessung und Qualitätsdarstellung wissenschaftlich zu evaluieren und den Vertragsparteien nach § 113 Vorschläge zur Anpassung der Verfahren an den neuesten Stand der wissenschaftlichen Erkenntnisse zu unterbreiten sowie

6. ein Konzept für eine Qualitätssicherung in neuen Wohnformen zu entwickeln.

Das Bundesministerium für Gesundheit sowie das Bundesministerium für Familie, Senioren, Frauen und Jugend in Abstimmung mit dem Bundesministerium für Gesundheit können den Vertragsparteien nach § 113 weitere Themen zur wissenschaftlichen Bearbeitung vorschlagen.

(5) Die Finanzierung der Aufträge nach Absatz 4 erfolgt aus Mitteln des Ausgleichsfonds der Pflegeversicherung nach § 8 Absatz 4. Bei der Bearbeitung der Aufträge nach Absatz 4 Satz 2 ist zu gewährleisten, dass die Arbeitsergebnisse umsetzbar sind. Der jeweilige Auftragnehmer hat darzulegen, zu welchen finanziellen Auswirkungen die Umsetzung der Arbeitsergebnisse führen wird. Den Arbeitsergebnissen ist diesbezüglich eine Praktikabilitäts- und Kostenanalyse beizufügen. Die Ergebnisse der Arbeiten nach Absatz 4 Satz 2 sind dem Bundesministerium für Gesundheit zur Kenntnisnahme vor der Veröffentlichung vorzulegen.

(6) Die Vertragsparteien nach § 113 richten gemeinsam bis zum 31. März 2016 eine unabhängige qualifizierte Geschäftsstelle des Qualitätsausschusses für die Dauer von fünf Jahren ein. Die Geschäftsstelle nimmt auch die Aufgaben einer wissenschaftlichen Beratungs- und Koordinierungsstelle wahr. Sie soll

insbesondere den Qualitätsausschuss und seine Mitglieder fachwissenschaftlich beraten, die Auftragsverfahren nach Absatz 4 koordinieren und die wissenschaftlichen Arbeitsergebnisse für die Entscheidungen im Qualitätsausschuss aufbereiten. Näheres zur Zusammensetzung und Arbeitsweise der qualifizierten Geschäftsstelle regeln die Vertragsparteien nach § 113 in der Geschäftsordnung nach Absatz 7.

(7) Die Vertragsparteien nach § 113 vereinbaren in einer Geschäftsordnung mit dem Verband der privaten Krankenversicherung e. V., mit den Verbänden der Pflegeberufe auf Bundesebene und mit den auf Bundesebene maßgeblichen Organisationen für die Wahrnehmung der Interessen und der Selbsthilfe pflegebedürftiger und behinderter Menschen das Nähere zur Arbeitsweise des Qualitätsausschusses, insbesondere

1. zur Benennung der Mitglieder und der unparteiischen Mitglieder,
2. zur Amtsdauer, Amtsführung und Entschädigung für den Zeitaufwand der unparteiischen Mitglieder,
3. zum Vorsitz,
4. zu den Beschlussverfahren,
5. zur Errichtung einer qualifizierten Geschäftsstelle auch mit der Aufgabe als wissenschaftliche Beratungs- und Koordinierungsstelle nach Absatz 6,
6. zur Sicherstellung der jeweiligen Auftragserteilung nach Absatz 4,
7. zur Einbeziehung weiterer Sachverständiger oder Gutachter,
8. zur Bildung von Arbeitsgruppen,
9. zur Gewährleistung der Beteiligungs- und Mitberatungsrechte nach diesem Gesetz sowie
10. zur Verteilung der Kosten für die Entschädigung der unparteiischen Mitglieder und der einbezogenen weiteren Sachverständigen und Gutachter.

Die Geschäftsordnung und die Änderung der Geschäftsordnung sind durch das Bundesministerium für Gesundheit im Benehmen mit dem Bundesministerium für Familie, Senioren, Frauen und Jugend zu genehmigen. Kommt die Geschäftsordnung nicht bis zum 29. Februar 2016 zustande, wird ihr Inhalt durch das Bundesministerium für Gesundheit im Benehmen mit dem Bundesministerium für Familie, Senioren, Frauen und Jugend bestimmt.

(8) Die durch den Qualitätsausschuss getroffenen Entscheidungen sind dem Bundesministerium für Gesundheit vorzulegen. Es kann die Entscheidungen innerhalb von zwei Monaten beanstanden. Das Bundesministerium für Gesundheit kann im Rahmen der Prüfung vom Qualitätsausschuss zusätzliche Informatio-

nen und ergänzende Stellungnahmen anfordern; bis zu deren Eingang ist der Lauf der Frist nach Satz 2 unterbrochen. Beanstandungen des Bundesministeriums für Gesundheit sind innerhalb der von ihm gesetzten Frist zu beheben. Die Nichtbeanstandung von Entscheidungen kann vom Bundesministerium für Gesundheit mit Auflagen verbunden werden. Kommen Entscheidungen des Qualitätsausschusses ganz oder teilweise nicht fristgerecht zustande oder werden die Beanstandungen des Bundesministeriums für Gesundheit nicht innerhalb der von ihm gesetzten Frist behoben, kann das Bundesministerium für Gesundheit den Inhalt der Vereinbarungen und der Beschlüsse nach Absatz 1 Satz 2 festsetzen. Bei den Verfahren nach den Sätzen 1 bis 6 setzt sich das Bundesministerium für Gesundheit mit dem Bundesministerium für Familie, Senioren, Frauen und Jugend ins Benehmen.

.

28 § 114 Qualitätsprüfungen

28.1 Was ist neu?

Änderung ab 01.01.2016: Abrechnungsprüfungen sind nun verpflichtender Bestandteil der Abrechnung.

Die Berücksichtigung anderer Prüfergebnisse, insbesondere im Bereich der Prozess- und Strukturqualität bei Qualitätsprüfungen entfällt.

Im neuen Absatz 4 (vorher Absatz 5) wird gestrichen, dass bei Wiederholungsprüfungen in Zusammenhang mit einer vorherigen Regel- oder Anlassprüfung die Kosten von den Pflegeeinrichtungen zu übernehmen sind. Andererseits ist das bisher definierte Recht, dass Pflegeeinrichtungen selbst auch Wiederholungsprüfungen beantragen können, falls sie ansonsten unzumutbare Nachteile befürchten, auch gestrichen worden.

Weitere Änderung ab 01.01.2017: nur redaktionelle Anpassungen.

28.2 Kritik und Praxis

Die Möglichkeit, im Rahmen der Qualitätsprüfungen durch den MDK oder den Prüfdienst der privaten Krankenversicherung, auch die Abrechnungen der Leistungen zu prüfen, gibt es schon seit 2008. Diese Kannvorschrift (unabhängig von Abrechnungsprüfungen durch die Pflegekassen bei konkreten Anlässen, wie sie in den Rahmenverträgen nach § 75 geregelt sind) wird nun in eine Soll-Vorschrift umgewandelt, das heißt: es müssen die Abrechnungen bei jeder Prüfung mit geprüft werden. Die Gesetzesbegründung verweist auf die dazu notwendigerweise zu ändernden Regelungen der Richtlinien zur Durchführung der Qualitätsprüfungen des Spitzenverbandes Bund der Pflegekassen. Auch wird auf § 47a verwiesen: Hier ist geregelt, dass die in § 197a SGB V begründeten Einheiten zur Bekämpfung von Fehlverhalten im Gesundheitswesen auch im Bereich der Pflegeversicherung tätig werden sollen/können. Sie sollen hier mit den jeweils zuständigen (soweit betroffenen) Sozialhilfeträgern zusammenarbeiten. Die in diesem Zusammenhang nötigen datenschutzrechtlichen Regelungen sind in Absatz 2, § 47a getroffen.

Die standardmäßige Ausweitung der Qualitätsprüfungen bedarf zwar noch der weiteren Konkretisierung in der Prüfrichtlinie. Es ist aber aus praktischen Gründen zu erwarten, dass hier primär erst einmal die Abrechnungen überprüft werden, die sich auf die Kunden der Stichprobe beziehen. Denn hier hat der Prüfer schon ein konkretes Bild der Versorgung und kann die Pflegedokumentationen zum Abgleich mit ins Büro des Pflegedienstes bringen. Zur Abrechnungsprüfung werden sicherlich vorhandene Aufzeichnungen wie Durchführungskontrollen, Leistungsnachweise und Pflegeberichte mit den abgerechneten Leistungen (Rechnungen) stichprobenhaft abgeglichen. Zu erwarten ist auch, dass die Abrechnungen für zurückliegende Monate geprüft werden, da für den Prüftag die Leistungen noch nicht abgerechnet worden sind.

Hier sei auf die Problematik einer Praxis hingewiesen, die immer noch in manchen Pflegeeinrichtungen anzutreffen ist. Zur Leistungsdokumentation (Durchführungskontrolle) im ambulanten Bereich reicht der Leistungsnachweis, der auch als Abrechnungsunterlage benötigt wird. Denn die konkrete Leistung, beispielsweise „Große Pflege", ist in der Pflegeplanung (oder auch/zusätzlich im Maßnahmenplan bzw. Tagesablauf) konkret beschrieben; Abweichungen werden im Pflegebericht dokumentiert. Trotzdem finden sich oft noch zusätzliche Durchführungskontrollen, die meist die Leistungen konkretisieren sollen. Oft sind diese Formulare zusätzlich pro Einsatz abzuzeichnen, meist auch mit der Vielzahl der Einzelschritte, die hier beschrieben sind. Das führt dazu, dass Mitarbeiter auf diesen Durchführungskontrollen oftmals sehr viele Handzeichen (für jede Zeile/jeden Handgriff) zu leisten haben und diese dann nur noch automatisch abzeichnen, ohne auf die konkreten Inhalte zu achten. Der Zweck, eine Erinnerungs- und Prüfinstrument zu haben, wird regelmäßig verfehlt. Wenn aber dieser zweite, eigentlich überflüssige Nachweis andere Eintragungen bezüglich der abgerechneten Inhalte enthält als der für die Abrechnung verwendete Leistungsnachweis, wird es bei Abrechnungsprüfungen regelmäßig Probleme geben. Denn dann stellt sich die Frage, welche Leistung tatsächlich erbracht wurde und welcher Nachweis fehlerhaft (lückenhaft) ist. Diese Doppeldokumentation kostet zudem Zeit und ist überflüssig. Im Strukturmodell zur Entbürokratisierung der Pflegedokumentation ist sie auch nicht vorgesehen, denn der Maßnahmenplan ist nicht täglich abzuzeichnen, sondern nur der Leistungsnachweis.

Bisher war im (alten) Absatz 4 eine Regelung enthalten, nach der der Umfang der Qualitätsprüfung insbesondere im Bereich der Prozess- und Strukturqualität verringert werden konnte, wenn die Einrichtung andere, vergleichbare Prüfungen nachweisen konnte. Der Gesetzgeber streicht diese Regelung, weil sie faktisch nicht zum Tragen gekommen ist mit dem Hinweis auf die völlige Neustrukturierung der gesamten Qualitätssicherung.

Die gestrichene Regelung zur Beantragung von Wiederholungsprüfungen durch Pflegeeinrichtungen (auf ihre Kosten) kann sich im Einzelfall negativ auswirken. Zwar begründet der Gesetzgeber die Streichung mit der Schwierigkeit der Kostenberechnung, führt dazu aber auch an, dass in 2013 nur 1,2 % aller Wiederholungsprüfungen von Pflegeeinrichtungen beantragt wurden. Weiterhin führt er aus, dass die Pflegekassen im Rahmen ihrer auszuübenden Ermessensentscheidung trotzdem Wiederholungsprüfungen durchführen können, wenn ansonsten der Pflegeeinrichtung unverhältnismäßige Schäden dadurch entstehen, dass die Transparenzberichte nicht mehr den tatsächlichen Gegebenheiten entsprechen. Faktisch wird man auf die zustimmende Entscheidung der Pflegekassen angewiesen sein, denn eine rechtliche Möglichkeit zur Durchsetzung einer zeitnahen Wiederholungsprüfung gibt es nun nicht mehr. Das kann sich dauerhaft als problematisch erweisen, zumal die Transparenzveröffentlichungen und die Wahrnehmung insbesondere durch das Internet dauerhaft immer mehr zunehmen wird (so ist es ja auch von der Politik gewollt!) und auch die Art der Darstellung noch weiter überarbeitet wird (siehe § 113b).

28.3 Gesetzestext: § 114 Qualitätsprüfungen

§ (1) Zur Durchführung einer Qualitätsprüfung erteilen die Landesverbände der Pflegekassen dem Medizinischen Dienst der Krankenversicherung, dem Prüfdienst des Verbandes der privaten Krankenversicherung e. V. im Umfang von 10 Prozent der in einem Jahr anfallenden Prüfaufträge oder den von ihnen bestellten Sachverständigen einen Prüfauftrag. Der Prüfauftrag enthält Angaben zur Prüfart, zum Prüfgegenstand und zum Prüfumfang. Die Prüfung erfolgt als Regelprüfung, Anlassprüfung oder Wiederholungsprüfung. Die Pflegeeinrichtungen haben die ordnungsgemäße Durchführung der Prüfungen zu ermöglichen. Vollstationäre Pflegeeinrichtungen sind ab dem 1. Januar 2014 verpflichtet, die Landesverbände der Pflegekassen unmittelbar nach einer Regelprüfung darüber zu informieren, wie die ärztliche, fachärztliche und zahnärztliche Versorgung sowie die Arzneimittelversorgung in den Einrichtungen geregelt sind. Sie sollen insbesondere auf Folgendes hinweisen:

1. auf den Abschluss und den Inhalt von Kooperationsverträgen oder die Einbindung der Einrichtung in Ärztenetze,
2. auf den Abschluss von Vereinbarungen mit Apotheken sowie
3. ab dem 1. Juli 2016 auf die Zusammenarbeit mit einem Hospiz- und Palliativnetz.

Wesentliche Änderungen hinsichtlich der ärztlichen, fachärztlichen und zahnärztlichen Versorgung, der Arzneimittelversorgung sowie der Zusammenarbeit mit einem Hospiz- und Palliativnetz sind den Landesverbänden der Pflegekassen innerhalb von vier Wochen zu melden.

(2) Die Landesverbände der Pflegekassen veranlassen in zugelassenen Pflegeeinrichtungen bis zum 31. Dezember 2010 mindestens einmal und ab dem Jahre 2011 regelmäßig im Abstand von höchstens einem Jahr eine Prüfung durch den Medizinischen Dienst der Krankenversicherung, den Prüfdienst des Verbandes der privaten Krankenversicherung e. V. oder durch von ihnen bestellte Sachverständige (Regelprüfung). Zu prüfen ist, ob die Qualitätsanforderungen nach diesem Buch und nach den auf dieser Grundlage abgeschlossenen vertraglichen Vereinbarungen erfüllt sind. Die Regelprüfung erfasst insbesondere wesentliche Aspekte des Pflegezustandes und die Wirk-

samkeit der Pflege- und Betreuungsmaßnahmen (Ergebnisqualität). Sie kann auch auf den Ablauf, die Durchführung und die Evaluation der Leistungserbringung (Prozessqualität) sowie die unmittelbaren Rahmenbedingungen der Leistungserbringung (Strukturqualität) erstreckt werden. Die Regelprüfung bezieht sich auf die Qualität der allgemeinen Pflegeleistungen, der medizinischen Behandlungspflege, der [2016: sozialen] Betreuung einschließlich der zusätzlichen Betreuung und Aktivierung im Sinne des [2016: § 87b] 43a, der Leistungen bei Unterkunft und Verpflegung (§ 87), der Zusatzleistungen (§ 88) und der nach § 37 des Fünften Buches erbrachten Leistungen der häuslichen Krankenpflege. **Sie umfasst auch die Abrechnung der genannten Leistungen.** Zu prüfen ist auch, ob die Versorgung der Pflegebedürftigen den Empfehlungen der Kommission für Krankenhaushygiene und Infektionsprävention nach § 23 Absatz 1 des Infektionsschutzgesetzes entspricht.

(3) Die Landesverbände der Pflegekassen haben im Rahmen der Zusammenarbeit mit den nach heimrechtlichen Vorschriften zuständigen Aufsichtsbehörden (§ 117) vor einer Regelprüfung insbesondere zu erfragen, ob Qualitätsanforderungen nach diesem Buch und den auf seiner Grundlage abgeschlossenen vertraglichen Vereinbarungen in einer Prüfung der nach heimrechtlichen Vorschriften zuständigen Aufsichtsbehörde oder in einem nach Landesrecht durchgeführten Prüfverfahren berücksichtigt worden sind. Hierzu können auch Vereinbarungen auf Landesebene zwischen den Landesverbänden der Pflegekassen und den nach heimrechtlichen Vorschriften zuständigen Aufsichtsbehörden sowie den für weitere Prüfverfahren zuständigen Aufsichtsbehörden getroffen werden. Um Doppelprüfungen zu vermeiden, haben die Landesverbände der Pflegekassen den Prüfumfang der Regelprüfung in angemessener Weise zu verringern, wenn
1. die Prüfungen nicht länger als neun Monate zurückliegen,
2. die Prüfergebnisse nach pflegefachlichen Kriterien den Ergebnissen einer Regelprüfung gleichwertig sind und
3. **die Veröffentlichung der von den Pflegeeinrichtungen erbrachten Leistungen und deren Qualität, gemäß § 115 Absatz 1a gewährleistet ist.** Die Pflegeeinrichtung kann verlangen, dass von einer Verringerung der Prüfpflicht abgesehen wird.

4) Bei Anlassprüfungen geht der Prüfauftrag in der Regel über den jeweiligen Prüfanlass hinaus; er umfasst eine vollständige Prüfung mit dem Schwerpunkt der Ergebnisqualität. Gibt es im Rahmen einer Anlass-, Regel- oder Wiederholungsprüfung sachlich begründete Hinweise auf eine nicht fachgerechte Pflege bei Pflegebedürftigen, auf die sich die Prüfung nicht erstreckt, sind die betroffenen Pflegebedürftigen unter Beachtung der datenschutzrechtlichen Bestimmun-

gen in die Prüfung einzubeziehen. Die Prüfung ist insgesamt als Anlassprüfung durchzuführen. Im Zusammenhang mit einer zuvor durchgeführten Regel- oder Anlassprüfung kann von den Landesverbänden der Pflegekassen eine Wiederholungsprüfung veranlasst werden, um zu überprüfen, ob die festgestellten Qualitätsmängel durch die nach § 115 Abs. 2 angeordneten Maßnahmen beseitigt worden sind.

29 § 114a Durchführung der Qualitätsprüfungen

29.1 Was ist neu?

Änderung ab 01.01.2016: Mit dem PNG 2013 wurde für den ambulanten Bereich eine Ankündigungsfrist bei Qualitätsprüfungen von einem Tag eingeführt. Diese wird nun durch die Neuformulierung „grundsätzlich" eingeschränkt; es können auch unangemeldete oder Prüfungen mit kürzerer Frist durchgeführt werden. Anlassprüfungen sollen nun immer unangemeldet erfolgen.

Auch das Einholen einer Zustimmung zur Prüfung, wenn der Pflegebedürftige nicht mehr einwilligungsfähig ist, wird vereinfacht: Es reicht im Ausnahmefall auch eine mündliche Einwilligung, deren Gründe entsprechend zu dokumentieren sind.

Neu geregelt ist auch das Aufstellen und Inkrafttreten neuer Prüfungsrichtlinien, die sich nach den Regelungen in den §§ 113 und 113b richten und bis zum 31. Oktober 2017 für den stationären und 31. Oktober 2018 für den ambulanten Bereich in Kraft treten sollen. Sie sollten zeitgleich mit den entsprechenden Regelungen zur Qualitätsdarstellung nach § 115 umgesetzt werden.

29.2 Kritik und Praxis

Die Einschränkung der Ankündigungsfrist bei ambulanten Qualitätsprüfungen beruht auf den Änderungen des Gesundheitsausschusses, der hier insbesondere bei bekanntem Fehlverhalten (wie Pflegefehler oder Verdacht auf Abrechnungsbetrug) eine Prüfung ohne Vorankündigung ermöglichen will. In diesem Zusammenhang ist auch die Änderung bei Anlassprüfungen zu sehen, genauso wie die Ausnahmeregelung bei der Zustimmung in Absatz 3a. Bei einer unangekündigten Anlassprüfung kann dann auch die mündliche Einwilligung, entsprechend den Umständen dokumentiert, ausreichen, um beispielsweise einen unter Betreuung stehenden Pflegebedürftigen zu prüfen.

Die angepassten Verpflichtungen der Pflegekassen zur Modifizierung der Prüfrichtlinien korrespondieren mit den anderen Regelungen insbesondere im § 113 und 113b, aber auch mit der Einführung des NBA 2017.

29.3 Gesetzestext § 114a Durchführung der Qualitätsprüfungen

(1) Der Medizinische Dienst der Krankenversicherung, der Prüfdienst des Verbandes der privaten Krankenversicherung e. V. und die von den Landesverbänden der Pflegekassen bestellten Sachverständigen sind im Rahmen ihres Prüfauftrags nach § 114 jeweils berechtigt und verpflichtet, an Ort und Stelle zu überprüfen, ob die zugelassenen Pflegeeinrichtungen die Leistungs- und Qualitätsanforderungen nach diesem Buch erfüllen. Prüfungen in stationären Pflegeeinrichtungen sind grundsätzlich unangemeldet durchzuführen. Qualitätsprüfungen in ambulanten Pflegeeinrichtungen sind **grundsätzlich** am Tag zuvor anzukündigen; **Anlassprüfungen sollen unangemeldet erfolgen.** Der Medizinische Dienst der Krankenversicherung, der Prüfdienst des Verbandes der privaten Krankenversicherung e. V. und die von den Landesverbänden der Pflegekassen bestellten Sachverständigen beraten im Rahmen der Qualitätsprüfungen die Pflegeeinrichtungen in Fragen der Qualitätssicherung. § 112 Abs. 3 gilt entsprechend.

(2) Sowohl bei teil- als auch bei vollstationärer Pflege sind der Medizinische Dienst der Krankenversicherung, der Prüfdienst des Verbandes der privaten Krankenversicherung e. V. und die von den Landesverbänden der Pflegekassen bestellten Sachverständigen jeweils berechtigt, zum Zwecke der Qualitätssicherung die für das Pflegeheim benutzten Grundstücke und Räume jederzeit zu betreten, dort Prüfungen und Besichtigungen vorzunehmen, sich mit den Pflegebedürftigen, ihren Angehörigen, vertretungsberechtigten Personen und Betreuern in Verbindung zu setzen sowie die Beschäftigten und die Interessenvertretung der Bewohnerinnen und Bewohner zu befragen. Prüfungen und Besichtigungen zur Nachtzeit sind nur zulässig, wenn und soweit das Ziel der Qualitätssicherung zu anderen Tageszeiten nicht erreicht werden kann. Soweit Räume einem Wohnrecht der Heimbewohner unterliegen, dürfen sie ohne deren Einwilligung nur betreten werden, soweit dies zur Verhütung drohender Gefahren für die öffentliche Sicherheit und Ordnung erforderlich ist; das Grundrecht der Unverletzlichkeit der Wohnung (Artikel 13 Abs. 1 des Grundgesetzes) wird insoweit eingeschränkt. Bei der ambulanten Pflege sind der Medizinische Dienst der Krankenversicherung, der Prüfdienst des Verbandes der privaten Krankenversicherung e. V. und die von den Landesverbänden der Pflegekassen bestellten Sachverständigen berechtigt, die Qualität der Leistungen des Pflegedienstes mit Einwilligung des Pflegebedürftigen auch in dessen Wohnung zu überprüfen. Der Medizinische Dienst der Krankenversicherung und der Prüfdienst des Verbandes der privaten Krankenversicherung e. V. sollen die nach heimrechtlichen Vorschriften zuständige

Aufsichtsbehörde an Prüfungen beteiligen, soweit dadurch die Prüfung nicht verzögert wird.

(3) Die Prüfungen beinhalten auch Inaugenscheinnahmen des gesundheitlichen und pflegerischen Zustands von Pflegebedürftigen. Sowohl Pflegebedürftige als auch Beschäftigte der Pflegeeinrichtungen, Betreuer und Angehörige sowie Mitglieder der heimrechtlichen Interessenvertretungen der Bewohnerinnen und Bewohner können dazu befragt werden. Bei der Beurteilung der Pflegequalität sind die Pflegedokumentation, die Inaugenscheinnahme der Pflegebedürftigen und Befragungen der Beschäftigten der Pflegeeinrichtungen sowie der Pflegebedürftigen, ihrer Angehörigen und der vertretungsberechtigten Personen angemessen zu berücksichtigen. Die Teilnahme an Inaugenscheinnahmen und Befragungen ist freiwillig; durch die Ablehnung dürfen keine Nachteile entstehen. Einsichtnahmen in Pflegedokumentationen, Inaugenscheinnahmen von Pflegebedürftigen und Befragungen von Personen nach Satz 2 sowie die damit jeweils zusammenhängende Erhebung, Verarbeitung und Nutzung personenbezogener Daten von Pflegebedürftigen zum Zwecke der Erstellung eines Prüfberichts bedürfen der Einwilligung der betroffenen Pflegebedürftigen.
(3a) Die Einwilligung nach Absatz 2 oder 3 muss in einer Urkunde oder auf andere zur dauerhaften Wiedergabe in Schriftzeichen geeignete Weise abgegeben werden, die Person des Erklärenden benennen und den Abschluss der Erklärung durch Nachbildung der Namensunterschrift oder anders erkennbar machen (Textform). **Ist der Pflegebedürftige einwilligungsunfähig, ist die Einwilligung eines hierzu Berechtigten einzuholen. Ist ein Berechtigter nicht am Ort einer unangemeldeten Prüfung anwesend und ist eine rechtzeitige Einholung der Einwilligung in Textform nicht möglich, so genügt ausnahmsweise eine mündliche Einwilligung, wenn andernfalls die Durchführung der Prüfung erschwert würde. Die mündliche Einwilligung des Berechtigten sowie die Gründe für ein ausnahmsweises Abweichen von der erforderlichen Textform sind schriftlich zu dokumentieren.**

(4) Auf Verlangen sind Vertreter der betroffenen Pflegekassen oder ihrer Verbände, des zuständigen Sozialhilfeträgers sowie des Verbandes der privaten Krankenversicherung e. V. an den Prüfungen nach den Absätzen 1 bis 3 zu beteiligen. Der Träger der Pflegeeinrichtung kann verlangen, dass eine Vereinigung, deren Mitglied er ist (Trägervereinigung), an der Prüfung nach den Absätzen 1 bis 3 beteiligt wird. Ausgenommen ist eine Beteiligung nach Satz 1 oder nach Satz 2, soweit dadurch die Durchführung einer Prüfung voraussichtlich verzögert wird. Unabhängig von ihren eigenen Prüfungsbefugnissen nach den Absätzen 1 bis 3 sind der Medizinische Dienst der Krankenversicherung, der Prüfdienst des Verbandes der privaten Krankenversicherung e. V. und

die von den Landesverbänden der Pflegekassen bestellten Sachverständigen jeweils befugt, sich an Überprüfungen von zugelassenen Pflegeeinrichtungen zu beteiligen, soweit sie von der nach heimrechtlichen Vorschriften zuständigen Aufsichtsbehörde nach Maßgabe heimrechtlicher Vorschriften durchgeführt werden. Sie haben in diesem Fall ihre Mitwirkung an der Überprüfung der Pflegeeinrichtung auf den Bereich der Qualitätssicherung nach diesem Buch zu beschränken.

(5) Unterschreitet der Prüfdienst des Verbandes der privaten Krankenversicherung e. V. die in § 114 Absatz 1 Satz 1 genannte, auf das Bundesgebiet bezogene Prüfquote, beteiligen sich die privaten Versicherungsunternehmen, die die private Pflege-Pflichtversicherung durchführen, anteilig bis zu einem Betrag von 10 Prozent an den Kosten der Qualitätsprüfungen der ambulanten und stationären Pflegeeinrichtungen. Das Bundesversicherungsamt stellt jeweils am Ende eines Jahres die Einhaltung der Prüfquote oder die Höhe der Unter- oder Überschreitung sowie die Höhe der durchschnittlichen Kosten von Prüfungen im Wege einer Schätzung nach Anhörung des Verbandes der privaten Krankenversicherung e. V. und des Spitzenverbandes Bund der Pflegekassen fest und teilt diesen jährlich die Anzahl der durchgeführten Prüfungen und bei Unterschreitung der Prüfquote den Finanzierungsanteil der privaten Versicherungsunternehmen mit; der Finanzierungsanteil ergibt sich aus der Multiplikation der Durchschnittskosten mit der Differenz zwischen der Anzahl der vom Prüfdienst des Verbandes der privaten Krankenversicherung e. V. durchgeführten Prüfungen und der in § 114 Absatz 1 Satz 1 genannten Prüfquote. Der Finanzierungsanteil, der auf die privaten Versicherungsunternehmen entfällt, ist vom Verband der privaten Krankenversicherung e. V. jährlich unmittelbar an das Bundesversicherungsamt zugunsten des Ausgleichsfonds der Pflegeversicherung (§ 65) zu überweisen. Der Verband der privaten Krankenversicherung e. V. muss der Zahlungsaufforderung durch das Bundesversicherungsamt keine Folge leisten, wenn er innerhalb von vier Wochen nach der Zahlungsaufforderung nachweist, dass die Unterschreitung der Prüfquote nicht von ihm oder seinem Prüfdienst zu vertreten ist.

(5a) Der Spitzenverband Bund der Pflegekassen vereinbart bis zum 31. Oktober 2011 mit dem Verband der privaten Krankenversicherung e. V. das Nähere über die Zusammenarbeit bei der Durchführung von Qualitätsprüfungen durch den Prüfdienst des Verbandes der privaten Krankenversicherung e. V., insbesondere über Maßgaben zur Prüfquote, Auswahlverfahren der zu prüfenden Pflegeeinrichtungen und Maßnahmen der Qualitätssicherung, sowie zur einheitlichen Veröffentlichung.

(6) Die Medizinischen Dienste der Krankenversicherung und der Prüfdienst des Verbandes der privaten Krankenversicherung e. V. berichten dem Medizinischen Dienst

des Spitzenverbandes Bund der Krankenkassen zum 30. Juni 2011, danach in Abständen von drei Jahren, über ihre Erfahrungen mit der Anwendung der Beratungs- und Prüfvorschriften nach diesem Buch, über die Ergebnisse ihrer Qualitätsprüfungen sowie über ihre Erkenntnisse zum Stand und zur Entwicklung der Pflegequalität und der Qualitätssicherung. Sie stellen unter Beteiligung des Medizinischen Dienstes des Spitzenverbandes Bund der Krankenkassen die Vergleichbarkeit der gewonnenen Daten sicher. Der Medizinische Dienst des Spitzenverbandes Bund der Krankenkassen führt die Berichte der Medizinischen Dienste der Krankenversicherung, des Prüfdienstes des Verbandes der privaten Krankenversicherung e. V. und seine eigenen Erkenntnisse und Erfahrungen zur Entwicklung der Pflegequalität und der Qualitätssicherung zu einem Bericht zusammen und legt diesen innerhalb eines halben Jahres dem Spitzenverband Bund der Pflegekassen, dem Bundesministerium für Gesundheit, dem Bundesministerium für Familie, Senioren, Frauen und Jugend sowie dem Bundesministerium für Arbeit und Soziales und den zuständigen Länderministerien vor.

(7) Der Spitzenverband Bund der Pflegekassen beschließt unter Beteiligung des Medizinischen Dienstes des Spitzenverbandes Bund der Krankenkassen und des Prüfdienstes des Verbandes der privaten Krankenversicherung e. V. zur verfahrensrechtlichen Konkretisierung Richtlinien über die Durchführung der Prüfung der in Pflegeeinrichtungen erbrachten Leistungen und deren Qualität nach § 114 sowohl für den ambulanten als auch für den stationären Bereich. In den Richtlinien sind die Maßstäbe und Grundsätze zur Sicherung und Weiterentwicklung der Pflegequalität nach § 113 zu berücksichtigen. Die Richtlinien für den stationären Bereich sind bis zum 31. Oktober 2017, die Richtlinien für den ambulanten Bereich bis zum 31. Oktober 2018 zu beschließen. Sie treten jeweils gleichzeitig mit der entsprechenden Qualitätsdarstellungsvereinbarung nach § 115 Absatz 1a in Kraft. Die maßgeblichen Organisationen für die Wahrnehmung der Interessen und der Selbsthilfe der pflegebedürftigen und behinderten Menschen wirken nach Maßgabe von § 118 mit. Der Spitzenverband Bund der Pflegekassen hat die Vereinigungen der Träger der Pflegeeinrichtungen auf Bundesebene, die Verbände der Pflegeberufe auf Bundesebene, den Verband der privaten Krankenversicherung e. V. sowie die Bundesarbeitsgemeinschaft der überörtlichen Träger der Sozialhilfe und die kommunalen Spitzenverbände auf Bundesebene zu beteiligen. Ihnen ist unter Übermittlung der hierfür erforderlichen Informationen innerhalb einer angemessenen Frist vor der Entscheidung Gelegenheit zur Stellungnahme zu geben; die Stellungnahmen sind in die Entscheidung einzubeziehen. Die Richtlinien sind in regelmäßigen Abständen an den medizinisch-pflegefachlichen Fortschritt anzupassen. Sie sind durch das

Bundesministerium für Gesundheit im Benehmen mit dem Bundesministerium für Familie, Senioren, Frauen und Jugend zu genehmigen. Beanstandungen des Bundesministeriums für Gesundheit sind innerhalb der von ihm gesetzten Frist zu beheben. Die Richtlinien über die Durchführung der Qualitätsprüfung sind für den Medizinischen Dienst der Krankenversicherung und den Prüfdienst des Verbandes der privaten Krankenversicherung e. V. verbindlich.

30 § 115 Ergebnisse von Qualitätsprüfungen, Qualitätsdarstellung

30.1 Was ist neu?

Durch die Einführung des NBA sowie der neu zu definierenden Qualitätsmaßstäbe nach § 113 unter Berücksichtigung von §113b verändert sich die Basis der bisherigen Pflege-Transparenzvereinbarungen, die mit dieser Regelung stationär zum 31.Dezember 2017 und ambulant zum 31. Dezember 2018 anzupassen ist.

30.2 Kritik und Praxis

Durch die völlige Neustrukturierung durch den NBA und durch die verbindliche Einführung des indikatorengestützten Verfahrens (§§ 113, 113b) müssen auch die bisherigen Transparenzvereinbarungen überarbeitet werden. Kommen die Beschlüsse nicht fristgerecht zustande, können sie über den neuen (im Regelfall wohl erweiterten) Qualitätsausschuss festgesetzt werden (siehe § 113b, Abs. 1). Praktisch bleiben die bisherigen Transparenzvereinbarungen für den ambulanten Bereich also bis spätestens 31. Dezember 2018 in Kraft.

30.3 Gesetzestext: § 115 Ergebnisse von Qualitätsprüfungen, Qualitätsdarstellung

§ (1) Die Medizinischen Dienste der Krankenversicherung, der Prüfdienst des Verbandes der privaten Krankenversicherung e. V. sowie die von den Landesverbänden der Pflegekassen für Qualitätsprüfungen bestellten Sachverständigen haben das Ergebnis einer jeden Qualitätsprüfung sowie die dabei gewonnenen Daten und Informationen den Landesverbänden der Pflegekassen und den zuständigen Trägern der Sozialhilfe sowie den nach heimrechtlichen Vorschriften zuständigen Aufsichtsbehörden im Rahmen ihrer Zuständigkeit und bei häuslicher Pflege den zuständigen Pflegekassen zum Zwecke der Erfüllung ihrer gesetzlichen Aufgaben sowie der betroffenen Pflegeeinrichtung mitzuteilen. Die Landesverbände der Pflegekassen sind befugt und auf Anforderung verpflichtet, die ihnen nach Satz 1 bekannt gewordenen Daten und Informationen mit Zustimmung des Trägers der Pflegeeinrichtung auch seiner Trägervereinigung zu übermitteln, soweit deren Kenntnis für die Anhörung oder eine Stellungnahme der Pflege-einrichtung zu einem Bescheid nach Absatz 2 erforderlich ist. Gegenüber Dritten sind die Prüfer und die Empfänger der Daten zur Verschwiegenheit verpflichtet; dies gilt nicht für die zur Veröffentlichung der Ergebnisse von Qualitätsprüfungen nach Absatz 1a erforderlichen Daten und Informationen.

(1a) Die Landesverbände der Pflegekassen stellen sicher, dass die von Pflegeein-richtungen erbrachten Leistungen und deren Qualität für die Pflegebedürftigen und ihre Angehörigen verständlich, übersichtlich und vergleichbar sowohl im Internet als auch in anderer geeigneter Form kostenfrei veröffentlicht werden. Die Vertragsparteien nach § 113 vereinbaren insbesondere auf der Grundlage der Maßstäbe und Grundsätze nach § 113 und der Richtlinien zur Durchführung der Prüfung der in Pflegeeinrichtungen erbrachten Leistungen und deren Qua-lität nach § 114a Absatz 7, welche Ergebnisse bei der Darstellung der Qualität für den ambulanten und den stationären Bereich zugrunde zu legen sind und inwieweit die Ergebnisse durch weitere Informationen ergänzt werden. In den Vereinbarungen sind die Ergebnisse der nach § 113b Absatz 4 Satz 2 Nummer 1 bis 4 vergebenen Aufträge zu berücksichtigen. Die Vereinbarungen umfassen auch die Form der Darstellung einschließlich einer Bewertungssystematik (Qua-litätsdarstellungsvereinbarungen). Bei Anlassprüfungen nach § 114 Absatz 5 bilden die Prüfergebnisse aller in die Prüfung einbezogenen Pflegebedürftigen die Grundlage für die Bewertung und Darstellung der Qualität. Personenbezoge-ne Daten sind zu anonymisieren. Ergebnisse von Wiederholungsprüfungen sind zeitnah zu berücksichtigen. Bei der Darstellung der Qualität ist die Art der Prü-fung als Anlass-, Regel- oder Wiederholungsprüfung kenntlich zu machen. Das Datum der letzten Prüfung durch den Medizinischen Dienst der Krankenversi-cherung oder durch den Prüfdienst des Verbandes der privaten Krankenversi-cherung e. V., eine Einordnung des Prüfergebnisses nach einer Bewertungssys-tematik sowie eine Zusammenfassung der Prüfergebnisse sind an gut sichtbarer Stelle in jeder Pflegeeinrichtung auszuhängen. Die Qualitätsdarstellungsverein-barungen für den stationären Bereich sind bis zum 31. Dezember 2017 und für den ambulanten Bereich bis zum 31. Dezember 2018 jeweils unter Beteiligung des Medizinischen Dienstes des Spitzenverbandes Bund der Krankenkassen, des Verbandes der privaten Krankenversicherung e. V. und der Verbände der Pflege-berufe auf Bundesebene zu schließen. Die auf Bundesebene maßgeblichen Orga-nisationen für die Wahrnehmung der Interessen und der Selbsthilfe der pflege-bedürftigen und behinderten Menschen wirken nach Maßgabe von § 118 mit. Die Qualitätsdarstellungsvereinbarungen sind an den medizinisch-pflegefachlichen Fortschritt anzupassen. Bestehende Vereinbarungen gelten bis zum Abschluss einer neuen Vereinbarung fort; dies gilt entsprechend auch für die bestehenden Vereinbarungen über die Kriterien der Veröffentlichung einschließlich der Bewertungssystematik (Pflege-Transparenzvereinbarungen).

(1b) Die Landesverbände der Pflegekassen stellen sicher, dass ab dem 1. Januar 2014 die Informationen gemäß § 114 Absatz 1 über die Regelungen zur ärztlichen, fachärztlichen und zahnärztlichen Versorgung sowie zur Arzneimittelversorgung und ab dem 1. Juli 2016 die Informationen gemäß § 114 Absatz 1 zur Zusammenarbeit mit einem Hospiz- und Palliativnetz in vollstationären Einrichtungen für die Pflegebedürftigen und ihre Angehörigen verständlich, übersichtlich und vergleichbar sowohl im Internet als auch in anderer geeigneter Form kostenfrei zur Verfügung gestellt werden. Die Pflegeeinrichtungen sind verpflichtet, die Informationen nach Satz 1 an gut sichtbarer Stelle in der Pflegeeinrichtung auszuhängen. **Die Landesverbände der Pflegekassen übermitteln die Informationen nach Satz 1 an den Verband der privaten Krankenversicherung e. V. zum Zwecke der einheitlichen Veröffentlichung.**

(2) Soweit bei einer Prüfung nach diesem Buch Qualitätsmängel festgestellt werden, entscheiden die Landesverbände der Pflegekassen nach Anhörung des Trägers der Pflegeeinrichtung und der beteiligten Trägervereinigung unter Beteiligung des zuständigen Trägers der Sozialhilfe, welche Maßnahmen zu treffen sind, erteilen dem Träger der Einrichtung hierüber einen Bescheid und setzen ihm darin zugleich eine angemessene Frist zur Beseitigung der festgestellten Mängel. Werden nach Satz 1 festgestellte Mängel nicht fristgerecht beseitigt, können die Landesverbände der Pflegekassen gemeinsam den Versorgungsvertrag gemäß § 74 Abs. 1, in schwerwiegenden Fällen nach § 74 Abs. 2, kündigen. § 73 Abs. 2 gilt entsprechend.

(3) Hält die Pflegeeinrichtung ihre gesetzlichen oder vertraglichen Verpflichtungen, insbesondere ihre Verpflichtungen zu einer qualitätsgerechten Leistungserbringung aus dem Versorgungsvertrag (§ 72) ganz oder teilweise nicht ein, sind die nach dem Achten Kapitel vereinbarten Pflegevergütungen für die Dauer der Pflichtverletzung entsprechend zu kürzen. Über die Höhe des Kürzungsbetrags ist zwischen den Vertragsparteien nach § 85 Abs. 2 Einvernehmen anzustreben. Kommt eine Einigung nicht zustande, entscheidet auf Antrag einer Vertragspartei die Schiedsstelle nach § 76 in der Besetzung des Vorsitzenden und der beiden weiteren unparteiischen Mitglieder. Gegen die Entscheidung nach Satz 3 ist der Rechtsweg zu den Sozialgerichten gegeben; ein Vorverfahren findet nicht statt, die Klage hat aufschiebende Wirkung. Der vereinbarte oder festgesetzte Kürzungsbetrag ist von der Pflegeeinrichtung bis zur Höhe ihres Eigenanteils an die betroffenen Pflegebedürftigen und im Weiteren an die Pflegekassen zurückzuzahlen; soweit die Pflegevergütung als nachrangige Sachleistung von

einem anderen Leistungsträger übernommen wurde, ist der Kürzungsbetrag an diesen zurückzuzahlen. Der Kürzungsbetrag kann nicht über die Vergütungen oder Entgelte nach dem Achten Kapitel refinanziert werden. Schadensersatzansprüche der betroffenen Pflegebedürftigen nach anderen Vorschriften bleiben unberührt; § 66 des Fünften Buches gilt entsprechend.

(4) Bei Feststellung schwerwiegender, kurzfristig nicht behebbarer Mängel in der stationären Pflege sind die Pflegekassen verpflichtet, den betroffenen Heimbewohnern auf deren Antrag eine andere geeignete Pflegeeinrichtung zu vermitteln, welche die Pflege, Versorgung und Betreuung nahtlos übernimmt. Bei Sozialhilfeempfängern ist der zuständige Träger der Sozialhilfe zu beteiligen.

(5) Stellen der Medizinische Dienst der Krankenversicherung oder der Prüfdienst des Verbandes der privaten Krankenversicherung e. V. schwerwiegende Mängel in der ambulanten Pflege fest, kann die zuständige Pflegekasse dem Pflegedienst auf Empfehlung des Medizinischen Dienstes der Krankenversicherung oder des Prüfdienstes des Verbandes der privaten Krankenversicherung e. V. die weitere **Versorgung** des Pflegebedürftigen vorläufig untersagen; § 73 Absatz 2 gilt entsprechend. Die Pflegekasse hat dem Pflegebedürftigen in diesem Fall einen anderen geeigneten Pflegedienst zu vermitteln, der die Pflege nahtlos übernimmt; dabei ist so weit wie möglich das Wahlrecht des Pflegebedürftigen nach § 2 Abs. 2 zu beachten. Absatz 4 Satz 2 gilt entsprechend.

(6) In den Fällen der Absätze 4 und 5 haftet der Träger der Pflegeeinrichtung gegenüber den betroffenen Pflegebedürftigen und deren Kostenträgern für die Kosten der Vermittlung einer anderen ambulanten oder stationären Pflegeeinrichtung, soweit er die Mängel in entsprechender Anwendung des § 276 des Bürgerlichen Gesetzbuches zu vertreten hat. Absatz 3 Satz 7 bleibt unberührt.

31 § 115a Übergangsregelung für Pflege-Transparenzvereinbarungen und Qualitätsprüfungs-Richtlinien

31.1 Was ist neu?

Diese neu eingeführte Übergangsregelung schafft die rechtliche Voraussetzung für die Anpassung der Transparenzvereinbarungen an die neue Rechtslage ab 2016 und die veränderten Regelungen und Inhalte ab 2017.

31.2 Kritik und Praxis

Diese Änderung ist eine Folge der vorgesehenen Änderungen der Qualitätsdarstellung und der Neustrukturierung der Qualitätsprüfungen (Einführung Indikatorenmodell), aber auch das neue Einstufungsmodell. Für die Übergangszeit und die Überleitung werden hier nur die rechtlichen Grundlagen geschaffen.

31.3 Gesetzestext: § 115a Übergangsregelung für Pflege-Transparenzvereinbarungen und Qualitätsprüfungs-Richtlinien

§ (1) Die Vertragsparteien nach § 113 passen unter Beteiligung des Medizinischen Dienstes des Spitzenverbandes Bund der Krankenkassen, des Verbandes der privaten Krankenversicherung e. V. und der Verbände der Pflegeberufe auf Bundesebene die Pflege-Transparenzvereinbarungen an dieses Gesetz in der am 1. Januar 2017 geltenden Fassung an (übergeleitete Pflege-Transparenzvereinbarungen). Die auf Bundesebene maßgeblichen Organisationen für die Wahrnehmung der Interessen und der Selbsthilfe der pflegebedürftigen und behinderten Menschen wirken nach Maßgabe von § 118 mit. Kommt bis zum 30. April 2016 keine einvernehmliche Einigung zustande, entscheidet der erweiterte Qualitätsausschuss nach § 113b Absatz 3 bis zum 30. Juni 2016. Die übergeleiteten Pflege-Transparenzvereinbarungen gelten ab 1. Januar 2017 bis zum Inkrafttreten der in § 115 Absatz 1a vorgesehenen Qualitätsdarstellungsvereinbarungen.

(2) Schiedsstellenverfahren zu den Pflege-Transparenzvereinbarungen, die am 1. Januar 2016 anhängig sind, werden nach Maßgabe des § 113b Absatz 2, 3 und 8 durch den Qualitätsausschuss entschieden; die Verfahren sind bis zum 30. Juni 2016 abzuschließen.

(3) Die Richtlinien über die Prüfung der in Pflegeeinrichtungen erbrachten Leistungen und deren Qualität nach § 114 (Qualitätsprüfungs-Richtlinien) in der am 31. Dezember 2015 geltenden Fassung gelten nach Maßgabe der Absätze 4 und 5 bis zum Inkrafttreten der Richtlinien über die Durchführung der Prüfung der in Pflegeeinrichtungen erbrachten Leistungen und deren Qualität nach § 114a Absatz 7 fort und sind für den Medizinischen Dienst der Krankenversicherung und den Prüfdienst des Verbandes der privaten Krankenversicherung e. V. verbindlich.

(4) Der Spitzenverband Bund der Pflegekassen passt unter Beteiligung des Medizinischen Dienstes des Spitzenverbandes Bund der Krankenkassen und des Prüfdienstes des Verbandes der privaten Krankenversicherung e. V. die Qualitätsprüfungs-Richtlinien unverzüglich an dieses Gesetz in der am 1. Januar 2016 geltenden Fassung an. Die auf Bundesebene maßgeblichen Organisationen für die Wahrnehmung der Interessen und der Selbsthilfe der pflegebedürftigen und behinderten Menschen wirken nach Maßgabe von § 118 mit. Der Spitzenverband Bund der Pflegekassen hat die Vereinigungen der Träger der Pflegeeinrichtungen auf Bundesebene, die Verbände der Pflegeberufe auf Bundesebene, den Verband der privaten Krankenversicherung e. V. sowie die Bundesarbeitsgemeinschaft der überörtlichen Träger der Sozialhilfe und die kommunalen Spitzenverbände auf Bundesebene zu beteiligen. Ihnen ist unter Übermittlung der hierfür erforderlichen Informationen innerhalb einer angemessenen Frist vor der Entscheidung Gelegenheit zur Stellungnahme zu geben; die Stellungnahmen sind in die Entscheidung einzubeziehen. Die angepassten Qualitätsprüfungs-Richtlinien bedürfen der Genehmigung des Bundesministeriums für Gesundheit.

(5) Der Spitzenverband Bund der Pflegekassen passt unter Beteiligung des Medizinischen Dienstes des Spitzenverbandes Bund der Krankenkassen und des Prüfdienstes des Verbandes der privaten Krankenversicherung e. V. die nach Absatz 4 angepassten Qualitätsprüfungs- Richtlinien bis zum 30. September 2016 an die nach Absatz 1 übergeleiteten und gegebenenfalls nach Absatz 2 geänderten Pflege-Transparenzvereinbarungen an. Die auf Bundesebene maß-

geblichen Organisationen für die Wahrnehmung der Interessen und der Selbsthilfe der pflegebedürftigen und behinderten Menschen wirken nach Maßgabe
von § 118 mit. Der Spitzenverband Bund der Pflegekassen hat die Vereinigungen
der Träger der Pflegeeinrichtungen auf Bundesebene, die Verbände der Pflegeberufe auf Bundesebene, den Verband der privaten Krankenversicherung e. V.
sowie die Bundesarbeitsgemeinschaft der überörtlichen Träger der Sozialhilfe
und die kommunalen Spitzenverbände auf Bundesebene zu beteiligen. Ihnen ist
unter Übermittlung der hierfür erforderlichen Informationen innerhalb einer
angemessenen Frist vor der Entscheidung Gelegenheit zur Stellungnahme zu
geben; die Stellungnahmen sind in die Entscheidung einzubeziehen. Die angepassten Qualitätsprüfungs-Richtlinien bedürfen der Genehmigung des Bundesministeriums für Gesundheit und treten zum 1. Januar 2017 in Kraft.

32 § 140 Anzuwendendes Recht und Überleitung in die Pflegegrade

32.1 Was ist neu?

Der Zeitpunkt für die anzuwendende Rechtslage zur Leistungseinstufung und damit auf die Leistungen der Pflegeversicherung beruht jeweils auf dem Antragsdatum und nicht beispielsweise auf dem Zeitpunkt der Begutachtung oder des Bescheides. Alle Anträge bis zum 31.12.2016 werden nach der Systematik der Pflegestufen bearbeitet und entsprechend den weiteren Regelungen übergeleitet.

Die Überleitung der Pflegestufen in die Pflegegrade erfolgt folgendermaßen:

– Pflegestufe 1 wird in Pflegegrad 2 übergleitet usw. (siehe Tabelle 28)
– Für Pflegebedürfte mit der zusätzlichen Einstufung einer erheblich eingeschränkten Alltagskompetenz nach § 45 a werden nicht ein, sondern zwei nummerische Grade höher eingestuft (Doppelter Stufensprung): also ohne Pflegestufe (Pflegestufe „0") wird in Pflegegrad 2 übergeleitet usw. (siehe Tabelle)

Überleitung nach § 140					
			mit erheblich eingeschränkter Alltagskompetenz nach § 45a in der Fassung bis 31.12.2016		
Pflegestufe		**Pflegegrad**	**Pflegestufe**		**Pflegegrad**
1	=>	2	ohne Pflegestufe	=>	2
2	=>	3	1	=>	3
3	=>	4	2	=>	4
3, Härtefall	=>	5	3	=>	5
			3, Härtefall	=>	5

Die Uberleitung bleibt auch bei einer (späteren) Begutachtung nach neuem Recht (NBA) in der Höhe erhalten, es sein denn, die Begutachtung empfiehlt einen höheren Pflegegrad oder es wird festgestellt, das keine Pflegebedürftigkeit (mindestens Grad 1) gemäß dem neuen Recht mehr vorliegt.

Wird bei einer Folgebegutachtung ab 1. Januar 2017 ein höherer Pflegegrad festgestellt, als er durch die Überleitung erreicht wurde und lagen die Grundlagen dafür auch vor dem 01.01.2017 vor, so gelten ab 1. November bis 31.12.2016 rückwirkend die entsprechenden neuen Leistungsansprüche der Pflegegrade.

32.2 Kritik und Praxis

Ambulant ein geringerer Differenzierungsgrad

Der Gesetzgeber schreibt auch im Allgemeinen Teil der Begründung zur Gesetzesänderung, dass nun das System der 3 Pflegestufen sowie einer gesonderten Einstufung der eAK durch ein System von 5 Pflegegraden ersetzt wird. Zunächst bleibt festzuhalten, dass im bisherigen somatischen Pflegestufensystem mit dem Härtefall als Sonderfall der Pflegestufe 3 tatsächlich vier Pflegeeinstufungen vorhanden sind. Die neuen Pflegegrade sind von der Leistungsausstattung her nicht identisch, denn der Pflegegrad 1 weicht strukturell von den anderen Pflegegraden ab (siehe auch § 36). Er ist, so beschreibt es der Gesetzgeber ja auch, eine Einstufung im Vorfeld der eigentlichen Pflegebedürftigkeit. Hier wird erwartet, dass eine Gruppe von bis zu 500.000 Versicherten nun Leistungen erhält, die bisher keine Ansprüche hatten. Wenn man sich dazu die Überleitungsregeln ansieht, kann man insgesamt feststellen, dass faktisch die Überleitung aus 4 Pflegestufen in 4 Pflegegrade stattfindet.

Der bisherige weitere Differenzierungsfaktor, die Einstufung nach § 45a, hatte ab 2013 (PNG) durch die Leistungserweiterungen in § 123 Auswirkungen auf die Höhe der jeweiligen Sachleistungen, die ambulant zur Verfügung standen. Damit gibt es im Pflegestufensystem seit 2013 ambulant 9 verschiedene Leistungskombinationen (ohne Pflegestufe, sowie jede Pflegestufe einschließlich Härtefall in jeweils 2 Varianten) mit 7 verschiedenen Sachleistungsbeträgen (siehe Grafik). Diese werden zum 01.01.2017 in dann vier verschiedene Pflegegrade übergeleitet, damit stehen dann nur noch vier verschiedene Sachleistungsbeträge zur Verfügung.

Beim Bezug von Pflegegeld gibt es im Pflegestufensystem bei den 9 verschiedenen Einstufungsvarianten 6 verschiedene Leistungsbeträge; für Pflegegeldbezieher mit Härtefalleinstufung gibt es nur den gleichen Pflegegeldbetrag wie für Pflegestufe 3. Übergeleitet werden diese 6 Varianten in zukünftig vier Pflegegrade, wobei auch bei Pflegegrad 5 (vergleichbar dem bisherigen Härtefall) ein eigener Pflegegeldbetrag definiert ist (siehe nächste Grafik).

Aus dem Blickwinkel der Leistungsbeträge ergibt sich im Pflegegradsystem eine geringere Ausdifferenzierung. Finanziell ist das nicht von Nachteil, da die Überleitung mindestens immer in den nächsthöheren Pflegegrad erfolgt und damit auch die bisher nur somatisch eingestuften Pflegebedürftigen automatisch den Leistungsbetrag erhalten, welchen bisher nur Pflegebedürftige mit erheblich eingeschränkter Alltagskompetenz bekommen haben.

Versicherte, die bisher nach Pflegestufen eingestuft wurden, werden durch die Überleitung und die verfügbaren Leistungsbeträge im ambulanten Bereich so großzügig übergeleitet, dass diese in jedem Fall zukünftig besser gestellt werden, zumindest aber gleichbleiben:

PSG 2: Überleitung ambulante Sachleistungen nach § 36 (und Tagespflege § 41)

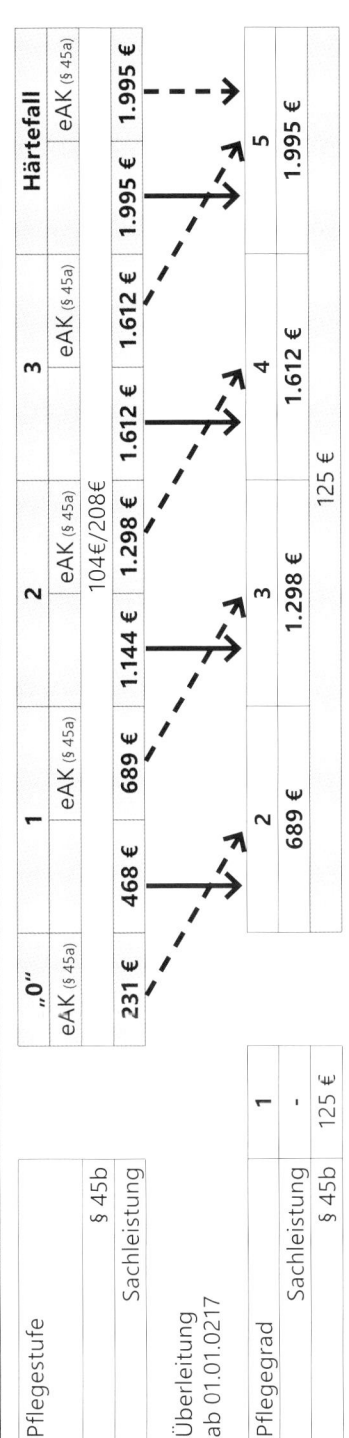

Pflegestufe	„0"	1	2	3	Härtefall
	eAK (§ 45a)	eAK (§ 45a)	eAK (§ 45a)	eAK (§ 45a)	eAK (§ 45a)
			104€/208€		
§ 45b Sachleistung	231 €	468 €	689 €	1.144 €	1.298 €	1.612 €	1.612 €	1.995 €	1.995 €	1.995 €

Überleitung ab 01.01.0217

Pflegegrad	1	2	3	4	5
Sachleistung	-	689 €	1.298 €	1.612 €	1.995 €
§ 45b	125 €				

eAK = erheblich eingeschränkte Alltagskompetenz nach § 45a (Fassung bis 2016); Grafik © A. Heiber, SysPra.de

PSG 2: Überleitung Pflegegeld nach § 37

Pflegestufe	„0"	1	2	3	Härtefall
	eAK (§ 45a)	eAK (§ 45a)	eAK (§ 45a)	eAK (§ 45a)	eAK (§ 45a)
			104€/208€		
§ 45b Pflegegeld	-23 €	244 €	316 €	458 €	545 €	728 €	728 €	728 €	728 €

Überleitung ab 01.01.0217

Pflegegrad	1	2	3	4	5
Pflegegeld	-	316 €	545 €	728 €	901 €
§ 45b	125 €				

eAK = erheblich eingeschränkte Alltagskompetenz nach § 45a (Fassung bis 2016); Grafik © A. Heiber, SysPra.de

Überleitung Leistungen					
Pflegesachleistung und Tagespflege					
Pflegeeinstufung	**alt**		Grad	**neu**	**Differenz**	**Steigerung**
Pflegestufe 1	468 €	=>	2	689 €	221 €	47%
Pflegestufe 2	1.144 €	=>	3	1.298 €	154 €	13%
Pflegestufe 3	1.612 €	=>	4	1.612 €	0 €	0%
Härtefall	1.995 €	=>	5	1.995 €	0 €	0%

Pflegesachleistung und Tagespflege					
bei eAK (§ 45a)					
Pflegeeinstufung	**alt**		Grad	**neu**	**Differenz**	**Steigerung**
Pflegestufe 0	231 €	=>	2	689 €	458 €	198%
Pflegestufe 1	689 €	=>	3	1.298 €	609 €	88%
Pflegestufe 2	1.298 €	=>	4	1.612 €	314 €	24%
Pflegestufe 3	1.612 €	=>	5	1.995 €	383 €	24%
Härtefall	1.995 €	=>	5	1.995 €	0 €	0%

Insbesondere Versicherte mit eAK-Einstufung erhalten durch den doppelten Stufensprung eine deutliche Leistungsausweitung. Nur bei einer Härtefalleinstufung ändert sich die Leistungshöhe nicht. Da lt. Bundespflegestatistik 2013 ambulant nur 0,13 % aller Pflegebedürftigen als Härtefall eingestuft waren, sind davon kaum Fälle betroffen.

Bei den Beziehern von Pflegegeld sieht es in Bezug auf die bisherige Härtefalleinstufung anders aus: hier gibt es nun ein Pflegegeld mit neuer Höhe. Allerdings wird lt. Bundespflegestatistik 2013 kein Härtefall allein mit Pflegegeldbezug versorgt. Auch hier werden bei der Überleitung jeweils die nächsthöheren Pflegegeldbeträge zugeordnet, so dass sich auch hier meist deutliche Steigerungen ergeben.

Insgesamt erscheint die Überleitung aus Sicht der ambulanten Leistungsbeträge sehr großzügig zu sein, so dass Leistungsbezieher, die übergeleitet werden, ambulant zum Teil deutlich verbessere Leistungsansprüche haben. Durch die Überleitungsregelungen nach § 140 ist zudem geregelt, dass übergeleitete Ansprüche nur dann reduziert werden können, wenn überhaupt keine Pflegebedürftigkeit nach der neuen Definition mehr vorliegt, also praktisch weniger als 12,5 Punkte in einer neuen Begutachtung erreicht werden. Ansonsten bleiben die bestehenden Ansprüche gleich, auch wenn eine Neueinstufung einen geringeren Pflegegrad vorsehen würde.

Vor diesem Hintergrund sind insbesondere vor dem 01.01.2017 die eigenen Kunden und Leistungsbezieher darüber zu beraten, ob ein Einstufungs- oder Höherstufungsantrag noch in 2016 sinnvoll ist. Auch sollte bei allen Kunden geprüft und beraten werden, ob eine Einstufung der erheblich eingeschränkten Alltagskompetenz notwendig und sinnvoll ist, denn

Überleitung der Pflegegeldansprüche

Pflegegeld

Pflegeeinstufung	alt		Grad	neu	Differenz	Steigerung
Pflegestufe 1	244 €	=>	2	316 €	72 €	30%
Pflegestufe 2	458 €	=>	3	545 €	87 €	19%
Pflegestufe 3	728 €	=>	4	728 €	0 €	0%
Härtefall	728 €	=>	5	901 €	173 €	24%

Pflegegeld Ambulant bei eAK (§ 45a)

bei eAK (§ 45a)						
Pflegeeinstufung	alt		Grad	neu	Differenz	Steigerung
Pflegestufe 0	123 €	=>	2	316 €	193 €	157%
Pflegestufe 1	316 €	=>	3	545 €	229 €	72%
Pflegestufe 2	545 €	=>	4	728 €	183 €	34%
Pflegestufe 3	728 €	=>	5	901 €	173 €	24%
Härtefall	728 €	=>	5	901 €	173 €	24%

sie kann bekanntermaßen auch eigenständig (losgelöst von einem Höherstufungsantrag) beantragt werden.

Antragsdatum ist maßgeblich

Maßgeblich für die Einstufung und damit die Grundlage für die Überleitung ist nicht der Bescheid der Einstufung, sondern das **Antragsdatum**. Anträge, die beispielsweise erst am 31.12.2016 gestellt werden, werden noch nach altem Recht eingestuft und dann in die ab 2017 geltenden Leistungen nach den Regeln des § 140 übergeleitet, auch wenn beispielsweise der Einstufungsbesuch erst im Februar 2017 durchgeführt werden kann. So kann man in der Praxis davon ausgehen, dass in den ersten Monaten 2017 noch viele Einstufungsprüfungen nach dem Pflegestufensystem durchgeführt werden müssen.

Wie entwickelt sich die Pflegegradzusammensetzung

Klar ist, dass aus der Überleitung und der Zusammensetzung der Pflegegrade zum 01.01.2017 nicht auf die zukünftige und dauerhafte Pflegegradverteilung geschlossen werden kann. Auch bei der Einführung der Pflegeversicherung 1995 gab es einen Überleitungstatbestand: hier wurden Versicherte mit einem Leistungsanspruch nach §§ 55 ff. SGB V in der Fassung von 1991 automatisch in Pflegestufe 2 überführt, obwohl viele dieser Pflegebedürftigen bei einer Einstufung nur Pflegestufe 1 erreicht hätten.

Ein Blick in die Zukunft der Pflegegradverteilung liefert die EViS-Studie 2015 (eine der Vorstudien zum NBA), welche die Erfassung von Versorgungsaufwänden in stationären

Punkteinteilung der Pflegegrade					
		EViS-Studie		**Gesetz**	
Grad	**Bezeichnung**	Gesamtpunkte		Gesamtpunkte	
		ab	bis unter	ab	bis unter
Ohne Pflegegrad		0,0	15,0	**0,0**	**12,5**
Pflegegrad 1	geringe Beeinträchtigung der Selbständigkeit oder Fähigkeiten	15,0	30,0	**12,5**	**27,0**
Pflegegrad 2	erhelbliche Beeinträchtigung der Selbständigkeit oder Fähigkeiten	30,0	50,0	**27,0**	**47,5**
Pflegegrad 3	schwere Beeinträchtigung der Selbständigkeit oder Fähigkeiten	50,0	70,0	**47,5**	**70,0**
Pflegegrad 4	schwerste Beeinträchtigung der Selbständigkeit oder Fähigkeiten	70,0	90,0	**70,0**	**90,0**
Pflegegrad 5	schwerste Beeinträchtigung der Selbständigkeit oder Fähigkeiten mit besonderer Anforderung an die pflegerische Versorgung	90,0	100,0	**90,0**	**100,0**

Einrichtungen zum Thema hatte. Im Rahmen dieser Untersuchung wurden aber auch die vorhandene Einstufung der Bewohner erfasst und diese mithilfe des NBA und des vorläufigen Einstufungsbegriffs „neu eingestuft" und die Ergebnisse verglichen. Dabei gibt es die Vergleichsdaten von 541 Bewohnern ohne erheblich eingeschränkter Alltagskompetenz sowie von 1.045 Bewohner mit zusätzlich erheblich eingeschränkter Alltagskompetenz.

Die Bewohner der Stichprobe wurden auf der Basis ihrer bisherigen Einstufung nach den oben beschriebenen Regeln in Pflegegrade übergeleitet, gleichzeitig wurde diese Überleitungseinstufung überprüft mit der „Neueinstufung". Zwei Punkte sind hier jedoch anzumerken:

– Die Einstufung der Pflegegrade basierte auf der entwickelten Graduierungsskala 2009 mit folgender Pflegegradeinteilung (siehe Grafik oben).

In der Entwicklung ab 2009 bis 2015 haben alle Studien bzw. Evaluationsgutachten die Einteilung der Pflegegrade genutzt, wie sie unter dem Titel: EViS-Studie dargestellt sind. Aufgrund der Ergebnisse der EViS-Studie hat der Gesetzgeber die Grenzwerte in den Pflegegraden 1 bis 3 um jeweils 2,5 Punkte nach unten verschoben. Daher sind die Ergebnisse der Vergleichsdarstellung Pflegestufe und Pflegegrade, soweit es die Pflegegrade ohne bis 3 betrifft, nicht vollständig übertragbar. Ab Pflegegrad 4 sind die Studienergebnisse valide.

– Die EViS-Studie hat in ihrem Vergleich mit den Pflegestufen der Bewohner gearbeitet, die zum Zeitpunkt der Studie bestanden haben (lt. Studie lag der Zeitpunkt im Median aller Studienteilnehmer bei 545 Tagen vor Beginn der Studie). Damit ist nicht klar, ob

Evis-Studie 2015: Vergleich Pflegestufe zu Überleitung Pflegegrade und tatsächlicher Einstufung (stationäre Bewohner)

Ohne eingeschränkte Alltagskompetenz

	Ohne PG	PG1	PG 2	PG 3	PG 4	PG 5
Ohne PS	31%	25%	33%	11%	0%	0%
PS 1	12%	26%	**45%**	13%	3%	1%
PS 2	1%	8%	41%	**32%**	13%	4%
PS 3	0%	0%	0%	42%	**37%**	21%

Mit eingeschränkte Alltagskompetenz (doppelter Stufensprung)

	Ohne PG	PG1	PG 2	PG 3	PG 4	PG 5
PS „0"	11%	44%	**22%**	22%	0%	0%
PS 1	4%	11%	38%	**40%**	6%	2%
PS 2	0%	2%	15%	37%	**38%**	8%
PS 3	0%	0%	2%	5%	47%	**47%**

die Pflegestufe aktuell nach den Kriterien die richtige Einstufung darstellt. Vielmehr ist mutmaßlich zu unterstellen, dass die Pflegestufe in vielen Fällen eher zu niedrig ist, denn nach Pflegestufenrecht führt stationär eine Höherstufung zu höheren Eigenanteilen, weshalb sich viele Pflegebedürftige und ihre Angehörigen gegen eine sinnvolle (und notwendige) Höherstufung sträuben (daher die im PSG 2 eingeführte Gesetzesänderung in § 84 zu einem einrichtungsbezogenen einheitlichen Eigenanteil). Die Studienautoren vermuten selbst bei Bewohnern der Pflegestufe 1, dass sich deren Situation durch einen Heimeinzug stabilisiert haben kann und sie deshalb eigentlich keiner Pflegestufe mehr bedürfen würden.

Unter diesen beiden einschränkenden Aspekten sind die folgenden Ergebnisse (siehe Grafik oben) des Vergleichs einschränkend zu betrachten:

Bewohner ohne eingeschränkte Alltagskompetenz mit Pflegestufe 1, die in Pflegegrad 2 übergeleitet werden, würden zu ca. 45 % auch bei einer Neueinstufung in diesen Pflegegrad kommen. Allerdings würde (trotz der oben beschriebenen Unschärfen) auch ein beträchtlicher Anteil deutlich niedriger eingestuft werden. Diese Verschiebung nimmt je nach Pflegestufe weiter zu. Bei Pflegestufe 3 werden die Bewohner nur zu 37 % auch bei einer Neueinstufung den entsprechenden Pflegegrad 4 erreichen, ein beträchtlicher Anteil jedoch nicht (hier ist der Grenzwert auch nicht nach unten verschoben worden). Allerdings würden auch 21 % nun höher eingestuft (Pflegegrad 5) werden!
Die Auswertung der Bewohner mit erheblich eingeschränkter Alltagskompetenz zeigt noch stärkere Verschiebungen, was mutmaßlich auch an der neuen Logik des Einstufungs-

systems liegen kann (differenziertere Berücksichtigung einzelner Ausprägungen). Die Auswertung zeigt aber auch, dass diese Gruppe durch den doppelten Stufensprung von der automatischen Überleitung in besonderem Maße profitieren wird.

Auswirkung der Überleitung für die Zukunft

Die EViS-Studie erlaubt einen (wenn auch etwas schwammigen) Blick in die Zukunft der Pflegegradverteilung. Sie zeigt, dass wir dauerhaft eine neue Struktur der Pflegegradverteilung haben werden, die nicht mehr mit der Pflegestufenverteilung vergleichbar sein wird. Die Erfahrungswerte aus der Vergangenheit, beispielsweise die Pflegestufenverteilung und der Pflegestufenmix wird sich dauerhaft anders darstellen. Dabei kommt für die Übergangszeit ein Faktor dazu, der zunächst die Realität etwas verzerrt darstellen wird: durch die nach dem heutigen Wissensstand sehr großzügige Überleitung wird in den ersten Jahren ab Einführung der Pflegegrade die Pflegelandschaft noch nicht dem entsprechen, was mit einer Einstufung nach Pflegegraden zu erwarten wäre. Viele Pflegebedürftige werden die Übergangssituation nutzen, lange einen höheren Pflegegrad zugewiesen zu haben, der ihnen nach der Schwere der Beeinträchtigung ihrer Selbständigkeit oder Fähigkeiten objektiv nicht zustehen würde. Da im ambulanten Bereich die ‚Verweildauer' in der Pflege sehr lange ist, wird dieser Überleitungseffekt auch lange anhalten. Im vollstationären Bereich dürfte dieser Effekt schon deshalb viel kürzer sein, weil die durchschnittliche Verweildauer im Pflegeheim deutlich kürzer ist, manchmal sogar unterhalb eines Jahres. Daher dürften der Überleitungseffekt und damit auch die besonderen Bestandsschutzregeln in Bezug auf den Eigenanteil im Heim zeitlich nur eine kurze Rolle spielen.

Das heißt auch: im vollstationären Bereich wird die Pflegegradeinführung mit allen Auswirkungen schon 2018 fast vollständig zu spüren sein, ambulant wird dies viel länger dauern. Denn aufgrund der Überleitungsregeln wird keiner den erreichten Pflegegrad verlieren (wenn er bei einer Wiederholungseinstufung nicht unter den Pflegegrad 1 fällt).

Zu Absatz 4: Rückwirkendes Inkrafttreten

Die Sonderregelung in Absatz 4 gilt nur für die speziellen Fälle, in denen ein Antrag später gestellt wird, sich aber die tatsächlichen Verhältnisse schon eher geändert haben. Nach § 48 Abs. 1, Satz 2 Nr. 1 (Aufhebung eines Verwaltungsaktes mit Dauerwirkung bei Änderung der Verhältnisse) SGB X ist ein Verwaltungsakt mit Wirkung für die Zukunft vom Zeitpunkt der Änderung der Verhältnisse aufzuheben, wenn nach Nr. 1 die Änderung zugunsten des Betroffenen erfolgt. Wenn sich beispielsweise nach einem Sturz die Pflegesituation deutlich verändert hat, der Antrag auf Höherstufung aber erst im nächsten Monat gestellt wird, gilt die Höherstufung dann ab dem Sturz, also rückwirkend. Mit Einführung des neuen Einstufungs- und Begutachtungssystem wird genau dieser Sachverhalt geregelt.

Die kurze Rückgeltungszeit (vom 1. November bis 31. Dezember 2016) reicht nach Ansicht des Gesetzgebers aus, da im Regelfall Höherstufungsanträge zeitnah gestellt werden.

32.3 § 140 Anzuwendendes Recht und Überleitung in die Pflegegrade

§ (1) Die Feststellung des Vorliegens von Pflegebedürftigkeit oder einer erheblich eingeschränkten Alltagskompetenz nach § 45a in der am 31. Dezember 2016 geltenden Fassung erfolgt jeweils auf der Grundlage des zum Zeitpunkt der Antragstellung geltenden Rechts. Der Erwerb einer Anspruchsberechtigung auf Leistungen der Pflegeversicherung richtet sich ebenfalls nach dem zum Zeitpunkt der Antragstellung geltenden Recht.

(2) Versicherte der sozialen Pflegeversicherung und der privaten Pflege-Pflichtversicherung,

1. bei denen das Vorliegen einer Pflegestufe im Sinne der §§ 14 und 15 in der am 31. Dezember 2016 geltenden Fassung oder einer erheblich eingeschränkten Alltagskompetenz nach § 45a in der am 31. Dezember 2016 geltenden Fassung festgestellt worden ist und

2. bei denen spätestens am 31. Dezember 2016 alle Voraussetzungen für einen Anspruch auf eine regelmäßig wiederkehrende Leistung der Pflegeversicherung vorliegen, werden mit Wirkung ab dem 1. Januar 2017 ohne erneute Antragstellung und ohne erneute Begutachtung nach Maßgabe von Satz 3 einem Pflegegrad zugeordnet. Die Zuordnung ist dem Versicherten schriftlich mitzuteilen. Für die Zuordnung gelten die folgenden Kriterien:

1. Versicherte, bei denen eine Pflegestufe nach den §§ 14 und 15 in der am 31. Dezember 2016 geltenden Fassung, aber nicht zusätzlich eine erheblich eingeschränkte Alltagskompetenz nach § 45a in der am 31. Dezember 2016 geltenden Fassung festgestellt wurde, werden übergeleitet

   a. von Pflegestufe I in den Pflegegrad 2,
   b. von Pflegestufe II in den Pflegegrad 3,
   c. von Pflegestufe III in den Pflegegrad 4 oder
   d. von Pflegestufe III in den Pflegegrad 5, soweit die Voraussetzungen für Leistungen nach § 36 Absatz 4 oder § 43 Absatz 3 in der am 31. Dezember 2016 geltenden Fassung festgestellt wurden;

2. Versicherte, bei denen eine erheblich eingeschränkte Alltagskompetenz nach § 45a in der am 31. Dezember 2016 geltenden Fassung festgestellt wurde, werden übergeleitet

a. bei nicht gleichzeitigem Vorliegen einer Pflegestufe nach den §§ 14 und 15 in der am 31. Dezember 2016 geltenden Fassung in den Pflegegrad 2,

b. bei gleichzeitigem Vorliegen der Pflegestufe I nach den §§ 14 und 15 in der am 31. Dezember 2016 geltenden Fassung in den Pflegegrad 3,

c. bei gleichzeitigem Vorliegen der Pflegestufe II nach den §§ 14 und 15 in der am 31. Dezember 2016 geltenden Fassung in den Pflegegrad 4,

d. bei gleichzeitigem Vorliegen der Pflegestufe III nach den §§ 14 und 15 in der am 31. Dezember 2016 geltenden Fassung, auch soweit zusätzlich die Voraussetzungen für Leistungen nach § 36 Absatz 4 oder § 43 Absatz 3 in der am 31. Dezember 2016 geltenden Fassung festgestellt wurden, in den Pflegegrad 5.

(3) Die Zuordnung zu dem Pflegegrad, in den der Versicherte gemäß Absatz 2 übergeleitet worden ist, bleibt auch bei einer Begutachtung nach dem ab dem 1. Januar 2017 geltenden Recht erhalten, es sei denn, die Begutachtung führt zu einer Anhebung des Pflegegrades oder zu der Feststellung, dass keine Pflegebedürftigkeit im Sinne der §§ 14 und 15 in der ab dem 1. Januar 2017 geltenden Fassung mehr vorliegt. Satz 1 gilt auch bei einem Erlöschen der Mitgliedschaft im Sinne von § 35 ab dem 1. Januar 2017, wenn die neue Mitgliedschaft unmittelbar im Anschluss begründet wird. Die Pflegekasse, bei der die Mitgliedschaft beendet wird, ist verpflichtet, der Pflegekasse, bei der die neue Mitgliedschaft begründet wird, die bisherige Einstufung des Versicherten rechtzeitig schriftlich mitzuteilen. Entsprechendes gilt bei einem Wechsel zwischen privaten Krankenversicherungsunternehmen und einem Wechsel von sozialer zu privater sowie von privater zu sozialer Pflegeversicherung.

(4) Stellt ein Versicherter, bei dem das Vorliegen einer Pflegebedürftigkeit oder einer erheblich eingeschränkten Alltagskompetenz nach § 45a in der am 31. Dezember 2016 geltenden Fassung festgestellt wurde, ab dem 1. Januar 2017 einen erneuten Antrag auf Feststellung von Pflegebedürftigkeit und lagen die tatsächlichen Voraussetzungen für einen höheren als durch die Überleitung erreichten Pflegegrad bereits vor dem 1. Januar 2017 vor, richten sich die ab dem Zeitpunkt der Änderung der tatsächlichen Verhältnisse zu erbringenden Leistungen im Zeitraum vom 1. November 2016 bis 31. Dezember 2016 nach dem ab 1. Januar 2017 geltenden Recht. Entsprechendes gilt für Versicherte bei einem privaten Pflegeversicherungsunternehmen.

33 § 141 Besitzstandsschutz und Übergangsrecht zur sozialen Sicherung von Pflegepersonen

33.1 Was ist neu?

§ 141 Abs. 1 definiert zunächst einem umfassenden Bestandsschutz auf alle Leistungen der folgenden Paragrafen, wenn der Versicherte am 31.12.2016 regelmäßig wiederkehrende Leistungssprüche nach diesen Regelungen hatte:

- Sach-, Kombinations- und Pflegegeldleistungen nach §§ 36 bis 38,
- Wohngemeinschaftszuschuß nach § 38a (dieser wird in § 144 noch weitergehend geregelt),
- Pflegeverbrauchsmittel nach § 40, Abs. 2,
- Tagespflege nach § 41,
- zusätzliche Leistungen bei Pflegezeit und kurzzeitiger Arbeitsverhinderung nach § 44a,
- Entlastungsbetrag nach § 45b (dazu gibt es eine Sonderregelung nach Absatz 2),
- für Versicherte mit erheblich eingeschränkter Alltagskompetenz die Leistungsnachsprüche nach § 123 (hier inklusive dem Recht auf Verhinderungs- und Kurzzeitpflege),
- häusliche Betreuung nach § 124.

Für Versicherte mit erheblich eingeschränkter Alltagskompetenz nach § 45a, die Anspruch auf den erhöhten Satz nach § 45b hatten, gibt es dann einen Zuschlag in Höhe von 83 € auf den neuen Entlastungsbetrag von 125 €, wenn sie nach der Umstellung in der Summe aller neuen Sachleistungsansprüche und dem neuen Entlastungsbetrag nicht mindestens 83 € höher liegen.

In Absatz 3 wird für die vollstationäre Pflege geregelt, dass Pflegebedürftige auch nach Einführung des einrichtungseinheitlichen Eigenanteils 2017 keinen höheren Eigenanteil als bisher zu zahlen haben.

Auch für die Ansprüche auf Rentenzahlungen (Abs. 4) besteht Bestandsschutz, insbesondere auch in Bezug auf die Höhe der zu zahlenden Beiträge, die 2017 niedriger sein können (siehe § 44). Für die Sonderregelung nach § 140 Abs. 4 (Antrag nach neuem Recht ergibt einen höheren Anspruch als Überleitung auch schon ab 1. November 2016) wird eine entsprechende Anpassung auch für Rentenleistungen vorgenommen.

Die Regelungen zur Rentenhöhe gelten nicht mehr, wenn (bei einer neuen Einstufungsprüfung) (gar) keine Pflegebedürftigkeit mehr vorliegt oder die zu pflegenden Personen keine Pflegepersonen in der ab 1. Januar 2017 geltenden Fassung sind.

Auch für die Unfallversicherung wird der Bestandsschutz für die Pflegepersonen geregelt, die nach altem Recht (ohne Mindeststundenmenge) unfallversichert waren, nach neuen Recht (mindestens 10 Stunden die Woche) nicht mehr unfallversichert sind.

33.2 Kritik und Praxis

Der Bestandsschutz bezieht sich deshalb nur auf die regelmäßig wiederkehrenden Leistungen, weil die nicht immer regelmäßigen Leistungen (Verhinderungspflege nach § 39, Pflegehilfsmittel und Zuschüsse zu Wohnumfeldverbessernden Maßnahmen nach § 40 sowie Kurzzeitpflege nach § 42) nicht verändert worden sind und deshalb hier auch keine Besitzstandsregelung notwendig ist.

Bestandsschutz bei § 45b: Erhöhter Betrag

Auch die Versicherten mit der erheblich eingeschränkten Alltagskompetenz nach § 45a, die bisher einen erhöhten Leistungsbetrag von 208 € erhalten haben, erhalten Bestandsschutz. Allerdings nur dann, wenn sie aus der Addition der neuen Pflegegradleistungen und des einheitlichen Entlastungsbetrages von 125 € nicht mindestens 83 € mehr Leistungen haben als bisher.

Aus der nachstehenden Tabelle (S. 197, Tabelle oben) wird deutlich, dass dies nur die Gruppe der Sachleistungsempfänger mit Härtefall und erheblich eingeschränkter Alltagskompetenz betrifft. Denn alle anderen erhalten auch aufgrund der großzügigen Überleitung (siehe § 140) in der Addition deutlich mehr Leistungen, als sie nach dem bis zum 31.12.2016 geltenden Recht haben. Die Gruppe der ambulanten Sachleistungsempfänger mit Härtefall und erheblich eingeschränkter Alltagskompetenz umfasst gemäß der Bundespflegestatistik 2013 insgesamt 1.031 Pflegebedürftige. Nicht in der Statistik ausgewiesen ist der Anteil, der Anspruch auf den erhöhten Betrag nach § 45b hat, er dürfte aber noch geringer sein.

Auswirkungen auf Rentenleistungen

Wer als Pflegeperson bisher Rentenversicherungsleistungen bezogen hat, erhält auch weiterhin in gleicher Höhe Rentenleistungen (Bestandsschutz). Dabei kann es sein, dass die Rentenansprüche mit Stand 2016 durchaus höher sind als die neuen Ansprüche 2017 (siehe auch Tabelle).

Anhand eines Beispiels wird dies deutlich: Die Pflegeperson hat bisher einen Pflegebedürftigen in Pflegestufe 1 versorgt und dafür werden Beitragszahlungen in Höhe von 26,6667 % der Bezugsgröße von der Pflegekasse finanziert (S. 197, Tabelle). Daneben hat der Pflegedienst im Rahmen der Kombinationsleistung das Duschen übernom-

§ 141, Abs.2 Übergangsregelung Erhöhter Betrag nach § 45b

Versicherte mit erheblich eingeschränkter Alltagskompetenz

Pflegestufe	Sachleistung bis 2016	Grad	Sachleistung ab 2017	Differenz
Pflegestufe 0	231 €	**Pflegegrad 2**	**689 €**	458 €
Pflegestufe 1	689 €	**Pflegegrad 3**	**1.298 €**	609 €
Pflegestufe 2	1.298 €	**Pflegegrad 4**	**1.612 €**	314 €
Pflegestufe 3	1.612 €	**Pflegegrad 5**	**1.995 €**	383 €
Härtefall	1.995 €	**Pflegegrad 5**	**1.995 €**	0 €

	Pflegegeld bis 2016	Grad	Pflegegeld ab 2017	Differenz
Pflegestufe 0	123 €	**Pflegegrad 2**	**316 €**	193 €
Pflegestufe 1	316 €	**Pflegegrad 3**	**545 €**	229 €
Pflegestufe 2	545 €	**Pflegegrad 4**	**728 €**	183 €
Pflegestufe 3	728 €	**Pflegegrad 5**	**901 €**	173 €
Härtefall	728 €	**Pflegegrad 5**	**901 €**	173 €

Gesetzliche Rentenversicherung für Pflegepersonen

Beitragszahlung in % der Bezugsgröße
Bemessung bis Ende 2016

Maßstab	Pflegestufe 1	Pflegestufe 2	Pflegestufe 3	Härtefall
28 Stunden			80,00%	80,00%
21 Stunden		53,333%	60,00%	60,00%
14 Stunden	26,667%	35,556%	40,00%	40,00%

Bemessung ab Anfang 2017

Maßstab	Pflegegrad 2	Pflegegrad 3	Pflegegrad 4	Pflegegrad 5
nur Pflegegeld	27,00%	43,00%	70,00%	100,00%
Kombileistung	22,95%	36,55%	59,50%	85,00%
Sachleistung	18,90%	30,10%	49,00%	70,00%

men. Nach ab 2017 geltendem Recht würde in Pflegegrad 2 nur eine Beitragszahlung in Höhe der Kombinationsleistung von 22,95 % der Bezugsgröße fällig. Gerade wenn Pflegepersonen neben dem Pflegedienst arbeiten, kann es zu geringeren Leistungsbezügen kommen.

Aber auch ein anderer Fall kann eintreten: Die Pflegeperson hat in der Pflegestufe 3 nur 14 Stunden neben dem Pflegedienst (der volle Sachleistungen erbracht hat) gepflegt und für diesen Umfang wurden Rentenbeiträge in Höhe von 40 % der Bezugsgröße gezahlt.

Nach neuem Recht hätte sie Anspruch auf 49 %; wird die Sachleistung nicht voll ausgenutzt (beispielsweise nur zu 95 % regelmäßig), dann beständen Ansprüche auf Beitragszahlung in Höhe von 59,50 % der Bezugsgröße.

Aber wegen der neu eingeführten Graduierungskriterien (Bezug von Kombi- oder Sachleistungen) sind die neuen Rentenbeiträge oftmals niedriger als die nach altem Recht. Und ein höherer Zeitanteil, den eine Pflegeperson in der Versorgung verbringt, wirkt sich oft nicht entsprechend in höheren Rentenbeitragsleistungen aus.

Bestandsschutz Unfallversicherung

Weil sich der Zugang zur Unfallversicherung mit dem PSG 2 verschlechtert (mindestens 10 Stunden Pflegezeit an zwei Tagen pro Woche, siehe Kommentierung § 44), ist auch hier ein Bestandsschutz für bisher versicherte Pflegepersonen notwendig. Wer nach altem Recht (bis 31.12.2016) in der Gesetzlichen Unfallversicherung als Pflegeperson versichert war, ist dies durch den Bestandsschutz auch weiterhin.

Praktisch muss man deshalb die Empfehlung aussprechen, dass sich in 2016 auch die Pflegepersonen bei der Pflegekasse zur Unfallversicherung ‚anmelden', die bisher nicht gemeldet waren, weil sie keine weiteren Leistungen der Sozialen Sicherung beziehen konnten (keine 14 Stunden pro Woche) oder wollten. Nur so sind sie ab 2017 weiterhin in der Pflege unfallversichert.

33.3 Gesetzestext § 141 Besitzstandsschutz und Übergangsrecht zur sozialen Sicherung von Pflegepersonen

§ **(1) Versicherte der sozialen Pflegeversicherung und der privaten Pflege-Pflichtversicherung sowie Pflegepersonen, die am 31. Dezember 2016 Anspruch auf Leistungen der Pflegeversicherung haben, erhalten Besitzstandsschutz auf die ihnen unmittelbar vor dem 1. Januar 2017 zustehenden, regelmäßig wiederkehrenden Leistungen nach den §§ 36, 37, 38, 38a, 40 Absatz 2, den §§ 41, 44a, 45b, 123 und 124 in der am 31. Dezember 2016 geltenden Fassung. Hinsichtlich eines Anspruchs auf den erhöhten Betrag nach § 45b in der am 31. Dezember 2016 geltenden Fassung richtet sich die Gewährung von Besitzstandsschutz abweichend von Satz 1 nach Absatz 2. Für Versicherte, die am 31. Dezember 2016 Leistungen nach § 43 bezogen haben, richtet sich der Besitzstandsschutz nach Absatz 3. Kurzfristige Unterbrechungen im Leistungsbezug lassen den Besitzstandsschutz jeweils unberührt.**

(2) Versicherte,

1. die am 31. Dezember 2016 einen Anspruch auf den erhöhten Betrag nach § 45b Absatz 1 in der am 31. Dezember 2016 geltenden Fassung haben und

2. deren Höchstleistungsansprüche, die ihnen nach den §§ 36, 37 und 41 unter Berücksichtigung des § 140 Absatz 2 und 3 ab dem 1. Januar 2017 zustehen, nicht um jeweils mindestens 83 Euro monatlich höher sind als die entsprechenden Höchstleistungsansprüche, die ihnen nach den §§ 36, 37 und 41 unter Berücksichtigung des § 123 in der am 31. Dezember 2016 geltenden Fassung am 31. Dezember 2016 zustanden,

haben ab dem 1. Januar 2017 Anspruch auf einen Zuschlag auf den Entlastungsbetrag nach § 45b in der ab dem 1. Januar 2017 jeweils geltenden Fassung. Die Höhe des monatlichen Zuschlags ergibt sich aus der Differenz zwischen 208 Euro und dem Leistungsbetrag, der in § 45b Absatz 1 Satz 1 in der ab dem 1. Januar 2017 jeweils geltenden Fassung festgelegt ist. Das Bestehen eines Anspruchs auf diesen Zuschlag ist den Versicherten schriftlich mitzuteilen und zu erläutern.

(3) Ist bei Pflegebedürftigen der Pflegegrade 2 bis 5 in der vollstationären Pflege der einrichtungseinheitliche Eigenanteil nach § 92e oder nach § 84 Absatz 2 Satz 3 im ersten Monat nach der Einführung des neuen Pflegebedürftigkeitsbegriffs höher als der jeweilige individuelle Eigenanteil im Vormonat, so ist zum Leistungsbetrag nach § 43 von Amts wegen ein Zuschlag in Höhe der Differenz von der Pflegekasse an die Pflegeeinrichtung zu zahlen. In der Vergleichsberechnung nach Satz 1 sind für beide Monate jeweils die vollen Pflegesätze und Leistungsbeträge zugrunde zu legen. Verringert sich die Differenz zwischen Pflegesatz und Leistungsbetrag in der Folgezeit, ist der Zuschlag entsprechend zu kürzen. Dies gilt entsprechend für Versicherte der privaten Pflege-Pflichtversicherung.

(4) Für Personen, die am 31. Dezember 2016 wegen nicht erwerbsmäßiger Pflege rentenversicherungspflichtig waren und Anspruch auf die Zahlung von Beiträgen zur gesetzlichen Rentenversicherung nach § 44 in der am 31. Dezember 2016 geltenden Fassung hatten, besteht die Versicherungspflicht für die Dauer dieser Pflegetätigkeit fort. Die beitragspflichtigen Einnahmen ab dem 1. Januar 2017 bestimmen sich in den Fällen des Satzes 1 nach Maßgabe des § 166 Absatz 2 und 3 des Sechsten Buches in der am 31. Dezember 2016 geltenden Fassung, wenn sie höher sind als die beitragspflichtigen Einnahmen, die sich aus dem ab dem 1. Januar 2017 geltenden Recht ergeben.

(4a) In den Fällen des § 140 Absatz 4 richtet sich die Versicherungspflicht als Pflegeperson in der Rentenversicherung und die Bestimmung der beitragspflichtigen Einnahmen für Zeiten vor dem 1. Januar 2017 nach §§ 3 und 166 des Sechsten Buches in der bis zum 31. Dezember 2016 geltenden Fassung. Die dabei anzusetzende Pflegestufe erhöht sich entsprechend dem Anstieg des Pflegegrades gegenüber dem durch die Überleitung erreichten Pflegegrad.

(5) Absatz 4 ist ab dem Zeitpunkt nicht mehr anwendbar, zu dem nach dem ab dem 1. Januar 2017 geltenden Recht festgestellt wird, dass
1. bei der versorgten Person keine Pflegebedürftigkeit im Sinne der §§ 14 und 15 in der ab dem 1. Januar 2017 geltenden Fassung vorliegt oder
2. die pflegende Person keine Pflegeperson im Sinne des § 19 in der ab dem 1. Januar 2017 geltenden Fassung ist.
Absatz 4 ist auch nicht mehr anwendbar, wenn sich nach dem 31. Dezember 2016 eine Änderung in den Pflegeverhältnissen ergibt, die zu einer Änderung der beitragspflichtigen Einnahmen nach § 166 Absatz 2 des Sechsten Buches in der ab dem 1. Januar 2017 geltenden Fassung führt oder ein Ausschlussgrund nach § 3 Satz 2 oder 3 des Sechsten Buches eintritt.

(6) Für Pflegepersonen im Sinne des § 44 Absatz 2 gelten die Absätze 4, 4a und 5 entsprechend.

(7) Für Personen, die am 31. Dezember 2016 wegen nicht erwerbsmäßiger Pflege in der gesetzlichen Unfallversicherung versicherungspflichtig waren, besteht die Versicherungspflicht für die Dauer dieser Pflegetätigkeit fort. Satz 1 gilt, soweit und solange sich aus dem ab dem 1. Januar 2017 geltenden Recht keine günstigeren Ansprüche ergeben. Satz 1 ist ab dem Zeitpunkt nicht mehr anwendbar, zu dem nach dem ab dem 1. Januar 2017 geltenden Recht festgestellt wird, dass bei der versorgten Person keine Pflegebedürftigkeit im Sinne der §§ 14 und 15 in der ab dem 1. Januar 2017 geltenden Fassung vorliegt.

34 § 142 Übergangsregelungen im Begutachtungsverfahren

34.1 Was ist neu?

In diesem Überleitungsparagrafen, der ab 2017 gelten wird, werden die Überleitungsbedingungen im Rahmen der Begutachtungsverfahrens präzisiert:

– Vom 01.01.2017 bis 1. Januar 2019 werden keine Wiederholungsprüfungen durchgeführt, auch dann nicht, wenn sie der Gutachter ausdrücklich für diesen Zeitraum empfohlen hat. Ausnahme bilden nur die Fälle, in denen aufgrund einer durchgeführten Operation oder Rehabilitationsmaßnahme eine Verbesserung der gesundheitlich bedingten Beeinträchtigung der Selbständigkeit oder Fähigkeiten zu erwarten ist.

– Vom 01.01.2017 bis 31.12.2017 ist die Frist von 25 Arbeitstagen (bisher 5 Wochen) zur Übersendung des Einstufungsbescheids ausgesetzt. Auch die kürzeren Fristen (bei Aufnahme in ein Pflegeheim, bei Inanspruchnahme von Pflegezeit oder Familienpflegezeit sowie bei ambulanter Palliativversorgung) sind in diesem Zeitraum auf 25 Arbeitstage verlängert, allerdings hat hier der Spitzenverband Bund der Pflegekassen ein bundeseinheitliches Vorgehen zu regeln.

– Die Pflicht, drei unabhängig Gutachter zu benennen, wenn eine Begutachtung nicht innerhalb von 20 Arbeitstagen durchgeführt wurde, ist für ein Jahr nach Einführung (bis 31.12.2017) nur auf Fälle mit besonders dringlichem Entscheidungsbedarf (nach Absatz 3a) beschränkt.

34.2 Kritik und Praxis

Die hier dargestellten Aussetzungen bzw. Fristverlängerungen sind auch in Verbindung mit den Gesetzesänderungen in 2016 (§§ 18, Abs. 2a, 2b, 2c) zu sehen. Der Gesetzgeber will damit den Prüfgutachtern Zeiträume verschaffen, damit die mit der Umstellung verbundenen Probleme (Schulung nach NBA, Zunahme der Anträge in 2016 zur Einstufung nach altem Recht; Praxiserfahrungen und Umsetzung in 2017) bewältigt werden können. Praktisch finden dann ab Sommer 2016 bis Ende 2018 keine planmäßigen Wiederholungsprüfungen statt, wenn man die Sonderregelungen in § 18 dazu nimmt.

34.3 Gesetzestext: § 142 Übergangsregelungen im Begutachtungsverfahren

(1) Bei Versicherten, die nach § 140 von einer Pflegestufe in einen Pflegegrad übergeleitet wurden, werden bis zum 1. Januar 2019 keine Wiederholungsbegutachtungen nach § 18 Absatz 2 Satz 5 durchgeführt; auch dann nicht, wenn die Wiederholungsbegutachtung vor diesem Zeitpunkt vom Medizinischen Dienst der Krankenversicherung oder anderen unabhängigen Gutachtern empfohlen wurde. Abweichend von Satz 1 können Wiederholungsbegutachtungen durchgeführt werden, wenn eine Verbesserung der gesundheitlich bedingten Beeinträchtigungen der Selbständigkeit oder der Fähigkeiten, insbesondere aufgrund von durchgeführten Operationen oder Rehabilitationsmaßnahmen, zu erwarten ist.

(2) Die Frist nach § 18 Absatz 3 Satz 2 ist vom 1. Januar 2017 bis zum 31. Dezember 2017 unbeachtlich. Abweichend davon ist denjenigen, die ab dem 1. Januar 2017 einen Antrag auf Leistungen der Pflegeversicherung stellen und bei denen ein besonders dringlicher Entscheidungsbedarf vorliegt, spätestens 25 Arbeitstage nach Eingang des Antrags bei der zuständigen Pflegekasse die Entscheidung der Pflegekasse schriftlich mitzuteilen. Der Spitzenverband Bund der Pflegekassen entwickelt bundesweit einheitliche Kriterien für das Vorliegen, die Gewichtung und die Feststellung eines besonders dringlichen Entscheidungsbedarfs. Die Pflegekassen und die privaten Versicherungsunternehmen berichten in der nach § 18 Absatz 3b Satz 4 zu veröffentlichenden Statistik auch über die Anwendung der Kriterien zum Vorliegen und zur Feststellung eines besonders dringlichen Entscheidungsbedarfs.

(3) Abweichend von § 18 Absatz 3a Satz 1 Nummer 2 ist die Pflegekasse vom 1. Januar 2017 bis zum 31. Dezember 2017 nur bei Vorliegen eines besonders dringlichem Entscheidungsbedarfs gemäß Absatz 2 dazu verpflichtet, dem Antragsteller mindestens drei unabhängige Gutachter zur Auswahl zu benennen, wenn innerhalb von 20 Arbeitstagen nach Antragstellung keine Begutachtung erfolgt ist.

35 § 144 Überleitungs- und Übergangsregelungen, Verordnungsermächtigung

35.1 Was ist neu?

Die Pflegebedürftigen bzw. Versicherten mit erheblich eingeschränkter Alltagskompetenz aber ohne Pflegestufe, die in der Fassung des Gesetzes bis zum 31.12.2014 einen Wohngruppenzuschlag nach § 38a erhalten haben, erhalten diesen weiterhin, wenn sich die tatsächlichen Verhältnisse (Leben in einer ambulanten Wohngruppe) nicht geändert haben.

Anbieter, die nach Landesrecht am 31.12.2016 eine Anerkennung zur Erbringung niedrigschwelliger Betreuungs- und Entlastungsangebote haben, sind ohne weiteres Anerkennungsverfahren auch zur Leistungserbringung der Entlastungsleistungen nach § 45a in der Fassung vom 01.01.2017 berechtigt. Allerdings können die Länder durch eigene Rechtsverordnungen hier auch davon abweichende Regelungen treffen.

35.2 Kritik und Praxis

Beim Wohngruppenzuschlag nach § 38a verlängert der Gesetzgeber den Bestandsschutz aus dem PSG 1. Schon damals war bzw. ist über den § 122 Abs. 3 dieser Bestandsschutz auf der Basis 2014 garantiert. Er wird hier nur nochmals verlängert. Faktisch wird der § 38a durch das PSG 2 inhaltlich auch nicht weiter verändert. Da aber die bisherige Übergangsregelung durch § 122 aufgehoben wird, ist dies die entsprechende Ersatzregelung.

Die Überleitungsregelung für anerkannte niedrigschwellige Betreuungs- und Entlastungsleistungen nach § 45c ist ebenfalls als Vereinfachung gedacht. Diese Regelung gilt allerdings nur, wenn nicht auf Landesebene Abweichendes geregelt wird. Da es aber bundesweit bisher keine neuen Regelungen im Sinne des PSG 1 auf Landesebene gibt (siehe auch § 45a), spielt diese Übergangsregelung keine große Rolle.

35.3 § 144 Überleitungs- und Übergangsregelungen, Verordnungsermächtigung

§ (1) Für Personen, die am 31. Dezember 2014 einen Anspruch auf einen Wohngruppenzuschlag nach § 38a in der am 31. Dezember 2014 geltenden Fassung haben, wird diese Leistung weiter erbracht, wenn sich an den tatsächlichen Verhältnissen nichts geändert hat.

(2) Am 31. Dezember 2016 nach Landesrecht anerkannte niedrigschwellige Betreuungsangebote und niedrigschwellige Entlastungsangebote im Sinne der §§ 45b und 45c in der zu diesem Zeitpunkt geltenden Fassung gelten auch ohne neues Anerkennungsverfahren als nach Landesrecht anerkannte Angebote zur Unterstützung im Alltag im Sinne des § 45a in der ab dem 1. Januar 2017 geltenden Fassung. Die Landesregierungen werden ermächtigt, durch Rechtsverordnung hiervon abweichende Regelungen zu treffen.

36 Strategische Entwicklung

36.1 Stationäre Änderungen mit ambulanten Auswirkungen

Die Entwicklung der ambulanten Pflege wird nicht nur von den Leistungsverbesserungen im ambulanten Bereich sowie der sehr komfortablen Überleitung geprägt, sondern auch von der Veränderung der stationären Leistungen. Hier haben drei verschiedene Punkte Auswirkungen auf die zukünftige Inanspruchnahme stationärer Pflege:

1. Veränderung der Leistungsbeträge insbesondere in Pflegegrad 2

Vollstationäre Pflege § 43					
Pflegestufe 2016	Ohne Pflege-stufe	Pflegestufe 1	Pflegestufe 2	Pflegestufe 3	Härtefall
	-	1.064 €	1.330 €	1.612 €	1.995 €
Übergeleitet Pflegegrad 2017	Pflegegrad 1	Pflegegrad 2	Pflegegrad 3	Pflegegrad 4	Pflegegrad 5
	-	770 €	1.262 €	1.775 €	2.005 €

Die Sachleistungen in Pflegegrad 2 werden zukünftig auf 770 € abgesenkt. Für alle neuen Pflegebedürftigen, die nach dem 01.01.2017 den ersten Antrag auf Einstufung stellen, gelten dann die neuen Sätze. Lt. Bundespflegestatistik 2013 werden ca.160.000 Pflegebedürftige der Pflegestufe 1 ohne eingeschränkte Alltagskompetenz in Pflegeheimen versorgt, das entspricht ca. 21,5 % aller Heimbewohner. Für diese Gruppe wird (bei Erstantrag ab 2017) das Heim um ca. 300 € teurer als vor dem PSG 2.

2. Einrichtungseinheitlicher Eigenanteil
Nach bis 2016 geltendem Recht wird der Eigenteil, den die Bewohner über den Pflegekassenanteil hinaus zu tragen haben, je nach Pflegeklasse (-stufe) festgelegt und steigt in der Regel mit einer höheren Pflegestufe. Das führte in der Vergangenheit fast immer dazu, dass notwendige Höherstufungsanträge nicht gestellt wurden (oder zumindest mit Streit verbunden waren), die Heime aber eine entsprechend aufwendigere Versorgung trotzdem sicherstellen mussten. Mit dem PSG 2 führt der Gesetzgeber einen einrichtungseinheitlichen Eigenanteil ein. Der Eigenanteil ist immer gleich hoch, ein Höherstufungsantrag führt dann zu keiner zusätzlichen privaten Belastung. Für die Berechnung werden vereinfacht gesagt, die notwendigen Gesamtkosten abzüglich der Erträge in den Pflegegraden berechnet und durch Anwesenheitstage dividiert. Da bisher der Eigenanteil in den niedrigeren

Pflegestufen niedriger und in der höchsten Pflegestufe am höchsten war, führt ein einheitlicher Betrag zwangsläufig zu einer Umverteilung zulasten der niedrigen Stufe; praktisch wird auch dadurch die Versorgung bei Pflegegrad 2 teurer als vor Einführung des PSG 2.

3. Förderung der Tagespflege

Mit dem PSG 1 wurde die Tagespflege als eigenständige Leistung definiert, deren Nutzung nicht mehr die vorhandenen ambulanten Leistungen kürzt. Das heißt praktisch, dass man für einen Versorgungstag ambulant in Verbindung mit dem Besuch der Tagespflege oftmals doppelt so viel Leistungen erhält, als wenn man im Pflegeheim versorgt wird. Durch die Änderung wurde/wird ein starker Ausbau der Tagespflege forciert. Pflegebedürftige, die in die Tagespflege gehen, benötigen dann nicht das Heim als Versorgungsalternative; auch hier dürfte in hohem Maße die Gruppe der bisher in Pflegestufe 1 ohne eingeschränkte Alltagskompetenz eingestuften Versicherten profitieren oder angesprochen werden. Da aber die Tagespflege ohne ambulante Versorgung nicht möglich ist, sorgt das größere teilstationäre Angebot auch für höhere Nachfrage nach ambulanter Versorgung.

Der Barmer-Pflegereport 2015 kommt insbesondere wegen der ersten zwei Punkte zu einer vergleichbaren Feststellung: *„Bei den Neufällen stellt sich dies dann anders dar. Insbesondere im stationären Bereich ist damit zu rechnen, dass sich mehr als ein Drittel der ab 1.1.2017 hinzukommenden Neufälle besser gestanden hätten, wenn es die Reform nicht gegeben hätte. Grund hierfür ist die mit der Reform intendierte und realisierte Umverteilung der Eigenanteile von Pflegestufe III zu Pflegestufe I bzw. den entsprechenden Pflegegraden."* (Barmer Pflegereport, S. 57)

Zusammengefasst ist zu vermuten, dass es dauerhaft zu einer veränderten Verteilung ambulant und stationär versorgter Pflegebedürftiger kommen wird. Wegen der in den Heimen oft kurzen Verweildauer wird sich die komfortable Überleitung (und der Bestandsschutz) im stationären Bereich viel weniger langfristig auswirken als ambulant, so dass schon relativ bald mit einer überproportional zunehmenden Nachfrage an ambulanten Leistungen zu rechnen ist. Auch der Auf- und Ausbau ambulanter Wohnformen vom barrierefreien Wohnungsangeboten bis hin zur Tagespflege wird die Leistungsstruktur dauerhaft verändern.

36.2 Die ambulante Situation ab 2017

Wegen der sehr komfortablen Überleitung werden die schon 2016 ambulant versorgten Pflegebedürftigen ab 2017 deutlich mehr Leistungen zur Verfügung haben. Für die Pflegedienste stellt sich die Frage, wie sie mit den möglichen Mehrleistungen umgehen können und wollen.

Folgende Varianten sind denkbar (und werden in unterschiedlicher Häufigkeit vorkommen):

1. Nutzung der Mehrleistungen zur Reduzierung der bisherigen Eigenanteile bzw. Auszahlung als Pflegegeld

Diese Variante werden sicherlich die Pflegebedürftigen/Angehörigen nutzen wollen, die bisher schon über die Höhe der Eigenanteile unzufrieden waren. Bei dieser Variante ändert sich für den Pflegedienst nur die Abrechnung, weder der Pflegevertrag noch die Tourenplanung bzw. Personalsituation muss angepasst werden.

2. Erhöhung der in Anspruch genommenen Sachleistungen

Je nach Versorgungssituation könnte die Leistungssteigerung genutzt werden, bisher nicht gewünschte oder finanzierbare Leistungen zu erbringen bzw. bisher heimlich erbrachte Leistungen abzurechnen. Dazu sollte der Pflegedienst frühzeitig (ab Mitte Oktober 2016) mit den einzelnen Kunden in Kontakt treten, ihnen die neuen Pflegegradleistungen vorstellen und ihnen schon konkret mit einem neuen Kostenvoranschlag darstellen, wie die Versorgung ab 2017 aussehen könnte. Ein strategisches Ziel könnte sein, bei Beibehaltung oder nur minimaler Reduzierung des bisherigen Eigenanteils eine neue und veränderte Versorgung anzubieten. Das führt aber zwangsläufig dazu, dass die Pflegedienste dann auch ab 2017 die entsprechend erweiterten personellen Kapazitäten haben.

3. Neue Leistungsangebote im Bereich Betreuung

In vielen Ländern und bei vielen Pflegediensten spielen die Betreuungsleistungen, sei es in den Varianten der Kostenerstattung nach § 45b bzw. § 39 oder als Sachleistung (Häusliche Betreuung nach § 124 a.F.) eine geringe Rolle. Durch die für alle höheren Sachleistungen können hier neue Anfragen und Anreize entstehen, diesen Leistungsbereich verstärkt auszubauen und so (neu) anzubieten.

Das dauerhaft wesentliche Thema in der ambulanten Pflegelandschaft wird nicht mehr die Kundensuche sein, sondern nur noch die **Mitarbeiterakquise** sowie das **Personalmanagement**. Denn wer keine Mitarbeiter hat, kann auch keine Kunden versorgen oder die Leistungsausweitungen nutzen.

Wie wird sich die Pflegelandschaft entwickeln?

Der Barmer Pflegereport 2015 stellt fest, dass bei ambulanter Einstufung mehr als 95 % besser gestellt werden und (wegen der Überleitungsregelungen) keiner schlechter (Barmer Report S. 12). Auch wird hier die Einführung des Pflegegrades 1 als deutliche Ausweitung für neue Pflegebedürftige gesehen (S. 56). Ob dies aber mutmaßlich so dauerhaft bleiben wird, dürfte auch unter Berücksichtigung insbesondere der EViS-Studie sowie der darin enthaltenen Darstellungen (und ihrer systematischen Schwächen) fraglich sein.

Angesichts der vielfältigen Faktoren und strukturellen Neuerungen dürfte es schwierig sein, valide Aussagen über die neue Verteilung der Pflegegrade zu machen. Zumal für eine längere Zeit die ambulanten Zahlen aufgrund der Überleitung nicht unbedingt dem tatsächlichen Einstufungsgrad entsprechen werden. Gerade wenn man sich die Zugangshürden zu tatsächlichen Sachleistungen anschaut (ab Pflegegrad 2), wird es dauerhaft auch ambulant ,Verlierer' geben, die nach dem Pflegestufensystem mehr Leistungen bekommen hätten als nach der Pflegegradeinteilung.

36.3 Die nächsten Schritte

Zunächst muss noch einmal der Zeitplan des PSG 2 als Hintergrund klar sein:
– PSG 2, Artikel 1 tritt zum 01.01.2016 in Kraft (siehe Tabelle 1 und 2). Die hier definierten Änderungen für 2016 sind für die Praxis zunächst nur marginal; viele Änderungen sollen nur die Umstellung in 2017 vereinfachen; die strukturellen Änderungen insbesondere im Bereich der Qualitätssicherung treten zwar als Regelungen schon 2016 in Kraft, bedeuten aber vor allem viel Arbeit für die Verbände und Pflegekassen auf Bundesebene.
– PSG 2, Artikel 2 tritt zum 01.01.2017 in Kraft: erst dann wird der neue Einstufungsbegriff umgesetzt.
    Da aber die Überleitung gesetzlich geregelt quasi automatisch läuft, ist der unmittelbare Überleitungsaufwand ambulant sehr gering (und eher technisch wie Softwareupdate etc.). Die Schulung für den NBA kann auch erst dann erfolgen, wenn die entsprechende Begutachtungsanleitung vom Bundesministerium freigegeben ist (siehe § 16/17).

Strategisch für die Umsetzung ist ein anderer Umstand von Bedeutung: Durch die sehr komfortablen Überleitungsregelungen ist es für bisherige Pflegebedürftige entscheidend, welche Ausgangseinstufung sie Ende 2016 haben. Insbesondere die Einstufung nach § 45 a erhebliche eingeschränkte Alltagskompetenz bedeutet automatisch deutlich höhere Leistungen ab 2017.
Gleiches gilt für die Meldungen zur sozialen Sicherung, insbesondere Unfallversicherung und Rentenversicherung. Auch hier müssen die Pflegepersonen frühzeitig über die Änderungen aufgeklärt werden, so dass sie sich noch in 2016 bei der Pflegekasse melden.

In der Übersicht sind die wesentlichen Vorbereitungsarbeiten für 2016 aufgeführt:

Umsetzung PSG 2: Themen, Mitarbeiter und Zeitplan		
2016	**Themen und Schulungen**	**Personenkreis**
Frühjahr	Übersicht über Änderungen	Leitungskräfte
	Strategische Entscheidungen insbesondere wg. § 45a, § 45b, ambulante Wohnprojekte, etc.	
	Personalstrukturen überprüfen und erweitern	
	Überprüfung Vergütung und/oder Vorbereitung zu Vergütungsverhandlungen	
ab Sommer	Einstufungsmanagement: Überprüfung der Einstufungen und Veränderungsanträge	Beratungskräfte
ab September	mögliche Vergütungsverhandlungen führen	Leitungskräfte
ab Oktober	Erarbeitung von veränderten Kostenvoranschlägen für Sachleistungskunden	Leitungskräfte
	Erarbeitung Infomaterial PSG 2	oder extern
ab November	Inhalte PSG 2 Übersicht	alle Mitarbeiter
	NBA: Funktion und Umsetzung	Beratungs- und Leitungskräfte
	Kunden über PSG 2 informieren, insbesondere über Höherstufungsanträge und Meldungen zur Unfallversicherung/Rentenversicherung	
ab November	Besuch der Sachleistungskunden zur Aufklärung mit neuen Kostenvoranschlägen	Leitungskräfte
2016	Vereinfachte Pflegedokumentation / Strukturmodell umsetzen	Pflegedienst

Resümee

Mit der Umsetzung des PSG 2 wird die Pflegeversicherung 2.0 beginnen. Ob alles besser wird, darf durchaus bezweifelt werden. Viele Erwartungen an den neuen Pflegebedürftigkeitsbegriff und das Neue Einstufungs-Assessment dürften übertrieben hoch sein, manche Politikerreden zu euphemistisch. Das neue Einstufungssystem wird im Kern gerechter und transparenter sein, auch weil es komplexer und vielschichtiger ist. Auch die weiteren strukturellen Änderungen werden die Pflegeversicherung verändern, insbesondere durch die Änderungen im Qualitätssicherungssystem und in der Qualitätsdarstellung.

Es wird „Gewinner" und „Verlierer" geben, also Versicherte, die im alten oder im neuen System bessere Leistungen bekommen/hätten.

Aber die Diskussion dazu ist vorbei: am 31.12.2016 endet die alte Pflegeversicherung 1.0, ab 01.01.2017 beginnt die Pflegeversicherung 2.0.

Es bleibt genug Zeit, sich professionell vorzubereiten!

Andreas Heiber
Bielefeld, der 01.01.2016

Literatur

Das Pflege-Stärkungsgesetz 1, Heiber 2014, Vincentz Network Hannover

Veröffentlichungen in der in: Schriftenreihe Modellprogramm zur Weiterentwicklung der Pflegeversicherung des GKV-Spitzenverbandes, www.gkv-spitzenverband.de

„ Das neue Begutachtungsinstrument zur Feststellung von Pflegebedürftigkeit", Dr. Klaus Wingenfeld, Dr. Andreas Büscher, Dr. Barbara Gansweid; 2009; veröffentlicht als Band 1 2011

„Maßnahmen zur Schaffung eines neuen Pflegebedürftigkeitsbegriffs und eines Begutachtungsinstruments zur Feststellung der Pflegebedürftigkeit", Prof. Dr. Jürgen Windeler u.a.; 2009, veröffentlicht als Band 3 2011

„Praktikabilitätsstudie zur Einführung des NBA in der Pflegeversicherung", MDS 2015, veröffentlicht als Band 12, 2015

„Versorgungsaufwände in stationären Pflegeeinrichtungen", Prof. Dr. Heinz Rothgang, Prof. Dr. Martina Hasseler u.a., 2015; veröffentlicht als Band 13

„Modellversuch Pflegebegleiter": Prof. Dr. Elisabeth Bubolz-Lutz u.a. 2006, veröffentlicht als Band 6, 2011

Bericht des Expertenbeirats zur konkreten Ausgestaltung des neuen Pflegebedürftigkeitsbegriffs vom 27. Juni 2013: http://www.bmg.bund.de/presse/pressemitteilungen/2013-02/bericht-zum-pflegebeduerftigkeitsbegriff.html, Stand 01.01.2016

Indikatorenmodell: „Entwicklung und Erprobung von Instrumenten zur Beurteilung der Ergebnisqualität in der stationären Altenhilfe" : Dr. Klaus Wingenfeld, Dr. Dietrich Engels; Abschlussbericht März 2011:
http://www.bmfsfj.de/RedaktionBMFSFJ/Broschuerenstelle/Pdf-Anlagen/abschlussbericht-stationaere-altenhilfe,property=pdf,bereich=bmfsfj,sprache=de,rwb=true.pdf, Stand: 01.01.2016

Bundesversicherungsamt: Tätigkeitsbericht 2014: http://www.bundesversicherungsamt.de/fileadmin/redaktion/allgemeine_dokumente/pdf/taetigkeitsberichte/TB-2014.pdf

Barmer Pflegereport 2015: H. Rothgang, T. Kalwitzki, R. Müller, R. Runte, R. Unger; http://presse.barmer-gek.de/barmer/web/Portale/Presseportal/Subportal/Presseinformationen/Aktuelle-Pressemitteilungen/151117-Pflegereport/PDF-BARMER-GEK-Pflegereport-2015,property=Data.pdf (Stand 01.01.2016)

Aktuelle Gesetzestexte

Der veränderte Gesetzestextstand, der jeweils gültig ist, wird ab dem Zeitpunkt beispielsweise unter www.gesetze-im-internet.de zu finden sein (eine Seite des Bundesministeriums für Justiz und für Verbraucherschutz mit der Juris GmbH). Allerdings ist in 2016 dann auch nur der für 2016 gültige Stand hier zu finden.

Autorenvita

 **Andreas Heiber**, Jahrgang 1963; langjährige Tätigkeit bei einem Bundesverband der freien Jugendhilfe, mehrere Jahre angestellt im Softwarevertrieb für den sozialen Bereich; seit 1993 selbstständig als Unternehmensberater und Fachbuchautor, Geschäftsführer der Unternehmensberatung System & Praxis Andreas Heiber, Bielefeld.

...weitere Bücher aus der Reihe „Management Tools"

Unser Tipp

Arbeitsplätze zukunftssicher gestalten
Handbuch demografieorientiertes
Personalmanagement
Ilse Buchgraber, Mona Schöffler (Hrsg.)

Personalknappheit ist das beherrschende Thema.
Neben der Gewinnung neuer Mitarbeiter ist es deshalb wichtig, die Beschäftigungsfähigkeit der Mitarbeiter aller Altersgruppen zu erhalten. Strategien
und zahlreiche Praxisbeispiele stellt dieses Handbuch vor.

2013, 172 Seiten, kart., Format: 17 x 24 cm,
ISBN 978-3-86630-311-9, Best.-Nr. 695

Die Pflegeoase
– entscheiden, aufbauen, optimieren
Heike Reggentin, Jürgen Dettbarn-Reggentin (Hrsg.)

Die Pflegeoase ist ein kontrovers diskutiertes Wohn-
und Betreuungskonzept. Umso wichtiger ist es für
Führungskräfte, gut informiert über den Einsatz in der
eigenen Einrichtung zu entscheiden. Einen Überblick
zur gemeinschaftsbezogenen Pflege liefert Ihnen das
Expertenteam Dettbarn-Reggentin. Mit Praxisberich-
ten und Infos zu wissenschaftlichen Begleitstudien.

2013, 220 Seiten, kart., Format: 17 x 24 cm,
ISBN 978-3-86630-294-5, Best.-Nr. 678

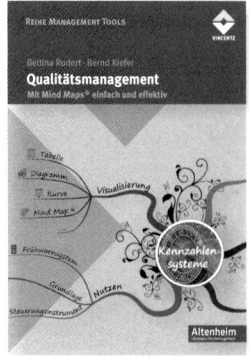

Qualitätsmanagement
Bettina Rudert, Bernd Kiefer

Ob es ein Qualitätsmanagementsystem einzuführen
gilt oder neue Impulse für die Umsetzung gesucht
werden: Dieses Handbuch macht Lust aufs „Besser-
Werden". Von der Erstellung, Überarbeitung und
Implementierung von QM-Systemen bis zum Fehler-
und Risikomanagement. Komplexe Arbeitsschritte
sind – per Mind Maps® – auf den Punkt gebracht.

2013, 308 Seiten, kart., Format: 17 x 24 cm
ISBN 978-3-86630-232-7, Best.-Nr. 661

Alle Bücher sind auch als eBook (ePub oder PDF-Format) erhältlich.

Jetzt bestellen!
Vincentz Network GmbH & Co. KG · Bücherdienst · Postfach 6247 · 30062 Hannover
Tel. +49 511 9910-033 · Fax +49 511 9910-029 · www.altenheim.net/shop